真语文培训书系

XUMING SHUO YUWEN

# 旭明说语文

王旭明 著

人民日报出版社
·北京·

**图书在版编目（CIP）数据**

旭明说语文 . 一 / 王旭明著 .-- 北京：人民日报出版
社 , 2017.12

ISBN 978-7-5115-5142-9

Ⅰ.①旭…　Ⅱ.①王…　Ⅲ.①语文课－教学研究－
中小学－文集　Ⅳ.① G633.302-53

中国版本图书馆 CIP 数据核字（2017）第 298435 号

书　　名：旭明说语文（一）
　　　　　XUMING SHUO YÜWEN（YI）
著　　者：王旭明

出 版 人：刘华新
责任编辑：林　薇　陈　佳
封面设计：沈　嵘

出版发行：人民日报 出版社
社　　址：北京金台西路 2 号
邮政编码：100733
发行热线：(010) 65369527　65369509　65369510　65369846
邮购热线：(010) 65369530　65363527
编辑热线：(010) 65369514
网　　址：www.peopledailypress.com
经　　销：新华书店
印　　刷：三河市嵩川印刷有限公司
法律顾问：北京科宇律师事务所　010-83622312

开　　本：710mm×1000mm　1/16
字　　数：215 千字
印　　张：13.25
版　　次：2017 年 12 月第 1 版
印　　次：2021 年 1 月第 2 次印刷
书　　号：ISBN 978-7-5115-5142-9
定　　价：36.00 元

# 目　录

## 上　卷

# 下　卷

上　卷

# 第一章　这个时代需要真语文

【观点摘要】

○求真、学真是党和政府对教育的一贯要求，是党的实事求是思想在教育领域的总体要求，也是中共十八大以来以习近平同志为核心的党中央倡导的求真务实作风在教育中的具体体现。

○作为母语教育的语文教育当然更应该强调"真"。这既是因为语文教育本来就是学校学科教育之一，更是因为语文教育与我国语言文字、国家形象和综合实力密不可分。语文教育是学校所有学科教育的重中之重，是所有学科中的上位学科，具有独特的地位和作用。

○语文课堂教学普遍存在的假语文现象令人忧虑，令每一个真正热爱母语的语文工作者痛心。因此，我呼吁全国语文学界和有关部门正视这一现象，首先在语文教学中开展一场什么是真语文的大讨论，进而在语文教材、语文教师、语文评价等学校语文教育各个方面融入真语文理念，使我国语文教育回到正常轨道上来。

## 真语文的提出符合党和政府对教育的要求

关于"真"的释义，《现代汉语词典》《新华字典》《汉语大字典》等权威工具书有以下表述："真实"（跟"假、伪"相对），"跟客观事物相符合""本来的，固有的""本性，本原"，等等。所谓"跟客观事物相符合""本来的，固有的"，就是指按照客观规律运转的事物及行为。

据此，我们将"真"的含义概括为两个方面：一是客观、客体，二是客观、客体运转的规律。也就是说，"真"就是要按照规律做事；就教育而言，就是要按照教育规律办教育。

"真"是各民族文化的共同追求，古今中外很多思想家、教育家都提出过求真的要求。古希腊哲学家柏拉图曾说："真实的善是每个人的心灵所追求的，是每一个人作为他一切行为的目的。"这里强调"善"是每个人的心灵追求，"真实"是"善"的前提。我国先贤也有很多求真的箴言，如孔子说"人而无信，不知其可也"，子夏说"与朋友交，言而有信"等，韩非子说"巧诈不如拙诚"。无一例外，他们都强调了对人要真诚，做人要讲信用。可见，做人、做事必须求真，这在中外文化当中已成共识。

党的几代领导人对教育应求真、学真提出了具体明确的要求。早在1938年，毛泽东在党的六届六中全会政治报告中，就提出了"实事求是"的要求。1941年5月，毛泽东在《改造我们的学习》报告中，从马克思主义角度对实事求是做了科学界定，而且将能否坚持实事求是提到了有没有党性或党性纯不纯的高度。他指出："'实事'就是客观存在着的一切事物，'是'就是客观事物的内部联系，即规律性，'求'就是我们去研究。我们要从国内外、省内外、区内外、县内外的实际情况出发，从其中引出其固有的而不是臆造的规律性，即找出周围事变的内部联系，作为我们行动的向导。"[①]1942年，毛泽东为中央党校题写了校训"实事求是"四个字，并把它当作全党的座右铭。之后，几代领导人都将实事求是作为我党的思想路线和工作方针。就教育而言，1957年6月19日，毛泽东在《人民日报》刊发的《关于正确处理人民内部矛盾的问题》一文中指出："我们的教育方针，应该使受教育者在德育、智育、体育几方面都得到发展，成为有社会主义觉悟的有文化的劳动者。"[②]在这里，毛泽东虽然没有把"真"直接提出来，但是提出了德育的要求，而德育的基石就是"真"。1977年7月，邓小平在中共十届三中全会上所作的《关于科学和教育工作的几点意见》讲话中强调："培养好的风气，最主要的是走群众路线和实事求是这两条。特别是科学，它本身就是实事求是、老老实实的学问，是不允许弄虚作假

---

① 毛泽东.毛泽东选集：第3卷［M］.北京：人民出版社，1991：801.
② 毛泽东.毛泽东文集：第7卷［M］.北京：人民出版社，1999：226.

的。"① 这里就明确地提出了教育应该遵循实事求是的要求。党的十八大进一步明确提出："解放思想、实事求是、与时俱进、求真务实,是科学发展观最鲜明的精神实质。"尤其是,2014 年 9 月 9 日习近平总书记在和北京师范大学师生代表座谈时,特别引用教育家陶行知的话勉励师生:"做好老师,要有理想信念。陶行知先生说,教师是'千教万教,教人求真',学生是'千学万学,学做真人'。老师肩负着培养下一代的重要责任。"②这充分体现了以习近平同志为核心的党中央对教育、对真教育、对真做人的要求和期待。

必须指出,自中华人民共和国成立以来,特别是近年来,党和政府的许多文件都将求真、学真作为教育的基本要求提出来。1985 年颁发的《中共中央关于教育体制改革的决定》指出:"所有这些人才,都应该有理想、有道德、有文化、有纪律,热爱社会主义祖国和社会主义事业,具有为国家富裕而艰苦奋斗的献身精神,都应该不断追求新知识,具有实事求是、独立思考、勇于创造的科学精神。"③2004 年颁发的《中共中央国务院关于进一步加强和改进未成年人思想道德建设的若干意见》提出:"从规范行为习惯做起,培养良好道德品质和文明行为,大力普及'爱国守法、明礼诚信、团结友善、勤俭自强、敬业奉献'的基本道德规范,积极倡导集体主义精神和社会主义人道主义精神,引导广大未成年人牢固树立心中有祖国、心中有集体、心中有他人的意识。"④《国家中长期教育改革和发展规划纲要(2010—2020 年)》强调要培养学生诚实、守信的品质;2015 年最新颁布的《中小学生守则》要求学生:"诚实、守信、有担当,保持言行一致,不说谎,不作弊,借东西及时还,做到知错就改。"从这些老一辈无产阶级革命家的论述以及党和政府的一系列相关教育文件中可以看出,求真、学真是党的思想路线的基本内容,是党和政府对教育的基本要求;在理论研究和具体实践中,我们要一以贯之。

① 邓小平. 邓小平文选:第 2 卷 [M].北京:人民出版社,1994:57.

② 习近平. 做党和人民满意的好老师 —— 同北京师范大学师生代表座谈时的讲话 [N].人民日报,2014-09-10.

③ 顾明远总主编. 中国教育大系·马克思主义与中国教育:下 [M].武汉:湖北教育出版社,1994:1406.

④ 中共中央国务院关于进一步加强和改进未成年人思想道德建设的若干意见 [J].中华人民共和国国务院公报,2004(14).

然而，当前教育中却存在很多违反教育规律，即违背教育"本来的，固有的"面貌的现象。我最近在网上做了一个调查：说说您从小学到中学都听到了哪些假话？其中的回答有："幼儿园老师跟孩子说，回家不许和爸爸妈妈说老师在幼儿园罚了谁、说了什么，只能说在幼儿园里唱歌、跳舞很开心。""学生要评价老师，在评价的前几天老师会委婉地告诉我们，希望给老师全评优。有一次我们给老师评得不高，老师就在班里指桑骂槐。""记得上小学时，老师上公开课前会给我们演练一下要上的内容，包括要提的问题和答案，还有就是告诉我们，回答问题时如果是会回答的问题举右手，不会回答的问题举左手。"从小处来说，上述现象是说假话、办假事、上假课；大而言之，则是从事教育工作时违反教育"本来的，固有的"规律，是在教育中不求真、不学真的具体表现。

值得注意的是，对于当前教育存在的问题，党和政府已经多次在一系列文件中指出并要求改正。《中国教育改革和发展纲要》指出："当前教育思想、教学内容和教学方法程度不同地脱离实际"[①]，具体点明了教育领域存在的失真问题。中共中央下发的《关于印发〈公民道德建设实施纲要〉的通知》指出："社会的一些领域和一些地方道德失范，是非、善恶、美丑界限混淆……不讲信用、欺骗欺诈成为社会公害。"[②]"社会的一些领域"存在"是非"混淆、"不讲信用"等现象，当然也包括教育领域。《中共中央国务院关于进一步加强和改进未成年人思想道德建设的若干意见》则明确指出："一些领域道德失范，诚信缺失、假冒伪劣、欺骗欺诈活动有所蔓延。"[③]从以上文件可以看出，教育中存在的"不求真、不学真"的问题比较普遍且十分严峻，引起了党和政府的高度重视。《中共中央国务院关于进一步加强和改进大学生思想政治教育的意见》要求："以基本道德规范为基础，深入进行公民道德教育。要认真贯彻《公民道德建设实施纲要》，以为人民服务为核心、以集体主义为原则、以诚实守信为重点，广泛开展社会公德、职业道德和家庭美德教育，引导大学生自觉遵守爱国守

---

① 中国教育改革和发展纲要［J］. 人民教育，1993（04）.
② 中共中央关于印发《公民道德建设实施纲要》的通知［J］. 中华人民共和国国务院公报，2004（14）.
③ 中共中央国务院关于进一步加强和改进未成年人思想道德建设的若干意见［J］. 中华人民共和国国务院公报，2004（14）.

法、明礼诚信、团结友善、勤俭自强、敬业奉献的基本道德规范。"①其中对大学生的教育明确要"以诚实守信为重点",引导大学生"明礼诚信"。《国务院关于大力推进职业教育改革与发展的决定》强调,职业学校要"培养学生的实践能力、专业技能、敬业精神和严谨求实作风"②。

概而言之,求真、学真是党和政府、党的领导人对教育的不断要求,是党的实事求是思想在教育领域的总体要求,是中共十八大以来以习近平同志为核心的党中央倡导的求真务实作风在教育中的具体体现。

## 牢牢把握语文教育正确方向,将课标精神落到实处

语文课程的性质是什么?语文课到底该教什么、怎么教?诗意语文、逻辑语文、主题语文等各种各样的教学流派有何不足?……多年来,关于语文的讨论不绝于耳,甚至由语文教育界蔓延到社会各界。我们认为,语文作为一门国民基础教育课程,具有其基本的学科属性,这是讨论的前提和基础。当前,我们特别需要进一步统一认识,正确理解语文的学科属性,以《义务教育语文课程标准(2011年版)》(以下简称"课标")为标,牢牢把握语文教育的正确方向,将课标精神落到实处。本文试从语文独立设科以来学术界对其学科属性的讨论研究、国家课程层面对语文学科性质的定位轨迹、当前语文教学中普遍存在的问题以及如何用好国标本教材等方面阐述之。

一

从我国现代语文课程诞生和发展的历史来看,学界内外对语文教育的定位和方向问题始终争论不休。自20世纪初语文课程独立设科以来,语文教育领域曾发生过多次论争,其中,语文课程性质的定位一直都是争论焦点,始终在"工具论"与"人文论"间摇摆不定。我们认为,多年来这种摇摆直接影响语文教育的方向,也影响我国国民语文素养的提升,因此必须进一步明确定位和准确把握。

---

① 中共中央文献研究室编.十六大以来重要文献选编:中[M].北京:中央文献出版社,2006:180.
② 国务院关于大力推进职业教育改革与发展的决定[EB/OL].中华人民共和国教育部门户网站,2002-8-24.

从语文独立设科到新中国成立，不少语文教育大家都对语文课程性质提出了自己的观点。初期，"诗书教化"在一定程度上是语文教育追求的主要目标，但随着社会发展对人的才智要求愈加迫切，以"诗书教化"为主旨的语文教育逐渐让位于以智能为本体的语文教育。[①]这种以智能为本体的语文教育，以语文能力训练、智力开发为根本，注重语文在学习工作和社会生活中交往、沟通的工具属性，因而也被称为语文教育工具观。

20世纪40年代中期，叶圣陶、朱自清在《国文教学》序言中讲道："'五四'以来文科的教学，特别在中学里，专重精神或思想的一面，忽视技术的训练，使一般学生了解文字和运用文字的能力没有得到适量的发展，未免失掉了平衡，而一般社会对青年学生要求的却正是这两种能力，他们要求学生第一要写得通，其次要读得懂。我们根据实际情形立论，偏重技术一面也是自然而然。"[②]需要注意的是，即使如此，这一时期工具论的倡导者也反对把语文当作单纯的工具。他们认为，工具性是语文教育的基本属性，但这并不表明语文教育只有工具性。

中华人民共和国成立初期，经济建设和社会发展任务十分突出和繁重，当时的大环境是以政治任务为重。语文教育配合国家建设的总任务，开始强调思想政治教育。1950年，以"语文"命名的语文课程教科书面世，其"编辑大意"明确表述为："语文教学应该包括听话、说话、阅读、写作四项"，又强调"无论哪一门功课，都有完成思想政治教育的任务。这个任务，在语文科更显得重要"。[③]客观地说，这种教育"政治化"的倾向在中华人民共和国成立之初有其合理的历史缘由和现实基础，是必然的，也是必要的。当然，从中也不难看出弱化语文教育本质和特点的苗头，有人认为这为此后多次关于语文课程性质的争论埋下了"伏笔"。

必须指出，中国共产党和中国革命的领袖毛泽东同志对语言文字的运用十分重视并具体推动，这不仅表现在中华人民共和国成立初期他对汉语拼音方案和简化汉字以及推广普通话的高度重视、直接推进，还表现在他对中国社会主义革命和建设的实践中。陈晋在《毛泽东的"语言地图"与

① 黄行福.从我国教育的历史看语文教育本体的演变［J］.江西教育科研，1997（5）.
② 转引自潘新和.语文学科呼唤科学态度和理性精神［J］.福建师范大学学报，2002（1）.
③ 转引自蔡可.语文课程性质的历史论争及当代启示［J］.语文建设，2014（6）.

话风文风》一文说，毛泽东很喜欢讲得深透而又通俗明白、给人耳目一新的话风文风，对枯燥生涩、人云亦云、温吞俗套、言不及义的表达，一向深恶痛绝，斥之为"语言无味，像个瘪三"，属于"藏垢纳污的东西"。他还极而言之地说，这类话风、文风"流毒全党，妨害革命"，"传播出去，祸国殃民"。1958年1月，毛泽东下决心改变"这种不良的风气"，专门起草了《工作方法六十条》，要求话风文风都应当具有三个特点：准确性、鲜明性、生动性。毛泽东不仅泛泛批评，还抓住典型，以严厉批评的方式推进工作改变。1958年9月，他以两个中央部委上报的文件为例，严厉批评道："我读了两遍，不大懂，读后脑中无印象。将一些观点凑合起来，聚沙成堆，缺乏逻辑，准确性、鲜明性都看不见，文字又不通顺，更无高屋建瓴、势如破竹之态。"两个部委改过后，毛泽东又将他的批评和原稿件印发全国，下决心改变"逻辑学、修辞学、文学也不懂，写起文章来乱七八糟"的情况。[①] 可以说，正是在毛泽东高度重视、率先垂范和典型推动下，中央对语文教育的认识和要求不断深化，不断提高。

在这样的背景下，1959年，中央教育工作会议决定以语文教育为重，要求各级教育领导部门抓紧语文教学改革，提高教学质量。关于语文教育问题的大讨论在全国各地展开，《人民日报》《光明日报》《文汇报》《人民教育》等报刊则将讨论推向深入。1961年12月3日，《文汇报》发表社论《试论语文教学的目的任务》，对讨论进行了中期总结。社论指出："语文，归根结底是一种工具"，"语文教学的任务应是：使学生正确、熟练地掌握与运用祖国的语言文字，培养与提高学生的阅读和表达能力，并通过教学内容的教育与感染，培养学生具有正确的观点、健康的思想感情和高尚的品德"。应该说，这一结论比较符合语文教育实际，也为语文课程工具性与人文性统一的定位奠定了很好的基础。

可惜的是，刚刚建立起来的语文教育秩序和大好形势，很快被1966年开始的"十年动乱"所破坏。由于特殊的政治背景，我国语文教育生态再度遭到破坏，陷入极度混乱的状态。"十年动乱"结束后，教育界开始拨乱反正、正本清源的改革，各地再次展开了关于语文学科目的与任务的大

---

① 陈晋．毛泽东的"语言地图"与话风文风［A］//胡松涛．毛泽东影响中国的88个关键词［M］.北京：中国青年出版社，2016：序言．

讨论。广大语文教育工作者深刻反思"十年动乱"时期"左"的思潮，再次强调语文学科基础性、工具性的性质。1978年3月16日，吕叔湘在《人民日报》发表《当前语文教学中两个迫切问题》一文，呼吁探求语文教学的科学化，排除"非语文"因素的干扰。同年，叶圣陶在《大力研究语文教学，尽快改进语文教学》一文中指出："语文是工具，自然科学方面的天文、地理、生物、数、理、化，社会科学方面的文、史、哲、经，学习、表达和交流都要使用这个工具。"① 这两篇文章在当时影响广泛，响应者众，极大地促进了语文教育向正确轨道的回归。

然而，在教学实践中，还是有人片面理解工具观，将语文教育引向工具主义和形式主义，使其背离了原本属性，走向唯工具的道路。语文教学变成了纯技术的实践活动，学生成为接受语言知识的容器，不利于情感的养成、人格的塑造。随着解放思想、改革开放大潮的到来，人们开始寻找摆脱危机的办法，呼唤人文精神的复归。语文教育界也于20世纪90年代前后，开始全面审视片面的语文工具观带来的危害，探究语文教育的人文内涵，从人文关怀的立场重新阐释语文教育的方向，从而又掀起了一场关于语文教育的大讨论。1987年，上海陈钟梁老师在《是人文主义，还是科学主义》一文中指出："现代语文教学发展的趋势，很可能是科学主义思想与人文主义思想的结合，指导改革开创一个新局面，以实现语文教学科学的艺术化与语文教学艺术的科学化。"② 1995年，于漪发表《弘扬人文改革弊端——关于语文教育性质观的反思》一文，强调语文学科是"一门人文应用学科，应该是语言的工具训练与人文教育的综合"，"学语文不是只学雕虫小技，而是学语文学做人"，"语文教育就是教文育人"。③ 同年，在《关于语文教育人文性的对话》一文中，于漪进一步阐述了她的语文教育性质观："语文教育不仅应注意语言工具训练，还要贯彻人文教育思想。"④ 由此可见，人们开始对语文教育本身所具有的人文特性给予高度重视，并且逐渐转向从"工具性"与"人文性"整合统一的角度寻求对语

① 叶圣陶 . 大力研究语文教学，尽快改进语文教学［J］. 中国语文，1978（2）.
② 陈钟梁 . 是人文主义，还是科学主义［J］. 语文学习，1987（8）.
③ 于漪 . 弘扬人文改革弊端——关于语文教育性质观的反思［J］. 语文学习，1995（6）.
④ 于漪，程红兵 . 关于语文教育人文性的对话［N］. 文汇报，1996-4-15.

文课程定性的突破。

令人担忧的是，近十几年来，又有人将语文教育的人文性作为工具性的对立面来界定语文课程的基本属性，在对工具观的反驳中矫枉过正，走向了另一个误区。这导致语文教育出现了种种"非语文"的现象：语文课不像语文课，语文教学"教无物"的空洞化、形式化泛滥；语文课没有"语文味"；课堂热衷于"搞活动"，看起来很"热闹"，一堂课下来学生所获甚微。与此同时，语文课程工具观与人文观之争，某种程度上又表现为教形式与教内容之争、能力训练与思想教育之争等，这些都关系到课程目标的确立、语文教什么怎么教等学科根本问题。

从百余年来的论争我们可以看出，人们对语文课程性质的探讨往往固执一端，有的过于强调语文教育的工具属性，有的过于强调语文教育的人文属性，在思想认识和方法论上总是不够全面，有片面之嫌。这种片面性虽然在一定时期和特定背景下有一定的合理性，也曾经发挥了一定的积极作用，但对语文教育长远建设来说，是十分有害的，这种思想认识方法上的片面性也直接影响了语文教育在提高国民语文素养方面应起到的正向作用。因此，梳理关于语文课程性质争论的历史脉络，有助于我们正确把握语文教育的方向，有助于我们思考今天的学校语文教育到底应该怎样走的问题。

## 二

伴随语文独立设科的百年历史，在国家政策层面，我国语文课程标准（教学大纲）也曾多次修改，从中也可看出语文教育方向上的摇摆不定。

癸卯学制颁布后，语文课程的工具性越来越受到重视。虽然当时的教学大纲并未对语文课程性质有明确的界定，但从学科目的、内容上仍可看出其倾向的变化。1912 年，中华民国教育部颁布的《小学校教则及课程表》中说："国文要旨，在使儿童学习普通语言文字，养成发表思想之能力，兼以启发其智德"；《中学校令施行规则》也强调："国文要旨在通解普通语言文字，能自由发表思想，并使略解高深文字，涵养文学之兴趣，兼以启发其智德"。[①] 由此可知，语文教育的目的开始从"诗书教化"转为培

---

① 课程教材研究所编. 20 世纪中国中小学课程标准·教学大纲汇编：语文卷［G］.北京：人民教育出版社，2001.

养语文能力，"启发其智德"。1923 年，吴研因起草的《新学制课程标准纲要小学国语课程纲要》规定，语文课程的目的在于"练习运用通常的语言文字，引起读书趣味，养成发表能力，并涵养性情，启发想象力及思想力"，要求学生会用国语进行会话、演讲和辩论，进一步明确了语文学科的工具性属性。① 同年，叶圣陶起草的《新学制课程标准初级中学国语课程纲要》同样突出了对工具性的要求，规定中学语文教学的目的是使学生"自由发表思想"，"能看平易的古书"，"能作文法通顺的文字"，产生"研究中国文学的兴趣"。② 1929 年的《小学课程暂行标准小学国语》把课程内容明确分为"说话""读书""作文""写字"四类，《初级中学国文暂行课程标准》规定学生要"养成运用语体文及语言充畅地叙说事理及表达情意的技能"。③ 可见，在对传统语文教育"重道轻文"倾向的反拨中，在国家政策层面，人们对语文课程工具性的认识越来越清晰，对语文课程性质也有了越来越准确的把握。

中华人民共和国成立后，语文的工具性在国家教育政策中进一步得到认同。1956 年颁布的初中汉语、文学教学大纲（草案）不仅明确汉语是"对青年一代进行社会主义教育的一种重要的、有力的工具"，而且指出文学也是"对年青一代进行社会主义教育的有力工具"。④ 1963 年的《全日制中学语文教学大纲（草案）》是在当时语文界关于语文教学目的、任务和怎样教好语文的大讨论基础上制定的，它更明确了语文学科的工具性特点，开篇即指出"语文是学好各门知识和从事各种工作的基本工具"，并提出"一般不要把语文课讲成政治课，也不要把语文课讲成文学课"。⑤ 此后的教学大纲基本延续了此次大纲中对语文工具性的定位。

"十年动乱"期间，语文教育陷入混乱状态，语文学科成为思想政治教育的工具。1978 年的小学和中学教学大纲对此进行了拨乱反正，阐明语文是"常常用得着的基础工具"，但仍带有浓厚的政治色彩，将其界定为"思

---

① 课程教材研究所编. 20 世纪中国中小学课程标准·教学大纲汇编：语文卷［G］. 北京：人民教育出版社，2001.
② 同上.
③ 同上.
④ 同上.
⑤ 同上.

想政治教育和语文知识教学的辩证统一"，"在语文教学中，教师要坚持无产阶级政治挂帅；要在培养学生读写能力的过程中，注意课文的思想内容与表现形式的内在联系，正确地进行思想政治教育和语文知识教学"。[①]直至1980年，教学大纲才将这一说法改为："语文这门学科，它的重要特点是思想教育和语文教学的辩证统一。在语文教学中，教师要在培养学生读写能力的过程中，注意课文的思想内容与表现形式的内在联系，正确地进行思想教育和语文教学。"[②]

此后的教学大纲开始越来越多地提到思想性，并将其作为与工具性同等重要的属性。1986年《全日制小学语文教学大纲》指出："小学语文是基础教育中的一门重要学科，不仅具有工具性，而且有很强的思想性，对于贯彻教育方针，促进学生德、智、体、美全面发展，适当加强劳动教育，培育有理想、有道德、有文化、有纪律的社会主义公民，提高全民族的思想道德和科学文化素质，建设社会主义物质文明和精神文明，有着重要意义"。[③]1988年《九年制义务教育全日制小学语文教学大纲（初审稿）》重申了1986年的这一说法，并进一步提出："教师要不断端正教学思想，正确处理语言文字训练和思想教育的关系，教和学的关系，传授知识和发展智力、培养能力的关系"。[④]这为语文是"工具性与人文性的统一"这一定位的提出奠定了良好的基础。

20世纪90年代，受当时语文工具性、人文性争论的影响，教学大纲对语文课程的学科定位也开始有了新的变化。1999年，教育部下发初级中学语文教学大纲修订征求意见稿。次年3月，《九年义务教育全日制初级中学语文教学大纲（试用修订版）》出版，其中指出"语文是最重要的交际工具，是人类文化的重要组成部分"，要求"在小学语文教学的基础上，进一步指导学生正确地理解和运用祖国语文，提高阅读、写作和交际能力，发展学生的语感和思维，养成学习语文的良好习惯"。[⑤]这进一步体现了工

---

① 课程教材研究所编.20世纪中国中小学课程标准·教学大纲汇编：语文卷［G］.北京：人民教育出版社，2001.

② 同上.

③ 同上.

④ 同上.

⑤ 同上.

具性与人文性并重的精神。2001 年颁发的《全日制义务教育语文课程标准（实验稿）》明确指出："语文是最重要的交际工具，是人类文化的重要组成部分。工具性与人文性的统一，是语文课程的基本特点。"① 2011 年修订版更进一步提出："语文课程是一门学习语言文字运用的综合性、实践性课程。义务教育阶段的语文课程，应使学生初步学会运用祖国语言文字进行交流沟通，吸收古今中外优秀文化，提高思想文化修养，促进自身精神成长。工具性与人文性的统一，是语文课程的基本特点。"② 应该说，重视语文教育工具性与人文性的统一，是对语文学科性质认识的深化，是对语文学科教学规律的高度概括，也是对语文学科教学目标的精辟总结；工具性与人文性的统一，是对现阶段办好中国特色社会主义语文教育最科学合理的定性，是语文独立设科百年来对课程性质最理性、最全面、最完整的一次总结，也是课程标准数易其稿之后，形成的一个新的认识。

实际上，注重工具性与人文性统一，也是世界多国母语教育的共识。如美国 2010 年颁布的《英语核心通用标准》指出，"英语语言艺术的核心目的是确保能够满足学生与家人、社会沟通的需要及促进社会发展的需要"，在明确工具性的同时，强调学生应"建构知识、充实经验、拓展视野，能够自发地展示出作为民主社会里的一个个体和负责任的公民所必不可少的强大理性"。③ 法国母语课程在强调学生通过学习法语，获得在未来社会生活和公民生活中需要的自主表达和辩论能力的同时，提出要"成为自觉、自治、负责任的公民"的要求。④ 新加坡 2007 年开始实施的《小学华文课程标准》指出，华文课程总目标包括三个层面的能力指向：提高人文素养、培养语言能力和培养通用能力。其中"人文素养"包括：培养积极的人生态度与正确的价值观；认识并传承优秀的华族文化；关爱家人，关心社会，热爱国家；热爱生活，感受美，欣赏美。从上述三国课程标准可知，语文教育除有通过学习语言提高使用语言能力的要求外，还具有使学生形成健

---

① 中华人民共和国教育部.全日制义务教育语文课程标准（实验稿）［S］.北京：北京师范大学出版社，2001.

② 中华人民共和国教育部.义务教育语文课程标准（2011 年版）［S］.北京：北京师范大学出版社，2012.

③ 转引自荣维东.国外母语课程标准对我国语文课程建设的启示［J］.语文建设，2015（11）.

④ 同上.

全的人格、成为"负责任的公民"，以及提高思想道德修养、审美情趣等方面的任务。

纵观我国语文教学大纲和课程标准的变化，横看世界多国在母语教育方面的规定，语文教育的核心无一例外地聚焦在工具性与人文性的统一上，这是语文教育的方向问题。我们认为，2011 年版的《义务教育语文课程标准》是我国语文教育的一个纲领性文件，既是对我国古代"文道统一""文以载道"传统的继承，也符合现代母语教育规律，是现阶段对语文课程工具性与人文性关系最科学、最合理的解释，可以说，这一课程标准是对百年来我国语文教育方向与定位的科学总结，是在当代科学和信息技术迅猛发展、社会语言生活变化巨大的背景下对语文学科性质和特点的准确定位。单纯强调工具性，或单独强调人文性，都是对语文学科性质和价值的曲解，都无法真正发挥语文教育的育人作用。

三

必须指出的是，我国新时期的语文教育，尤其是《义务教育语文课程标准（2011 年版）》颁布以后，尽管还存在着思想意识有待加强、教学意识有待改进、教师素养有待提高等问题，但总体来看，我国语文教育的方向是明确的，方法上越来越遵从语文教育规律，认识上越来越回归语文教育本质。

党的十八大明确提出："要努力办好人民满意的教育。教育是民族振兴和社会进步的基石。要坚持教育优先发展，全面贯彻党的教育方针，坚持教育为社会主义现代化建设服务、为人民服务，把立德树人作为教育的根本任务，培养德智体美全面发展的社会主义建设者和接班人。"立德树人是包括语文在内的所有学科教育的根本指导思想，也是教育的根本任务。说到底，立德树人解决的是培养什么样的人、如何培养人的问题。

立德树人是中国特色社会主义教育发展的总体目标和根本目标，当然也是语文教育的总体目标和根本目标。那么，语文教育的具体目标是什么？或者说，广大语文教育工作者当前应该思考的是什么？我们认为，是如何在语文教育中根据语文教育的规律和特点实现立德树人，是如何通过合适的教育手段来发展人、改造人、塑造人，是如何通过正面的教育来引导人、感化人、激励人。工具性与人文性统一的学科特点，决定了语文学科的立德树人要体现在具体教学实践中，要有具体目标并遵循学科规律。把握不好分寸，就容易脱离工具性这个根基，成为思想品德课；过于强调工具性，则容易导致另一个极端。离开具体目标和学科规律的立德树人，表面上声音很大，影响也很大，热热闹闹，但由于脱离学科教学的具体特点，实际效果并不好。这方面我们的教训并不少，当下国民语文素养不高的一个重要原因与我们这样的认识误区不无关系。对于在语文教育中如何将立德树人具体化，许多专家、一线教师都有深刻的见解。原国家教委副主任柳斌同志就曾指出："语文素质是国民素质的根基。要培养学生的语文兴趣，引导学生热爱母语，热爱母语文化。培养学生读书的习惯、思考的习惯，引导他们把读书的思考融入生活过程中。训练学生的口语表达和书面表达的能力，努力提高国民语言素养和语文水平。"[1] "针对当前语文课讲得多、练得少，花样多、学得累、获益少，示范课做作多、表演多、实效少的状况，我赞成提'返璞归真'这个口号！赞成钱梦龙先生大声疾呼的'语文课堂教学要重视训练'的呐喊！"[2] 福建师范大学孙绍振教授则认为："历史已经把教师主导的任务明确放在了我们面前，故真语文提出，落实学生主体，只有排除伪主体，才能提升真主体。要承担起这样的历史任务"，"只有在主体的深度、高度上，以毕生的精力积累学养，才能驾驭学生自发、无序的思维向自觉的高度提升"。[3] 北京市中学语文特级教师吴桐祯提出，语文课程的核心教学目标是"三引导，一培养"，具体表述为：引导学生建立合理的知识结构，引导学生掌握学习（自学）方法，引导学生提高听说读写能力，为培养具有健全完美人格的学生而尽到本学科的责任。[4] 江苏省中学语文特级教师黄厚江说："语文对学生的用处最基本的是两个：一个是让学生学会学习语文，能够运用语文，会读会写会听会说；一个是丰富学生的精神世界，为学生搭建精神的家园。这两点归结到底，其实就是新课标中提到的工具性和人文性。"[5] 上述观点都强调立足于语文的学科属性，去实现立德树人的育人目标，去丰富学生的精神世界，去培养具有健

① 刘潇．全国真语文系列活动在京举办［N］.语言文字报，2013-05-22.
② 柳斌．语文课重在培养能力和素养［N］.语言文字报，2015-12-30.
③ 孙绍振．真语文拒绝伪主体［J］.语文建设，2015（5）.
④ 吴桐祯．真语文的核心目标：三引导，一培养［J］.语文建设，2015（2）.
⑤ 黄厚江．语文的原点——本色语文的主张与实践［M］.南京：江苏教育出版社，2011.

全完美人格的公民，这也是语文教育工具性与人文性水乳交融的具体体现。

我们认为，语文教育的正确方向应该是按照语文教育规律育人，用语文的方法教语文，用语文的方法实现立德树人。这样说绝非无的放矢。近些年来，社会上有不少关于语文教育方向、语文课程性质、语文教学方法等方面的讨论，如果抛开非语文教育的因素不说，值得一提的是，有不少人认为，语文课程的立德树人就是把语文课上成思想政治课，上成主题班会课。对此，我们应该保持高度的警惕。关于片面强调工具性或者片面强调人文性对语文教育的危害，过去已经有过深刻的教训。语文课不是政治课、德育课，也不是审美教育课，或纯粹的语言课、思维训练课，更不是花哨的综艺活动课，把语文课上成思想政治课，和把语文课上成工具课，危害一样大。

同时，我们也应警惕在"工具性与人文性统一"的名义下，在立德树人的包装下，忽视语文教育规律、将"工具性与人文性统一"片面化的行为。如有观点认为，语文课上必须挖掘文章的思想内涵，"没有人文性，工具性也不可能独自生存"，语文教学中"掌握形式和理解内容必须同步进行"。[①] 这样的观点看似正确，但其实是对"工具性与人文性的统一"扭曲和片面的认识。应该说，这样的认识也是造成现在语文课堂上大量非语文因素出现的重要原因。倪文锦先生说，语言的功能是强大的，它不仅能"附"人文性，也能"附"科学性。[②] 因此，并不存在所谓工具性"不可能独自生存"的问题。当代语文课一定要把工具性与人文性融入教学实践中，当然，如何融入取决于具体的教学内容。"思想情感教育是通过语言进行的，要注重熏陶感染、潜移默化，而不是灌输、宣讲。"[③] 我们强调用语文的方法教语文，那什么是语文的方法？用黄厚江的话来说，语文的方法就是遵循语文学习规律、以语言活动为主、能够服务于学生语文学习、有利于学生语文素养提高的方法。这应该是语文课上渗透人文性的前提和基础。

在教学实践中，工具性与人文性的统一必须落在实处，而不是借助统一的幌子，否认语文课程的工具性或者人文性。当然，工具性与人文性一

---

① 杨先武.何为"语文教学"之"正道"［J］.名作欣赏：鉴赏版旬刊，2016（4）.
② 倪文锦.学风、文风、教风及其他——答湖北省特级教师杨先武［J］.语文建设，2016（5）.
③ 同上.

定是水乳交融的。吴格明教授的观点值得我们借鉴："文何以载道"才是语文教学的主要内容，才是语文教学的根本大道。"语文课程有人文性，但语文的本质属性是工具性，语文是一种表情达意的人文工具。语文教学具有多重功能，语文素养中还应当有情感、态度、价值观，而且积极的情感、态度、价值观能够促进语文能力的提高，但情感、态度、价值观的培养应当渗透到听说读写的语文活动过程中去，而不是外加香油一勺，更不能喧宾夺主。"①

四

近年来，中小学语文课堂十分热闹，出现了各种各样的流派，并给语文冠以"某某语文"的名号。这不仅是对语文的不尊重，而且是对母语教育规律的扭曲。语文有诗意，不等于语文就是诗意语文；语文有逻辑，不等于语文就是逻辑语文；语文有主题，不等于语文就是主题语文，等等。那语文是什么？语文就是语文。凡是在语文前面加上各种修饰的语文都是荒唐和可笑的。那么，什么样的语文课才是合格的语文课？有没有标准呢？我们认为，语文课有标准，而且这个标准是唯一的，就是新中国成立后国家多次下发的语文教学大纲或课程标准，其中最新的版本是2001年制定、2011年修订的《义务教育语文课程标准》。

语文课程标准是语文教育最根本、最重要的标准，是语文教学最重要的"法律"，具有权威性和唯一性。它是国家意志的体现，是每一位语文教师的"宪法"，按照课程标准的要求上好语文课是对每一位语文教师最基本、最起码，也是最根本的要求。怎样才算是一堂好的语文课？不是天马行空、随意评说，也不是花样翻新、人云亦云，而是要用课程标准这个准绳来衡量。按照课程标准开展教育教学，就是遵循母语教育规律。作为语文教师，首要的任务是按照国家制定的课程标准，老老实实地用好教材，上好每一堂语文课。

当前我们面临的任务是如何把现行的课程标准具体化，从而落实到不同类型的语文课上。语文教育包括很多重要环节，如教材、考试、教学、教师等，我们要把课程标准的精神落实到教材编写中，落实到考试内容上，

---

① 吴格明. "文何以载道"才是语文教学的大道［J］. 语文建设，2015（10）.

落实到教学过程中，落实到教师培训上。我们认为，当下最该做的有两件事：一是把课程标准与考试内容紧密融合起来，不能脱节，比如课程标准中有口语交际内容，语文考试尤其是中考和高考就必须把口语交际评价加进来，唯此，人们才能更重视并执行好课程标准；二是各级教育行政部门和教研单位必须按照课程标准听课、评课，按照课程标准考核教师的业务水平。

然而，当下有一种暗流涌动，或者说，有公开否定或歪曲现行课程标准的说法出现，这值得我们高度警惕。比如有人说，当前中小学语文课程标准过于强调工具性，同时又把人文性片面地理解为人性。更有甚者，说2011年版《义务教育语文课程标准》"丧失了新中国语文教材区别于旧社会的人民性价值观，犯了去意识形态的重大错误"，其中的表述"完全西化、不体现社会主义国家意志"，使中小学语文教材修订出现"去意识形态化""西化倾向""泛宗教化""去思想化"的问题。[①] 我们认为，这是对代表国家意志的语文课程标准，对语文教育最重要的"法律"极不负责、极不认真、极不严肃的态度。必须明确的是，我国有着十分严格的教材审查制度，尽管这一制度从专家组成到公开透明等还需要改进、完善，但毋庸置疑的是，这一制度从新中国成立至今都被严格执行。换句话说，用哪些篇目、教什么内容和比例大概占多少，或有相对明确的规定，或业内约定俗成，不按照规矩办，审查委员会很难通过。因此，总的来说，在现行指导原则下，我们认为，目前我国中小学语文教学，尤其是在教材选文上不存在方向性的、颠覆性的毛病和问题。

当前值得注意的现象是，一些语文教师和教研员，甚至一些领导、专家的脑子里，执行课程标准的意识、理念和觉悟还很淡薄，有的甚至是一片空白，不按课程标准讲课、评课和检测课。这样导致的结果就是，越来越多的教师跟着教研员或某个语文"大师"的感觉走，而不是用课程标准这把尺子来判断。我们有一个这么好的课程标准，为什么不能强力推进和贯彻执行？为什么要任意否定或践踏？我们认为，语文教育工作者要高举课程标准这一大旗，统一意识，统一行动，教实语文，教好语文。

我们坚持这样的观点，绝不是说现行的语文课程标准完美无缺。正如

---

① 王小石. 惊见"清真"语文！中小学语文教材让人触目惊心［EB/OL］. 察网，2017-05-30.

世界上许多法律法规都有其不足和缺陷一样，语文课程标准当然也有不足之处，甚至是很明显的缺点，然而即便如此，语文课程标准作为语文教育的"法律"，应当得到尊重，在国家新的办法、规定和标准出台之前，我们必须遵守、执行现行的课程标准，这一点是毫无疑问的。

五

根据我国语文教育种种现实的、具体的情况，2016 年年底，国家组织专门力量，统一编写义务教育道德与法治、语文、历史三门学科教材。可以说，这一举措从教材编写角度为语文教育发展进一步指明了方向。

我们必须清醒地认识到，当前我国语文教育还存在很多问题。一方面，语文教学质量与效果并不尽如人意。有统计显示，在世界各国母语教育中，我国的流派最多、方法最多、专家最多、论文最多，但是母语教育质量却并不高。2009 年发布的《中国义务教育检测质量报告》表明，在语文、数学、科学和思想品德四门学科中，语文的合格率最低，其中有近 30% 学生的语文成绩处于基本合格水平。另一方面，我们处在一个科技飞速发展的时代。不容否认，从电视、电脑、互联网到"AR""VR"等人工智能技术，科技的日新月异使语言的输入与输出变得越来越快捷、方便，但无法忽视的是，这些技术也使提笔忘字、不会说话等成为社会普遍现象。无论是在语文课堂还是在现实生活中，我们总会看到很多可笑的、自相矛盾的现象。比如，习近平总书记曾多次强调，要讲好中国故事、传播好中国声音，然而从青少年到成年人，甚至包括一定级别的官员，连故事是什么都不知道，更遑论用故事的语言表达观点。再如，上级要求各地加强书法教育，于是各级各类学校就纷纷开设书法课、配备专门的书法教师，然而语文课上却随处可见教师用电脑打字、用"PPT"展示，学生用手机记录的场景。可以说，越来越多的人不会说、不会写、不会听、不会读，成了现代社会技术病的一种衍生物，实在危害不小。必须看到，我国学校语文教育面临不小的挑战，提升国民语文素养任重而道远。

毋庸置疑，语文素养是一个人重要的品质，国民语文素养是一个国家重要的文化软实力。党和政府高度重视语文教育工作，把提高国民语文素养作为强国建设的重要组成部分。习近平总书记既是语言运用的大家、高手，同时对语言文字工作和语文教育多次指示，要求改进。他在任浙江省委书记时就曾批评一些干部不会说话："与新社会群体说话，说不上去；与困难群体说话，说不下去；与青年学生说话，说不进去；与老同志说话，给顶了回去。"习近平总书记的讲话多讲故事、举例子，用大白话、大实话和群众通俗易懂的语言。有学者认为，习近平总书记的讲话风格具有浓厚的文化底蕴和广泛的群众基础，庄重、平实、诚恳，有强烈的表现力。2013年，习近平总书记在全国宣传思想工作会议上明确指出，要精心做好对外宣传工作，创新对外宣传方式，着力打造融通中外的新概念、新范畴、新表述，讲好中国故事，传播好中国声音。2014年教师节前夕，他赴北京师范大学考察时指出："我很不希望把古代经典的诗词和散文从课本中去掉，加入一堆什么西方的东西，我觉得'去中国化'是很悲哀的。应该把这些经典嵌在学生脑子里，成为中华民族文化的基因。"① 习近平总书记的一系列指示为我国语文教育指明了方向。2011年1月20日，刘延东同志在纪念《国家通用语言文字法》颁布十周年座谈会上的讲话中指出，"语言文字应用能力是人类生存和发展所必需的一种基本能力，是综合素质的重要构成因素。良好的口语、书面语表达水平和语文综合能力对个人成长、成才、成功，具有不可低估的作用和影响。加快建设人力资源强国，提升人力资源开发水平，促进人的全面发展，必须提高全体国民的语言文字能力和应用水平"，"各级各类学校要将提升学生语言文字素质作为实施素质教育、促进学生全面发展的核心内容之一"。② 此外，全民阅读活动的推广、书香社会的建设，《中小学书法教育指导纲要》《关于实施中华优秀传统文化传承发展工程的意见》等政策性文件的发布，都表明党和国家对提升国民语文素养高度重视，并采取了多种措施去落实推进。

语文课程承担着提高国民语文素养的重要历史使命。《义务教育语文课程标准（2011年版）》指出："九年义务教育阶段的语文课程，必须面向全体学生，使学生获得基本的语文素养。"2016年颁布的《国家语言文字事业"十三五"发展规划》明确提出"强化学校语言文字教育"，并强调要"将语言文字要求纳入学校、教师、学生管理和教育教学的各个环节"，

---

① 许路阳等.习近平：不赞成课本去掉古代经典诗词［N］.新京报，2014-09-10.
② 刘延东.深入贯彻落实《国家通用语言文字法》全面推进语言文字事业科学发展——刘延东国务委员在纪念《国家通用语言文字法》颁布10周年座谈会上的讲话［EB/OL］.中华人民共和国教育部门户网站，2011-01-20.

"加强中小学普通话口语、规范汉字书写、阅读写作及语言文字规范标准等方面的教育教学，提高中小学生国家通用语言文字听说读写能力"。

党和国家的高度重视，以及一系列方针、政策的颁布实施，为语文教育工作的继续开展、国民语文素养的不断提升提供了政策支持与制度保障，也指明了前进的方向。因此，当下我们应该做的具体工作是，在国家统一编写的语文教材（以下简称"国标本教材"）即将全面覆盖全国中小学校的两三年过渡期内，努力探索如何用好国标本教材，如何将立德树人的具体任务落实到用国标本教材教学的每一堂课上，落实到用国标本教材检测每一位教师的课堂教学水平上，落实到用国标本教材对我国语文教育质量进行的全面评估上。对此，国标本教材主编、北京大学教授温儒敏有十分清醒的认识。在国标本教材使用培训班上，他这样强调："我们的教材编出来了，但这只是一步，最关键的一步还是语文教师如何用好这套教材。"温教授的话可谓智者之言，也可谓肺腑之言。

## 六

在当前语文教材全国统编这样一个总的方向和背景下，语文教什么、怎样教的问题，突出地摆在我们面前。如何用好国标本教材，学界还都在探索中。我们认为，用好国标本教材，至少要注意以下三个方面：

第一，在全国两亿中小学生都使用国标本教材的情况下，不同学校的语文教师对学情的把握尤其重要，这将直接影响到教学效果。学情决定了知识点、重点、难点和关键点的选择，学情决定了如何使用教材和如何将教材用好，可以说，重视学情是用好这套教材的根本所在。对所谓城市重点校和对农村、山区薄弱校，因为学生的基础存在很大差别，即使用同一本教材教同样的内容，效果也会大不相同，这就要求语文教师针对不同学情，用不同的方法教好国标本教材。

许多课包括一些名师的课，执教者大都以自己习惯的套路、方法和节奏来讲。课堂看上去很热闹、很风光，也很有教学技巧，但学生真正消化和理解的却不多。因此，重学情是提高课堂教学效率的前提。语文教师首先要把"重学情"这一思想嵌入头脑中，融化在血液里，落实在课堂上。其次，仅有思想还远远不够，必须对学生的实际情况有准确的把握和判断，这就需要教师具备敏锐的判断力和把控力。再次，有理念、有判断力还不够，还要有一定的知识储备和技巧方法，才能做到随机应变，这个"机"，就是当时、当堂、当批学生千差万别的实际情况。最后，教师的这种变通力不仅仅要体现在刚开始上课时，还要贯穿在整堂课的教学过程中，随时调整，随时变化。

事实上，用国标本教材开展课堂教学，重学情只是其中一个方面。我们认为，用国标本教材上出一堂合格的语文课，语文教师应当遵守"十二字标准"——依课标、持教材、重学情、可检测。依课标，是指要将课标精神真正落实在课堂上；持教材，是指教师要立足教材，以教材中的课文作为教学的主要依据；重学情，是指教师要根据不同的学情来确定、调整教学内容；可检测，是指一堂课结束后，教师应当拿出五分钟或者更长的时间，检测学生是否掌握了这堂课的教学重点、难点。语文教师只有坚持这"十二字标准"，才有可能用好国标本教材，才有可能上出一堂合格的语文课。否则，一切都是空谈。

第二，著名中学语文特级教师钱梦龙先生提出的"简简单单教语文"的观点，时至今日仍非常适用。钱梦龙认为，语文教学其实很朴素、很简单，语文教学的道理其实也并不太复杂，可是经过专家们一次次"理论挖掘"，变得"华丽"起来，"复杂"起来，"深刻"起来，逐渐愈走愈远，以致人们忘记了它朴素平实的本来面貌。他将语文教学变得复杂的原因归为三个方面：扑朔迷离的课程定性、不可捉摸的"语文素养"以及某些名师的负面示范。钱梦龙指出，要真正提高语文教学质量，有效提高学生语文素养，就必须让语文教学回归本原，回归朴素平实的本来面貌，即根据语文学科规律，简简单单教语文。他说："语文课主要是做好两件事：第一件事，实实在在教学生阅读、写作和听说；第二件事，使学生在阅读过程中受语言文字所蕴含的思想、文化、人文内容的熏陶感染，使语文教学真正发挥润物无声、潜移默化的教育功能。"①

道理虽然简单，但我们还是发现，不少语文教师特别是一些所谓学者型语文教师，总是将语文教育复杂化，将研究与教学混淆，将课堂与自己的书斋混淆，其教学效果可想而知。学者可以研究，专家可以著书，但中小学一线语文教师，其课堂教学就应该按照课程标准的要求，落实知识点，

---

① 钱梦龙.简简单单教语文［N］.语言文字报，2015-07-03.

一课一得或几得，简简单单而不是漫无边际。具体来说，语文教师想要用准、吃透"简简单单教语文"这一理念，要做到八个"一定要"：一定要以课程标准为唯一依据，一定要做到工具性与人文性统一，一定要从体裁入手讲课文，一定要在重视体裁的同时讲清结构，一定要准确把握住文本的教学解读，一定要将文本解读与学生的生活实际相结合，一定要检测并经得起检测，一定要不断提高自身专业素养。

第三，必须将立德树人的目标、任务，落实、渗透在语文教育教学中。把立德树人作为语文教育的核心是必须的、毫无疑问的，但是我们不能片面、孤立、形而上学和"贴膏药"式地将立德树人贴上去。强调立德树人而忽视语文教育的规律和特点，会导致教师教学缺少针对性。必须看到，立德树人不仅是语文教育的核心要求，而且是所有学科教育的核心要求。具体来说，将立德树人思想落实在语文课堂上，就是要通过教师的教学，为学生形成正确的世界观、人生观、价值观，形成良好的个性和健全的人格打下基础；就是要引导学生说真话、学说真话，写真文、学写真文，诉真情、学诉真情，做真人、学做真人。

习近平总书记在中央全面深化改革领导小组第三十五次会议讨论教育改革与发展时强调，要"使各级各类教育更加符合教育规律、更加符合人才成长规律，更能促进人的全面发展，着力培养德智体美全面发展的社会主义事业建设者和接班人"。① "符合教育规律" "符合人才成长规律"，这两个"符合"为我国基础教育指明了方向，也为语文教育的发展指明了方向。简言之，就是语文教学要符合规律地改革，语文教育要符合规律地发展。当前，对于语文课程来说，语文教育工作者必须做到的是：在这两个"符合"思想的指导下，进一步统一思想认识，牢牢把握语文教育的正确方向，为提高我国国民语文素养做出新贡献。

## 真语文的提出是语文课程特点使然

求真、学真既是党和政府对教育的重要方针、政策，也是对教育的总体要求，作为母语教育的语文教育当然更应该强调"真"。这既是因为语

---

① 习近平主持召开中央全面深化改革领导小组第三十五次会议［EB/OL］. 新华网，2017-05-23.

文教育本来就是学校学科教育之一，更是因为语文教育与我国语言文字、国家形象和综合实力密不可分。语文教育是学校所有学科教育的重中之重，是所有学科中的上位学科，语文教育具有独特的地位和作用。

## 语言文字在国家战略和社会发展中具有重要地位和作用

语言文字是人类最重要的交际工具和信息载体，是文化的重要组成部分和鲜明标志，是促进历史发展和社会进步的重要力量。语言文字具有基础性、全局性、全民性特点，事关历史文化传承和经济社会发展，事关国家统一和民族团结，事关国民素质提高和人的全面发展，在国家战略和社会发展中具有重要地位和作用。

语言文字是国家软实力的体现。一方面，语言文字是维护民族团结和国家统一、建设中华民族共同精神家园的重要纽带。文化是民族的灵魂和血脉，是一个民族赖以生存和发展的内在根基。在我们这样一个多民族的、发展中的人口大国，要充分发挥语言文字作为中华文化载体及鲜明标志的作用，不仅是方便沟通、促进各民族经济文化交流的需要，而且事关整个中华民族的历史文化认同和传承。另一方面，语言文字是不同文化、不同文明间交流理解的重要桥梁。近年来，随着我国综合国力和影响力的不断增强，许多国家出现了"汉语热"，反映了各国人民对中华文化的浓厚兴趣，体现了世界各国对我国未来发展的关注。通过多种途径加强汉语的对外交流和传播，扩大汉语的国际影响力，拓展中华文化传播的广度和深度，有利于进一步搭建我国人民与世界各国人民沟通、理解、信任的桥梁，展示一个开放、文明、走和平发展之路的当代中国的形象，增进与各国人民之间的友谊，为有效提升国家实力奠定坚实的基础。

近年来，有学者认为，语言文字不仅是国家软实力的体现，而且还是国家硬实力的体现。[1]语言是人类最重要的交际工具，80%的信息由语言文字传递，语言信息技术的快速发展使语言产业成为当今经济快速发展的增长点。语言强弱不仅是国家强弱盛衰的象征，而且语言强大也会促进国家

---

[1] 李宇明.语言也是"硬实力"［J］.华中师范大学学报：人文社会科学版，2011，50（05）.

的发展强大。因此，许多国家都有计划地实施本国语言战略，并努力扩大本国语言的国际影响。比如，美、英等国通过贸易、媒体、教育、文化等途径向世界推广英语，法国努力协调由三十四个国家和三个地区构成的法语区的语言问题，西班牙利用西班牙语世界（Hispanidad）这一概念向世界进行语言传播，日本、韩国建立基金会不遗余力地推进日语、韩语的国际传播。

因此，在经济全球化背景下，在中国迈向现代化、提升国际地位的今天，我们必须大力提升国家通用语言文字的社会地位和教育地位，重视汉语的学习和应用，促使全社会转变观念，让全体国民树立国家语言意识，了解国家语言政策和语言规范，为建设人力资源强国奠定基础。

## 学校语文教育是语言文字工作的主要内容和抓手

既然语言文字工作对国家软实力，甚而对国家硬实力、国家综合实力有如此重要的作用，作为语言文字工作主要内容和重要抓手的学校语文教育当然责无旁贷。

学校语文教育的首要目的是培养学生的语言文字应用能力，而这也是学校语言文字工作的重要内容。《国家中长期语言文字事业改革和发展规划纲要（2012—2020年）》在"重点工作"第十条"提升学生语言文字应用能力"中强调："加强学生语言文字应用能力培养。中小学校要依据语文课程标准组织教学，加强识字与写字、口语交际、阅读、写作等方面的教学，加强中小学规范汉字书写教育，注重语言文字的综合运用，全面提高中小学生听说读写能力。"[1] 这里不仅强调了学校语言文字工作的重点是提升学生的语言文字应用能力，而且指出语言文字工作的主阵地是语文课堂，要通过语文课程的识字与写字、口语交际、阅读、写作等教学途径来实现提升学生的语言文字应用能力的目的。从这个角度来说，学校语文教育的水平，关系到学生语文能力的培养，关系到语言文字工作的成效。

我国著名语文教育家叶圣陶早就指出："学习国文就是学习本国的语言文字。……尽量运用语言文字并不是生活上一种奢侈的要求，实在是现

---

① 教育部语言文字应用管理司编.国家中长期语言文字事业改革和发展规划纲要（2012—2020年）[S].北京：语文出版社，2012.

代公民所必须具有的一种生活的能力。如果没有这种能力，就是现代公民生活上的缺陷；吃亏的不只是个人，同时也影响到社会。"① 叶老的话不仅强调了语言文字应用能力是个人生存与发展的重要技能和基本素质，是一个国家实力的重要构成部分，同时也指出了学校语文教育培养国民语言文字应用能力的独特地位和作用。

## 语文教育在学校教育中具有独特的地位和作用

正因为学校语文教育是语言文字工作的主要内容和抓手，所以语文学科不是其他学科所能相比的，也不是其他学科所能替代的，更不是学校教育中可有可无的。

中华人民共和国成立以来，我国教育行政部门颁发的八次教学大纲或课程标准对语文课程性质和定位的论述，充分凸显了语文教育在学校教育中的独特地位和作用。1955 年、1963 年、1980 年、1986 年、1992 年颁布的《小学语文教学大纲》都强调，语文学科是各科教学的基础，是一门重要学科，语文是学生必须首先掌握的最基本的工具，语文学得好，就有利于学习各门知识；语文学不好，不能读，不能写，学生思想的开展和知识的增长就会受到妨碍。②1986 年颁布的《中学语文教学大纲》指出："语文是从事学习和工作的基础工具。普通教育阶段的各门学科都是基础学科，语文则是学习各门学科必须掌握的基础工具。语文学得好，对其他学科的学习会产生积极的影响，对于将来从事工作和继续学习也是十分必要的。"③
2011 年修订的《义务教育语文课程标准》提出："语文课程致力于培养学生的语言文字运用能力，提升学生的综合素养，为学好其他课程打下基础；为学生形成正确的世界观、人生观、价值观，形成良好个性和健全人格打下基础；为学生的全面发展和终身发展打下基础。""语文课程的多重功

---

① 叶圣陶. 略谈学习国文［A］// 刘国正主编. 叶圣陶教育文集：第 3 卷［M］. 北京：人民教育出版社，1994：88.
② 课程教材研究所编. 20 世纪中国中小学课程标准·教学大纲汇编：语文卷［G］. 北京：人民教育出版社，2001.
③ 同上.

能和奠基作用，决定了它在九年义务教育中的重要地位。"① 这几次语文教学大纲或课程标准无一例外地强调，在学校教育中，语文教育是基础教育，其具体体现为：语文是一种工具，学好语文能提高应用语言文字与人沟通交流的能力；语文是其他所有课程的基础，其识字写字、阅读理解等能力对学好其他学科有很大影响；语文是学生人生成长的基础。这种基础特性，使语文成为学校教育中不可或缺或者说极为重要的课程。

　　世界其他发达国家都非常重视母语教育，把母语教育放在教育的重要位置上。例如，德国对母语教育的定位为：语言既是教育的媒介，也是教育的目标；无论社会生活还是学习活动，都要求学生具备与他人交流、加深了解、保持联系的能力。重视学生的语言应用能力是当前德国教育思想的一个重要方面，并在母语教育的各个层面上体现出来。英国 2007 年新修订的英语课程标准（第三学段）在论述"英语的重要性"时这样写道："英语是学习所有课程科目的基础。""英语对于学生在学校和更广阔的世界内与他人交流至关重要。"② 为此，英国把交流能力融入母语教育目标之中，并将其作为现代英国人必备的能力。

　　对于语文教育在学校教育中的独特地位和作用，许多大家的观点也都颇为鲜明而深刻。叶圣陶说："谁都要使用语文，无论干什么都要使用语文。咱们必须认清语文的重要，认真努力地把语文学好。"③ 语文的工具性特征决定了人们时时处处都要用它，"无论干什么都要使用语文"。张志公在《真"重理"就不该"轻文"》中说："普通教育阶段，属于基础知识的功课一般区分为文科和理科两大类……特别需要指出的是，所有这些基础课程有一门共同的基础课，那就是语文课。语文是学习任何文化科学知识的基础。不论是社会科学的文、史、哲、政、经、法，还是自然科学的数、理、化、生等课程，学习、表达和交流都要使用语文这个工具。语文不学好，不善于说，不善于读，不善于写，无论学什么，研究什么，做什么，都会受到影响，

① 中华人民共和国教育部.义务教育语文课程标准：2011 年版［S］.北京：北京师范大学出版社，2012.

② 转引自荣维东.国外母语课程标准对我国语文课程建设的启示［J］.语文建设，2015（11）.

③ 叶圣陶.认真努力地把语文学好［A］//刘国正主编.叶圣陶教育文集：第 3 卷［M］.北京：人民教育出版社，1994：160.

效率都不会很高。"① "语文是基础"不仅是语文教育家所强调的，也是其他领域学者认可的。数学家华罗庚就曾说过："要打好基础，不管学文学理，都要学好语文。因为语文天生重要。不会说话，不会写文章，行之不远，存之不久。"② 因此，语文教育是学校教育的基础，理应成为全民的共识。

综上，学校语文教育是语言文字工作的主要内容和抓手，目的是提高学生的语言文字应用能力，这决定了语文教育的基础性、独特性，决定了语文教育在学科教育中的重要地位。正是从这个意义上说，我们一定要高度重视语文教育，努力改进语文教育，让语文教育更好地为社会经济发展服务，为提高国家实力服务。

## 【链接·微谈】

• 2014-6-5 07:21

#每日一呼# 由中国和联合国教科文组织主办的世界语言大会即将开幕。以语言为主题的世界性会议在我国召开，在我的印象中是第一次，十分重要！呼吁大家不在公共场合和网络空间说脏话，不用语言实施人身攻击和精神暴力；呼吁每位语文老师爱真语文、讲真语文、教真语文；呼吁官方采取有效措施，捍卫语言之纯洁和健康。

• 2014-6-5 12:01

#世界语言大会# 刘延东在致辞中称中国政府尊重语言文字发展规律，更加重视教育发展与语言能力的双向互动。我的体会是：一是各级各类学校的发展必须与学校师生语言能力的发展紧密结合起来；二是语文教学必须坚持真语文理念，因为真语文体现了语言文字真规律；三是请记住一个词——语言能力。

• 2014-6-5 12:16

#世界语言大会# 联合国教科文执行局主席艾米尔在开幕讲话中说，语言的沟通可促进人们的理解，有了理解才有可能宽容、认同，而语言教育则使人有更宽容的视角和更高的沟通能力，这样才有可能消除人与人之

---

① 张志公.语文教学论集［M］.福州：福建教育出版社，1981.
② 转引自张春泉.做学术研究先学好语文［N］.人民日报，2009-12-25.

间的隔阂。这段话说得多好，它再次佐证了我的观点：语文是学校教育所有学科之基础，语言又是语文之基础。

# 真语文的提出是语文教育现实之需

中华人民共和国成立以来，我国教育包括语文教育取得了巨大成就。目前，全国所有省级行政区、县级行政单位全部通过普及九年制义务教育和扫除青壮年文盲国家验收，人口覆盖率达到100%，青壮年文盲率下降到1.08%，对此，以推广普通话、推行简化字和提高学生语文综合素养为己任的语文教育功不可没。同时，我们也必须看到语文教育中还存在许多问题和不足。

相关资料说明语文教学中存在着问题。2009年语言文字工作相关部门对北京市四所高校学生进行语言文字应用能力测试，结果显示，30%的学生不及格，68%的学生得分在七十分以下。其中对一所高校部分学生的测试显示，66.2%的学生存在信件书写格式问题，86.5%的学生存在行文语气问题，100%的学生存在语法问题[①]。2009年发布的《中国义务教育检测质量报告》表明，在语文、数学、科学和思想品德四门学科中，语文的合格率最低，其中有近30%的学生语文成绩处于基本合格水平。与之形成鲜明对比的是，当下语文课时数是1963年的一倍，效果与1963年相比却没有明显不同。

一些媒体的调查显示语文教学中存在不足。2010年《中国青年报》在一次涉及三千二百六十九人、54.4%的受访者具有大学本科及以上学历的调查中发现，在汉语应用中存在词语贫乏（64.8%）、词语使用不当（28.6%）、行文格式有误（27.8%）、语法错误较多（17.4%）等种种问题；在汉字书写方面，83%的人经常提笔忘字，16.4%的人不认识的汉字太多。《光明日报》"汉字书写问卷调查"显示，41.52%的人经常提笔忘字，14.23%的人经常写错别字。[②]这些调查用数据印证了国民汉语言文字应用能力下降的现状，

---

① 许曼均.汉语应用能力弱化堪忧［N］.中国社会科学报，2012-4-18.
② 许曼均.汉语应用能力弱化堪忧［N］.中国社会科学报，2012-4-18.

说明语文教学效率不高，反映了语文教学中存在问题和不足。

此外，从社会公众感受和现实情况来说，语文教学也不令人满意。语文课就是要培养学生的语言文字运用能力，主要表现为听、说、读、写四项基本技能。这说起来简单的目标，听起来简单的技能，本应该是很有趣味的课堂，在当下却变得复杂了。我常常听一线语文教师说，语文课总是承担着很多语文之外的任务，语文老师除了教语文，还要"教"思想品德、政治、历史，甚至美术、音乐、体育。作家叶开读了一本小学语文教材后，认为"有些课文写得太糟糕了"，写了很多文章抨击，后来结集为《对抗语文》出版，一年之内加印了五次。概而言之，社会各界对语文教育的不满，一是教材，二是考试，当然更重要的还有课堂教学。教师配备最多、学生用时最多、国家最重视的语文课程，竟至如此地步，实在让人痛心。当前语文教学中存在的最大问题和不足就是违反语文教育规律教语文，没能在语文课堂上引导学生说真话、写真文、抒真情，具体表现为：贴标签式的生硬拔高，脱离语言文字的本体去渲染所谓思想性和人生意义；对语文的元素即字、词、句、段、篇，以及语法、修辞、逻辑、文学等教学浮于表面，没有融入文本中；把语文课上成表演课，教师成为课堂的主角，学生成为群众演员；过度使用多媒体课件、音乐和其他辅助手段；语文教师基本素养、基本技能不高，讲课声调语态娇声嗲气，粉笔字书写不够规范工整，等等。

最近，我在北京的一个教学研讨活动上听了几堂课，参与者多是来自北京所谓重点小学的语文老师，他们所上的语文课竟与语文相去甚远，充斥了许多非语文的东西。我联想到近期不断有家长跟我反映其子女在小学、初中及高中语文课上的所学、所知、所感；再联想到两年前真语文北京启动仪式上，也有许多语文课充满了假语文的元素。

先重点说说北京的小学语文课堂吧。我始终认为中国汉语水平的真正提高在未来，在现在这些孩子们身上，因此我尤其关注小学语文教育和语文老师。

我听了一位年轻的女语文老师讲丰子恺先生的《白鹅》。这是一篇生活散文，层次分明、语言生动、感情真挚，如果老师按照语文教学规律，紧紧抓住字、词、句、段、篇，听、说、读、写整体推进，该多好哇！可是，这位老师一上课就用丰子恺的若干幅漫画引入，而漫画内容既和课文内容无关，又与白鹅无关，一边看漫画还一边问孩子："感动了没有？为什么感动？"不要说学生，就是成人见到她展示的漫画也只是会心一笑而已，哪来的感动？原来老师要引入她自己的一句话："一个小孩儿用他自己柔软的内心，感到桌子的感觉，看来，所有的生命都是需要呵护的。"我的生命已经老矣，第一次听说桌子也是有生命的！老师还不过瘾，一定要表达出她对丰子恺的理解，说："透过小事、小画面，我们得到的感觉是不一样的，丰子恺说最喜欢弦外有余音，今天我们就来看看这篇散文的弦外之音。"一篇小短文，老师就是这样硬生生地拔高、贴标签，要引出弦外之音。恕我直言，我从小读《白鹅》，没有悟出弦外有什么音，也许我从小没有学好语文吧？这样五六分钟过去之后，老师把一篇完整的文章分割成几十个零碎的小问题，无休止地问学生，既没有抓住词语重点，许多内容也离开了文本本身。中间虽然有字词的校正和朗读，但完全是应景的，是为自己表演服务的。

最糟糕的是，这位老师自己范读了一段课文，不仅让学生为自己鼓掌，还要问学生"老师读得怎么样，能不能把鹅和狗吃饭时的不同读出来"。四五个学生当然都说老师读得好，最后一位说："我觉得老师读得特别好，因为，您用讲故事的方式读出来了。"老师当堂高度评价这位学生："同学们再把热烈的掌声献给他，他不仅把真诚的赞美献给老师，还告诉同学们朗读的时候要像讲故事一样。"问题是，整堂课听下来，我觉得从老师的讲课语言到她范读的语言，都毫无讲故事的感觉，而是用高八度的矫情做作腔调，自始至终像是一位二流演员在表演。退一步说，就是真像讲故事，也不要这样引导学生当面赞美老师呀！课堂结尾，这位老师还没有忘记弦外之音，说："作者称鹅是鹅老爷，旧社会这个称呼是给土豪的，但是我们并没有感觉出作者对大白鹅的厌恶，而是感觉到对它的喜爱，这就是课文的弦外之音。"我们又听糊涂了，这篇课文的弦内之音，不就是作者觉得这个白鹅逗、好玩儿，喜欢它，因此才写这篇文章的吗？唉，这课上的！

幸好，江苏省一位退休语文教师、真语文活动总顾问张赛琴同课异构，也讲《白鹅》一课。她由听、说到读、写，再由学习白鹅的笔法进入写作训练，实实在在上了一堂语文课，我才释然。

之后，我又听了一位年轻老师讲《伯牙绝弦》一课。这位老师显然比前面年轻女教师语文知识功底扎实，也靠点谱儿，但整堂课不仅在学生前面、黑板旁的"PPT"不断更换内容，而且学生侧面墙壁上始终交织着各种古人画面，不时还响起音乐，整堂课都是在音乐和画面而非文字感悟与提升中度过。我始终困惑，什么时候、哪位家长同意、谁家孩子愿意一边读书一边听音乐呢？伴乐读书、看画读书，如此低幼的做法何时休？与前面年轻女老师相同的是，对一篇并不难懂的课文，这位老师仍然将其分解成几十个零碎的提问和无厘头的生硬拔高、贴标签。中间还不断引经据典，而这些所谓的经和典与文本并无太多关系，比如，老师说："我们的古人常常借山水抒发自己的志向。杜甫曾写过'会当凌绝顶，一览众山小'，借山抒发自己的志向；李白也曾写过'登高壮观天地间，大江茫茫去不还'，借水来抒发自己的胸怀。"且不说用这样的诗句比喻伯牙抚琴志在高山是否合适，即使从学生理解文本的角度来说，也实在有些牵强。

更糟糕的是，老师从课文引申出 2000 年前、1700 年前、1300 年前、800 年前、400 年前，直到 100 多年前的例子，甚至用毛泽东为悼念自己好友而写下的诗句来说明一个问题：即知音之情已经成为知音文化。我在想，课堂不是论文答辩会，即使是拓展练习，也不应该统一成全体学生的一个观点，应该是学生在老师的引导下自然生成各种观点。一句话，语文教师不是饲养员，更不是填鸭者，而是引导者、引路人。

在接下来的说课比赛环节，不少北京小学语文老师说的"假课"更是让我吃惊不小。这几位老师尽管说课篇目不同、学段不同，但共同点为：一是脱离文本字、词、句、段、篇本身所蕴含的意义，而去追求所谓弦外之音，拔高、贴标签或无厘头地赞美；二是背离了语文课听、说、读、写整体推进的基本精神，过度解读或片面讲某一方面；三是语文课变成表演课，本来应该是学生学语文的过程，却变成了老师拿学生当作表演道具作秀的过程，说课中忽视或弱化学生语文习惯的养成、语文能力的训练和语文素养的提升；四是老师说课授课时普遍拿腔拿调，语音高八度；五是过度使用"PPT"、音乐、图画等在语文教学中可有可无的东西，使其在这些老师的课堂上成了主角，真正成了"喧热热闹闹之宾，夺真语文之主"；六是语文课本该培养质疑批判精神，但这些老师的说课讲课中完全没有体现这一点，而是一味灌输，不给学生思考的空间和想象的余地，更谈不上培养质疑批判精神了，本来生动活泼的语文内容变成了机械枯燥的单一解读。

由此，我想到了近年来在北京直接或间接听到的不少关于语文课的情况。有家长说，老师让孩子在课堂背诵并讲解《弟子规》片段，但加上一个毫无意义的要求——制作"PPT"。我日前参加北京一个重点中学语文老师的交流活动时问老师们：几年前，上海启东中学的一个学生在国旗下讲话，临时换稿表达自己对教育的不满，作为语文老师应当如何引导？一位老师竟然说："这是利用社会公器发泄对社会的不满，应该严肃批评。"这种扣帽子式的语文教育让我惊愕得半天说不出话来。还有学校老师告诉我，某地教育行政部门把用"PPT"课件、视频、音乐等当成对老师教学设计的考查内容，要求必须使用，否则要扣除分数，甚至没有资格参加教学比赛。如此一来，语文课变成了老师用声、光、电对学生进行灌输的试验场，教学设备先进的北京成了多媒体过度使用的重灾区。

当然，我也听了北京市小学语文基础教育研究室主任张立军老师的《杨氏之子》以及另外几位年轻老师的说课，他们紧扣课文，调动学生学习语文的积极性，对学生听说读写能力的训练在一堂课上体现得十分明显。这让我感到些许安慰，但有关人士说，这是不同流派、不同教学方法、不同教学手段。我说不对。张立军等北京小学真语文老师和另外那些老师的差别绝不是方法、手段之别，而是理念之别、方向之别、路线之别。这个理念、方向、路线就是，张立军们是用真语文的思想去组织教学，而不是用假语文的思想去组织教学。这个区别至关重要，因为关乎路线、方向和理念。

无论是讲课，还是说课，一些语文课堂教学存在的主要问题归结成一点，就是背离语文教育规律，背离教育部下发的语文课程标准对语文课程的定位，即语文课程是工具性与人文性的统一。用上海师范大学吴忠豪教授的话说就是："一直以来，围绕本体性教学内容开展教学的语文教师凤毛麟角，大多数教师的语文课都是以课文思想内容的理解为主要目标，并且围绕课文思想内容理解来组织教学的。"通俗表述就是：这样的语文课就叫作假语文课。

我之所以对一些语文课堂充斥假的现象如此忧虑、严肃批评，还不仅仅是因为语文课堂教学本身，更是由于：

第一，我听到的这几堂课和从民间了解到的一些情况，都出自北京乃至全国闻名的所谓重点学校。这些老师不仅自己讲假语文课，而且对其他老师有相当大的负面影响和作用，他们或为学校骨干、教学主任，或在市区小有名气且到处"表演"。就在我听课的第二天，据说在北京就有一场数千人参与的讲课"表演"，来自全国各地的老师们听到的就是这样充满假语文元素的语文课，可见其影响之深、毒害之大。

第二，某大城市这些语文老师由于地域优势等多种原因，有着极强的优越感，面对不同意见，基本上是针插不进、水泼不进的状态，不接受任何批评和建议。别人对其公开课提出中肯的建设性意见，某些老师竟然恶意攻击，甚至不惜尽侮辱和谩骂之能事，其语文素养乃至做人素质之低，不仅令人咋舌，更让人难以相信这就是首都的语文老师。尤其不能容忍的是，北京市某些教研人员和所谓语文专家对北京语文课堂存在的这种弊端不认识、不扭转、不改正，反而鼓励、扶植和片面支持假语文老师，致使北京假语文课堂在部分学校，尤其在重点学校泛滥成灾。

第三，北京日前出台了深化教学改革和高考改革的方案，明确提出，语文学科将突出语文作为母语学科的基础性重要地位，注重语文试题同其他课程、同生活实践的联系，注重对中华优秀传统文化的考查。北京最近还出台了课程调整方案，对语文教学提出了新的要求。问题是，以当下北京不少语文课堂充斥假语文教学的现状，怎么可能实现北京自己提出的改革方案和调整计划？因此，为北京着想，该给北京的语文教学泼点冷水、敲敲警钟了。

当然，北京绝不是没有真语文教学和真语文教师。比如上述张立军老师的课、北京市东城区花市小学杨蕾老师的课、北京市京源学校王琪老师的课，以及东城区教研员吴琳老师的评课等，都是充满真语文理念的讲课、评课。可惜的是，更多有关部门领导和不少老师仅仅将他们的课作为一个流派、一种个人风格，而不是作为一个语文教学必须遵循的普遍理念。

总而言之，北京语文课堂教学，假的因素主要有以下几种：一是贴标签式的生硬拔高，脱离语文的本体去渲染所谓思想性和人生意义。二是对语文的元素即字、词、句、段、篇和语法、修辞、逻辑、文学等浮于表面地生贴，而不是融于语文教学中。三是语文课成为表演课，教师成为舞台主角，学生成为群众演员，把每堂课都变成表演课。四是过度使用"PPT"

课件、音乐和其他辅助手段。在一次教学展示活动中，我要求不得使用"PPT"课件、音乐，有几位北京语文老师竟然离开"PPT"就讲不了课，被迫退出展示，还有一位在说课中坚持清唱歌曲，他的说法是不唱难受。五是语文老师的基本素养普遍不高，比如讲课的声调语态娇声嗲气，再比如有些人粉笔字写得歪七扭八，还有课堂运用、课堂表达等都显示出他们严重缺乏教师基本素养。所有这些不仅使语文课增加水分，而且长此以往，祖国母语教学的精华将首先在北京消失殆尽。悲，莫大于此焉。

这里以北京语文教学为标本进行解剖，绝不是说假语文只在北京存在。我在全国各地听到的许多课，可以说与北京大同小异，这恰恰说明了问题的严重性。难怪社会各界诟病语文课，难怪学生不爱上语文课，难怪谁都能教语文，如此怎能令人满意。吴忠豪教授的一席话可谓振聋发聩："小学语文重心一直指向文本内容理解，忽视文本语言的教学，这是我国小学语文课程与教学的战略性失误，直接导致国民语文水平下降。"其实，何止小学，初中、高中乃至大学，语文课堂教学普遍存在的假语文现象令人忧虑，令每一个真正热爱母语的语文工作者痛心。因此，我呼吁全国语文学界和有关部门领导正视这一现象，首先在语文教学中开展一场什么是真语文的大讨论，进而在语文教材、语文教师、语文评价等学校语文教育各个方面融入真语文理念，使我国语文教育回到正常轨道上来。

## 【链接·专访】

### 别让语文教学时髦却虚伪

记者：您如何评价当前的语文教学现状？您认为哪些现象是需要警惕甚至矫正的？

王旭明：语文教学作为母语教学，不仅是一门教育课程，同时也是传达一个国家与民族文化取向和精神品质的课程。然而，由于语文课程内容的丰富性和广泛性，很多人对语文课的认识有偏差。语文课上，语文老师讲了非语文范畴的内容，如讲麦苗跟谷穗的区别、讲大象的身体结构、讲各种自然现象等。在这样的语文课上，什么都有，就是没有语文。语文课上应该用语文的方法教语文，千万别让语文教学变得时髦却虚伪。

记者：您觉得产生这种现象的深层次原因是什么？

王旭明：原因是多方面的，有社会层面的、教育层面的，有教师自身素质和水平的原因，也有个别领导和教研部门的误导。

有些基层教育官员去学校调研往往喜欢听语文课，并且喜欢评语文课。他们的一些个人喜好非但没有促进语文教学，反而误导了老师们。为了迎合这些听课者，执教者绞尽脑汁、翻新花样，不断改变教学策略和方法，刻意追求课堂的"新、奇、特"。有些老师平时也懂得怎样上好常态的语文课，然而一到公开课，一有领导来听课，就本末倒置，忽视了课堂上的学生，只关注听课者的反应和评价，没有让学生真正成为课堂主体，没有让课堂体现"真读、真说、真写、真对话"。

（《人民日报》2014 年 5 月 29 日）

## 语文课最大的问题就是"四不像"

记者：据您观察下来，当下这个阶段，语文教育最大的问题是什么？是什么原因造成了这样的环境？

王旭明：当前语文教学最大的问题是，全体国民使用本国语言文字的素养和能力亟须提高。回看我们的历史，我们曾有多么丰富的表达。现在，公开场合人们讲的话明显落后。我们的下一代如果再不重视语言的学习和训练，怎么办呢？

就拿语文教育来说，不少教育行政部门、教育研究部门，树立的一堆教学明星、拿出来学习的课文、对语文教师的培养等，不少都出了问题，导致现在学校里的语文课五花八门，应该说奇形怪状，还被认为是百花齐放、丰富多元。

我说这话得罪很多人，但看看当下语文课的现实：大部分的语文课上，学生在四十分钟的课堂里没学到应该学到的，也没提高能力。对现有的问题看得不深，甚至不愿意看，是对语文教育最大的伤害。如果还没有足够清醒的认识，依然自我感觉良好，那是病人本身的问题了。

记者：很多人喊您斗士，您也说得罪了很多人，阻力很大，遇到困惑、艰难，您怎么去化解？感觉能坚持得住吗？

**王旭明：** 困惑、矛盾、痛苦、妥协、退缩，这些都有，也有勇气和斗志，至少到目前还算坚持下来了。说实话，我不知道能不能扭转现状，我不敢说为"真语文"奋斗一生坚持到死这样的话，因为我也是活生生的人，一个人肯定有各种思想变化，也许忍到一定程度就会全线崩溃。人到了极度痛苦时就往两方面走，一边是像李叔同一样完全超脱了，另一边就可能是寻短见了。

**记者：** 现在支撑您费尽心力的动力是什么？

**王旭明：** 假语文太多了，很多人都把假的当真的了。当年鲁迅认为弃医从文能救中国，现在一钻进去，我发现语文能救中国，真的。

有人说，语文本是学界内部的事，你为什么老是直接扯到社会上去？我何尝不想在学术界谈，但请问学术界现在（对语文）谈出什么来了？不就是现在这样吗？我每看一批材料，每培训一批官员，都深深感到是语文的问题。

**记者：** 近些年您感觉中国现在的教育环境有什么变化？

**王旭明：** 没有太多本质上的变化。教育在硬件上的投入都很好，但重点是我们的教育内涵和质量的提高，这绝不是投钱就可以做到的。

教育要进步，最关键的是教育者，包括老师、校长、教育局长这些人思想观念的现代化。打个比方，在语文教学中，"我跟学生是平等的""让学生掏心窝子地说出真心话是我为人师者的一种责任"，有这样的观念就是现代化。

（澎湃新闻，2015 年 11 月 10 日）

## 课堂"假语文"泛滥成灾

**记者：** 您说语文有"真假"之分，可以举个例子吗？

**王旭明：** 比如有语文老师在教授《怒吼吧，黄河》一文时，先播放音乐、再展示图片，接着介绍词曲作者，然后老师范读一遍，最后让学生谈谈文章反映了怎样的思想感情。在音乐和画面的烘托下，课堂显得热闹极了，但老师教的所有东西和语文并没有什么关系，对字、词、句、段、篇和语法、修辞、逻辑、文学的解读欠缺，整节课看起来更像是历史课、音乐课。这就是典型的假语文，表演成分太重了，过度使用"PPT"、多媒体教学，以致其取代了语言文字本身。正是因为假语文太多，才需要真语文。什么是真语文？就是要让语文教学回归"语"和"文"的本真，做好最基本的听、说、读、写，培养学生健康、自然的表达习惯。

记者：最近几年，您马不停蹄地在全国宣讲"真语文"理念，是什么让您如此"心急如焚"？

王旭明：现在公众的语言文字应用水平有待提高，我们很多人已经丧失了表达的能力，在不同的语境下，准确表达自己的想法显得困难。无论是官员讲话，还是小学生讲话，看起来大多是一个样子。就拿紧张的医患关系来说，很多时候都是因为说话水平低下造成的。你应该也注意到了，但凡有社会热点事件，如果去网上看评论和发言，会发现真正符合逻辑、心平气和进行说理的很少，很多人已经没法儿好好说话了。如果我们能在真语文的环境中学习，我们可以更好地表达，很多社会问题或许都能得到更好的解决。

记者：有很多语文老师赞成真语文的理念，也有人认为，按真语文要求的语文课没法儿上，您怎么看？

王旭明：语文教育最关键的是要解决怎么教、教什么的问题，现在学校里语文课的课时最多，但大部分语文课学生不爱听。重要原因在于，语文老师在课堂上的废话太多了，越是学生知道的东西越是要讲，越是学生想知道的东西越是不说，导致课堂效率低下，学生的收获不大。长期以来，语文教学轻视感性的、独特的理解，重视理性的、标准的理解。就拿大学语文来说，即便我没有读过某位作家的任何一本著作，我只要背下这位作家的简介，依然可以拿到高分。造成这一现状的原因是多方面的，我们对教学缺乏有效的管理，各级官员中懂得学科教育的太少了。

（《江南都市报》2016年4月1日）

## 【链接·微谈】

• 2013-1-9 09:05

#要命的语文课#昨天开座谈会时，一名语文教学研究者说她调查

十七门课的学生受欢迎程度，语文排行第十七。问我听语文课的感受，我套用小品中宋丹丹说赵本山唱歌要命说：几年来我听过一百多堂语文课，大多是要命的感觉，而且越是所谓"优秀""大牌"上课，越要你命没商量——声嘶力竭、大呼小叫、装腔作势、故弄玄虚、无限拔高……

• 2013-1-9　11:53

#要命的语文课#语文是最让人享受的课，现在却成了要命的课，究其原因，是语文教学指导思想出了问题。我们强调语文学科工具性与人文性的统一，殊不知这是所有学科的共性，哪一门学科不是工具性与人文性的统一？当下人们又有一大本事：上边歪一分，底下歪十里。于是语文课成了政治课、历史课、地理课、音乐课……

• 2013-1-10　10:13

最近正在参加一个名为"培育21世纪的中国人才"的教育论坛，现实再次验证了我的结论：同声传译的语文水平太低了，场上提问者的语文水平太低了。表现是翻译的汉语言不大通、不大顺，更不要说达意了。提问是基本的语文能力，几位听众提的问题与演讲主题不搭。有提问者还用英语，你是外国人？救救语文！

• 2013-10-22　09:41

#要命的语文#某老师讲课文《怒吼吧，黄河》：先放五分钟音乐（音乐课），再问听出什么感情（大而空），老师配乐朗诵《五月的鲜花》（个人炫技型的艺术指导课），让学生念冼星海和光未然生平（音乐理论课），反复讲爱国达十多次（思品课）等，要命啊，是所有课，独非语文课。要命的语文就是假语文！

• 2014-4-13　10:23

#要命的语文#听到一堂《斑羚飞渡》的课，吓人。这本是一篇动物小说，讲老斑羚与小斑羚的自然之本能，虽然作者赋予其人的品质，但它们毕竟是动物哇。老师无节制放纵情感，什么老斑羚的无私奉献、勇敢付出、伟大与崇高，谱写动人之歌云云，在音乐和画面的烘托下，闹极。这是当下时髦而虚伪的语文课，真的假语文。

- 2014-7-31　17:16

#要命的语文# 一次听专家评出来的一等奖示范课，气杀我也。老师讲的是《女娲补天》，各种音乐视频俱全，"PPT"精美，一开始就煽情，什么一个贫苦的小女孩儿立下补天志向云云，煽到最后竟然又是什么学习女娲补天精神、立下远大理想之类，配上那夸张的神情和声音，难受死了。专家欣赏滥情，要命的语文！

- 2014-10-16　20:45

#要命的语文# 北京某小学老师说要继承传统文化，让学生背诵三段《弟子规》，但必须要制作"PPT"。小学二年级的孩子回家即哭，怎么制作、如何下手哇？大哭中，孩子的爸爸妈妈慌了手脚，俩人齐上手，忙活了半夜总算完成了，孩子因此还得到了老师的表扬。要命啊！有什么必要学《弟子规》必做"PPT"？不懂！

- 2015-2-1　13:20

对语文教育存在的问题、其严重性和对整个教育质量所带来的巨大负面影响，这样的认识还远远不够，这样的批评也远远不足。我在卸任教育部发言人之后，以一己之力对语文教育进行的种种批评，与语文教育实际存在的问题相比，还相去甚远。

- 2015-2-1　13:20

一次会议上，一位大家断言"当下国民语文素养和能力是秦始皇统一汉字以来最低的时候"，我虽然很认同，但我不敢这么说。这当然是极而言之的话。换言之，提高国民语文素养是当下迫在眉睫的事情。

- 2015-6-24　22:30

#真语文# 参加一场真语文活动，有些悲凉。不少语文老师讲课声嘶力竭、高声大喊，更有甚者咬牙切齿，我实在忍受不了批评几句，有语文老师不以为然，还振振有词："语文课想怎么教就怎么教，想怎么读就怎么读"，真是悲哀。自然平和地发声、正常健康地讲课是语文教学的基本要求。教语文不能任性，更不能胡来。

- 2015-6-30　07:23

#要命的语文# 在某地听了几堂语文课，要命啊：一位讲《伯牙善鼓

琴》，从头到尾高亢兴奋，青筋暴突，如低质量的朗诵会；一位讲《雷雨》，大段背诵教参上的大空话，大学老师就这么教你的？更有甚者，一位讲《荷塘月色》的老师，跳着、蹦着，伴以夸张的手势和吓死人的声调，还把学生分成以为朱自清活了和死了的两派，要命啊！

# 第二章　回归语文教育规律的本真

## 【观点摘要】

〇我们现在上的语文课，要姓语更要名文，从这个意义上，我呼吁多一些贾志敏，少用"PPT"和其他声光电设备。这些东西破坏了学生对于语文的感受，使本来完整而美妙的语文变得支离破碎，由大脑感觉和发声器官感觉的东西变成了视觉和听觉感受。

〇方法不一定多先进，理论不一定多高深，但是要符合语文学习本身的规律。语文教学有很多流派，诗意语文、青春语文、创造语文等，无论是什么流派，只要真正接近语文教学本质、真正回归语文教学原点，就是"真"语文课。

〇我们现在经常说要深化课程改革，我认为改革不一定要出新的东西，改革也不一定要把现在的一切改掉，最深刻的、最难的改革就是回到历史和事物的本来面目上去。

什么是真语文？对真语文较早开展理论研究的吴忠豪教授说，长期以来，我们对语文课程任务的认知一直处于左右摇摆、犹豫不定的状态。毫无疑问，语文是工具性和人文性相统一的课程，问题是两者之间怎样平衡，对此一直难以找到平衡点，六十多年来，一直如此。真语文对语文课程性质把握得非常准确，这是对语文课程标准的最大突破，这个突破带有根本性、革命性意义。吴教授认为，真语文对语文课程进行深刻反思，认为语文课程是学习运用语言文字的综合性、实践性课程，作为应用教学的语文课程，就要让学生学会沟通交流。这样准确把握语文课程性质，为语文课程改革指出了新的方向。语文课程从原来以学习课文思想、围绕对课文思想内容的理解来组织教学，转变为对语言文字的理解和应用。这种转型和转轨对语文教育的意义不亚于党的十一届三中全会对我国经济改革和发展所产生的作用。吴教授的一番话可以说点透了真语文的核心和本质，应当引起全国语文老师尤其是北京的语文老师深思。

人们不爱听假语文的叫法，那就用吴忠豪教授本体性语文教学理论来论述吧。本体性语文教学内容是语文课程必须承担的本职任务，反映出语文课程区别于其他课程的本质特性，完成这些教学内容，就能为学生学习各门课程奠定扎实的基础，也能为学生人文素养的全面提升奠定基础。非本体性语文教学内容包括情感、态度、审美、价值观教育，多元文化的学习，思维能力包括创新精神的培养等，这类教学内容并不是语文课程一科独担的，而是基础教育各门课程共同承担的，并且，学校、家庭、社会对学生"情感、态度、价值观"的形成所能发挥的作用远远超过语文这门课程。在他看来，语文作为一门以培养学生语言文字运用能力为主要目标的综合性实践课程，理所当然地应该以语文知识、语文方法和语文技能，即本体性教学内容为目标展开教学，而情感、态度、价值观等非本体性教学内容应该是渗透在语文知识、语文方法和语文技能学习过程之中的。

如果说吴教授从理论层面阐释，您觉得绕口的话，七十多岁的全国语文特级教师贾志敏说得就更为直接："当下学生语文能力不高是一个不争的事实，什么原因造成的？我们该怎么办？学生没有学好怪谁？养不教父之过，教不严师之惰。家长和老师都有责任，现在的语文课堂假、大、空，教学生说假话、大话、空话，这种现象比比皆是。我支持真语文，因为真语文真教，让学生真学，做一个真人。课堂教学不需要精彩，它只是一个循序渐进的过程，一步一个脚印，扎扎实实教学生识字、写字、写文章和做人。"贾老师的一席话简直是对不少语文课堂和语文老师不点名的、严肃而尖锐的批评。

# 终于，听了堂真语文课

我们都上过语文课，个中滋味多了，可以写成一本书，今天不谈。今天要谈的是由于工作的原因，我听过不少语文课，从小学到初中、高中，直到大学，水平高低先不说，一个共同的特征或者说普遍的毛病是假。假的特征，大的方面说如教师拙劣或水平不高的自我表演，设计无数个坑诱惑学生往里跳，空洞和贴标签似的升华以及老师不着调的语言等；小的方面说，"PPT"和各种声光电设备让人眼花缭乱，老师课堂上随意指点学生，奔来跑去、呼风唤雨，以及让学生朗诵腔十足地诵读、堆起来的假笑等，这都是假语文课，不是真语文课。

我曾赞美过江苏的张赛琴老师、辽宁的魏书生老师和福建的孙绍振老师等，他们上的语文课是真语文课，但这样的课太少，少极了。终于，我又听到了一堂朴实无华的语文课，朴实到只用粉笔和黑板，无华到老师只用嘴，这是一堂让我难忘的真语文课。这堂课的授课老师是已经七十多岁的来自上海的贾志敏老师，我想起这年龄和我终于捕捉到的这种真语文课的感觉，就想哭……

贾老师给小学五年级的学生讲阅读与写作。课前，他用工整的板书在黑板上写下当天要讲的古文（没有加标点），内容如下："一人家贫卖画以度日一日作画一年无人问津问师师曰试倒之一年作画恐一日可售试之然"。

三十几个字的小文在贾老师的讲授里简直幻化成短文、学生和老师的三重交响曲，真实、和谐、动听而引人回味。贾老师首先由古字说起，明句读、释意。他说古文的三大特点是无标题、无标点、语言简练，然后让学生练标点并指导学生诵读。特别值得一说的是，学生一听要求诵读就开始集体诵读，拿腔拿调。贾老师立刻止住，说"不要拿腔拿调，就要按照正常人说话那样读"。他又点了几个学生读，学生还是习惯拉着长音"家——贫——"，他说："不是家——贫——，就是家贫！"纠正后，全班跟着他一起读"家贫"。在他的课堂上，学生发出的不是假声，而是真声，是真人真生活中的样子，真好！

在分析短文时，贾老师紧紧扣住文本内容讲解，既不添枝加叶，也不虚张声势，真真切切说文，实实在在讲课。比如讲"贫"字，他让学生用成语表达，"一贫如洗""家徒四壁""贫困潦倒"……学生说了一串，忽然一个学生说"他家里穷极了"，老师马上说"意思对，但不是成语"。又如"恐"字，学生分别答"恐怕""可能""也许"……有学生说"恐惧"，贾老师马上纠正："你再看原文，这里是害怕吗？"贾老师的分析抓重点字、词，抓重点字、词在篇章中的理解和运用，符合语文教学规律和特点，也符合这一年龄段学生的认知规律和特点。

在指导学生练习时，贾老师简直达到调度有余、出神入化之境地。他先要求学生用十分钟时间将古文扩展成五百字的文字，然后让学生当堂练习，有的念开头，有的念中间，有的念结尾。贾老师的评价不仅真，而且实。有学生说"他好不容易爬到山顶"，贾老师说："你这是废话，思维不清楚，该写的不写。"有学生说"他穷得像乞丐一样"，贾老师马上止住："别瞎夸张，这位画家是穷，但不是穷得像乞丐一样。"有学生又说"他的家贫穷得布满了蜘蛛网"，贾老师马上说："有蜘蛛网不是穷，是脏。"学生哄堂大笑，却得到了真实的语言感受。他夸学生也同样真实。有学生说："这位画家画了一天，卖了一年也没有卖出去，而画了一年的那幅画栩栩如生、人见人爱。"贾老师特别表扬这个孩子"人见人爱"用得好。贾老师就是在这样真实的批评与表扬相结合的过程当中，提升与锻造着学生的阅读能力和作文能力。

贾老师的语感特别好，这是语文老师的看家本领，也是传家宝，但现在像要失传似的。有学生说到"年轻人"和"青年人"，他和学生说："可以说年轻人，但'青年'后面就不用加人了。"最后他让学生给这段小古文加题目，诸如"一个画家的故事""一幅画的故事""果然如此""倒过来试试""成功的秘诀""慢工出细活儿"。一个个题目蹦出，贾老师都点头称是，不逼学生说主题、提升思想，而是让他们感受语言之美，尽情尽意。

尤其要说的是，贾老师在课堂上体现出对学生真实、真诚的爱。我听课时经常见某些老师在上课前说"老师爱你们""老师喜欢你们""你们喜不喜欢老师呀"之类的问答，矫情做作又让人想笑。贾老师没有这些废话，直接讲课、直接入题，在学生中间走动，不时抚摩一下孩子的头，纠正他们的坐姿。当学生站起来回答问题时，他会走过来倾听，"嗯，不对，这里应该是……""好，很好，这句特别妙……"学生每念一句，贾老师都及时指出其字句中的优点和不足，一字、一词、一句地指导修改。在听学生回答时，他经常用手按学生的肩膀，嗔怪着："你刚才没听啊？你要听啊。"遇到好句子，他不吝赞词，抬高声调夸奖。正是在这表扬与批评、宽与严之间渗透出一种真挚的爱。我一向以为，赏识教育不是对学生一味地说言不由衷的好话，甜得发腻的夸奖，真正的爱应该是严格加赏识，表扬与批评，而贾老师的课堂上充满了这种严格教学和慈悲关爱相结合的真爱氛围。

贾老师的课没有精美的课件，没有动听的音乐，也没有眼花缭乱的画面，没有煽情的话语，每一句话都真实自然，每一个指导都恰到好处，每一句点拨都能让孩子有所进步，包括我这个大人都止不住频频点头，讲得好哇！

应该说一堂课上很难见到学生语文能力的提高，但可以肯定地说，在贾老师的引导和教授下，学生的语文能力一定能够得到真提高。可惜的是，当下这样的老师还是太少了，目前这位毕竟已经七十多岁。坐在我身边的一位优秀老师告诉我，有些教研员对贾老师的课表示不屑，认为他太土、太传统、太慢、太不刺激、太不时尚，这样的认识还不在少数。闻此，也曾身为语文教研者的我痛心疾首，这样的人可气可恨哪。正是"洗尽铅华呈素姿，返璞归真为语文"．我被贾老师的真语文课迷住了。

那天，我听得爽，连续发了几条微博，表达了对贾老师语文课的敬意——

@ 听贾志敏老师讲课，讲课人老，已经七十多岁了；讲课手段老，粉笔、黑板、板擦和老师的一张嘴；讲课方式老，老师讲学生听和练，一位老人呈现的老课。然而朴素的表达、真诚的教学和逻辑严谨、环环相扣的教学环节，以及对学生实实在在的引导，都令人耳目一新。当下有太多形新实老，太少形老实新，误国误教误人！

@ 受贾老师启发，郑重建议全国语文教师少用或不用"PPT"、录音录像以及各种道具，只用嘴、粉笔和黑板，让语文教学回归语和文！

@ 听过不少名头比贾老师多得多也大得多的中青年优秀老师讲课，大失所望！因此，我更加坚定了两个观点：一是许多优秀语文老师已经很"老"了，尽管他们表面年轻，手段现代；二是语文课练语练文，少来花里胡哨。现在增加了一个观点，就是当下优秀老师很多，专家更多，可含金量真的少了，不可信名头！

@一天有感：真实真情真心真意呼吁：全国人民学语文，语文老师也要学语文，优秀语文老师更该学语文！学会语文和说话，走遍天下都不怕。

让我们记住贾志敏老师以及他的语文教学观：

老师上课，就是借教材的课文对学生进行说话训练、写话训练。课堂上太多的资料补充、太多的媒体演示、太多的"泛语文"活动以及太多的形同虚设的小组讨论等，都或多或少地减损了语文学习的功能。

时下的一些教学观摩活动正趋向于商业化操作，而且规模越来越大。课堂变成舞台，执教者由于在意听课者的反应而不断调整教学方法和策略。这样恰恰忽略了对学生的关注。于是，"课堂教学"变成"课堂表演"。课堂教学和舞台表演不同：前者追求"真"，后者追求"美"；前者表现学生学习的过程，后者展示演员排练的结果。教学不是表演，不能变味，更不能异化。课堂上，要关注的始终是学生。

语文是一门学科，语文教学则是一门科学。科学需要严谨和规范，需要按事物发展规律行事，来不得半点虚假和浮夸。

……

说得多好哇！前文说到我有一种想哭的感觉，是因为像贾老师这样的人太少了。其实，不一定是七十多岁的老师才能达到这种境界，关键是我们是否加以引导和如何引导。当下的语文教学弥漫着浮躁之风和低俗之态。我们哪里有那么多新发明、新理念，哪里用得着那么多花里胡哨的手段。我坚持认为，古人教授语文比现代人强得多、效率高得多、魅力大得多，虽然教学手段简单得多。以"PPT"为例，那本是国外传过来的，本来是一个辅助手段，对于很复杂的事物进行形象展示的过程。现在我们随意开一个会都用"PPT"，甚至用到了语文教学里，其中看不出难点重点，只是把稿子搬上去了，滑天下之大稽还自觉挺美。如果是数学、物理课上为了展示复杂的公式推理或展示物理实验过程等，尚可；然而，现在语文课上则是过度和不恰当使用。更可怕的是，在语文教学中还要播放音乐和画面，讲什么就展示什么，让孩子没有任何想象的空间，没有任何文字感受，长此以往，怎么得了？我们现在上的语文课，要姓语更要名文，从这个意义上，我呼吁多一些贾志敏，少用"PPT"和其他声光电设备。这些东西破坏了学生对于语文的感受，使本来完整而美妙的语文变得支离破碎，由大脑感觉和发声器官感觉的东西变成了视觉和听觉感受。再强调一下，学习语文绝对不是提高视觉和听觉感受力，而是提高对语言文字的感受力。

从贾志敏老师这堂真语文课引发如此拉拉杂杂的感受，不吐不快。虽自知无用也愿振臂一呼，呼唤真语文课、真语文人，真学语文、真爱语文！

## 【链接·微谈】

• 2013-5-17 10:53

#真语文论坛#再次领略贾志敏老师的风采，聆听一位七十多岁的语文老师之心得。其实，这已经不是再，而是再、再、再了。许多讲话听一遍都觉多，很少讲话听百遍都有新意，毫不厌倦。贾老师就是这样的讲话人。他说自己不是如王旭明所说的大师，只是一个小学教师，是小师——全场掌声响起。

• 2013-5-17 11:22

#真语文论坛#什么是好的语文课？贾老师告诉你，十六字：环环相扣，丝丝入扣，行云流水，滴水不漏。用四字概括就是：严谨严密。用两个字概括就是听课感觉：不累。

• 2014-5-24 07:10

#清晨一醒#在石家庄参加全国真语文活动，贾志敏老师的真语文课震撼全场。贾老师说他是一个老人，七十多岁了；是一个病人，距离医生判其最长五年存活期还有六个月；是一个接近盲的人，眼部手术后医生嘱咐小心失明。但他还在讲真语文，感极而泣！贾老师的课值得全中国教育官员和语文老师听听，这就是真语文！

• 2014-5-30 09:58

#清晨一醒#贾志敏，上海一位年近八旬的小学老师，身患癌症被医生判定只有五年存活期，他为真语文拼命了。今天，应贾老师约请，我同他来到成都芳草小学，看看他们的真语文教学。您也许不知，贾老师指导这所学校已经五年了，与老师们共同备课、讲课、析课，能叫得出全校老师的名字……感动中！

• 2015-10-23 06:44

#真语文#一位七十多岁的老人，一位七十多岁的老病人，一位被医

生告知只有五年存活期的肝癌患者，站在真语文讲台上讲授修订后的语文版新教材课文《我的发现》，为此，他一百多次修改自己的教案。他说"我相信、追随、实践和学习真语文"，我说"您才是真正的真语文之父"。他这样介绍自己：我是小学语文老师贾志敏。

# 让语文回到起点：姓语名文

党的十八大报告在论述科学发展观的精神实质时，用了十六个字概括：解放思想、实事求是、与时俱进、求真务实。在这十六个字里面，有八个字和"真"有关——实事求是、求真务实。《国家中长期教育改革和发展规划纲要（2010—2020年）》（以下简称《教育规划纲要》）指出，贯彻落实科学发展观，是我国教育工作的重要指导思想和工作方针，要求"把提高质量作为教育改革发展的核心任务。树立科学的质量观，把促进人的全面发展、适应社会需要作为衡量教育质量的根本标准"。《义务教育语文课程标准（2011年版）》（以下简称《课程标准》）明确"语文课程致力于培养学生的语言文字运用能力，提升学生的综合素养，为学好其他课程打下基础；为学生形成正确的世界观、人生观、价值观，形成良好个性和健全人格打下基础；为学生的全面发展和终身发展打下基础"。语文是与人的全面发展关系最密切的一门课程，提高语文教学质量，特别需要实事求是和求真务实的精神。如何在语文教学中贯彻落实十八大精神，以及《教育规划纲要》和《课程标准》的要求，意义重大。

我们为什么提出在语文教学中要特别贯彻落实"实事求是、求真务实"的精神呢？说起这个话题，我想起了自己在上小学的时候，有一位姓廖的语文老师，她是一位很普通的老师，语文课讲得很朴实，没有什么花哨的东西，却让我受益很多。我觉得她的课就是实事求是、求真务实的语文课。方法不一定多先进，理论不一定多高深，但是要符合语文学习本身的规律。最近这几年，因为工作的关系，我听了贾志敏老师的好几节课，感到很亲切，仿佛又回到了自己的小学时代，再次让我感到了语文课的韵味。我想，这样的语文课可以称为"本真"语文，我更将其缩写为"真"语文。语文教学有很多流派，诗意语文、青春语文、创造语文等，无论是什么流派，只要真正接近语文教学本质、真正回归语文教学原点，就是"真"语文课。

我们现在经常说要深化课程改革，我认为改革不一定要出新的东西，改革也不一定要把现在的一切改掉，最深刻、最困难的改革就是回到历史和事物的本来面目上去。什么是真语文教学？真需要一个大讨论。我认为包括教学思想、教学形态、教学语言、教学效果等方面，都值得研究。我认为至少应在教学环节如下三个方面体现"真"字：老师的讲要真讲，学生的学要真学，评课者的评要真评。真讲、真学、真评。在这里，我偕同贾志敏老师，以及参加这次研讨观摩活动的全国十四省三十二所学校，一起发布《聚龙宣言》，把党的十八大精神，把《教育规划纲要》和《课程标准》的要求切实贯彻到语文教学中来，倡议一种本真的语文教学，并且真诚地呼吁所有语文教学的有识之士加入"什么是真语文"的大讨论中来，希望大家在讨论中献计献策，一节课、一个课堂教学的小细节、一位老师，都可以成为我们讨论的内容，总之，让我们共同回到一个字上来——真。

目前的语文教学确实存在方方面面的问题，教师不真、研究者不真、评价者不真，方法不真、技巧不真、考试不真，最后导致我们培养出的学生也跟着不真。这是误人子弟呀！比如，语文教学中的工具性和人文性，关于这个问题的讨论有很多，但在教学中，还是有很多教师不能正确地处理二者的关系。语文是什么？叶圣陶先生早就告诉我们，语是口头语言，文是书面语言，语文教学就是培养学生的口头表达能力和书面表达能力，而口头表达和书面表达的综合能力体现在听说读写上。语文老师讲语文，从字、词、句、段、篇入手，就是贴近了真语文，语文老师的作用是生物老师、自然老师、历史老师都无法取代的。现在的问题是，语文老师好心好意地做了很多根本不是语文该做的事情，比如讲麦苗跟谷穗的区别、讲大象的身体结构、讲各种自然现象，等等，这些不是语文课的教学内容。语文课程的基本特点是工具性和人文性统一，我认为人文性是融在工具性里面的，如果没有了工具性，谈何人文性？还有一点很可悲的是，有些语文老师脱离语言文字的运用大谈人文性，单纯地把课文的意义拔高，认为那就是人文了，其实恰恰相反，把语文的工具性运用好了，人文性自然就蕴含在里头了。再举一个教学手段方面的例子。在听了很多课以后，我曾经提出一个观点：语文教学要慎用"PPT"。现在很多流行的东西害了语文教学，毁了语文教学，其中就包括"PPT"和其他多媒体设备。我说慎用，而不是不用，就看以谁为主体，看它对教学的辅助作用是不是到位。比如有的老师用投影设备展示学生的写字作业，并纠正了字的写法，这就叫适当运用。把真语文教学的理念落实到位，需要从很多细节着手，最重要的首先就是理念的更新和转变。真语文大讨论的目的，就是把一些理念讨论清楚，把一些做法落实到日常教学中去。

我再次诚恳地希望，真语文教学能够不再仅仅是一个流派，不再仅仅有几个代表人物，不再仅仅是几所学校的研究，而是能够成为全国学校、全国语文老师的一种共识。我相信，在那时候，中国的语文教学一定会是一番新景象。让我们共同努力，共同期待！

## 【链接】

## 聚龙宣言

第一，语文教学与人生最接近。语文教学塑造学生的心灵，语文教学最该真实、真诚、真情、真切，让我们本本色色教语文，认认真真教语文，使语文回归本真状态。

第二，工具性与人文性的统一是语文课程的基本特点。我们认为，语文课程的人文性蕴含在工具性中，要紧扣字、词、句、段、篇教语文，贴近学生的兴趣和生活需要教语文。

第三，语文课程是实践性课程。语文教学要致力于培养学生的语言文字应用能力，提升学生的综合素养。我们提倡在教与学的如下三个方面体现本真语文教学风格：教师要真讲，学生要真学，评价者要真评。

第四，把提高学生的语文素养作为语文教学的首要任务。在教学思想、教学方法、教学风格和教学评价等方面加强研究和实践，切实提高语文教学效率，切实提高学生语文素养。

第五，充分发挥语文教师在教学中的主导作用。语文教学不装、不演、不做作，慎用"PPT"，慎用多媒体教学设备，让学生真正成为语文学习的主体，真读、真说、真写、真对话。

第六，努力拓展语文教学空间。语文教学要在听说读写活动中培养学生自然、健康的表达习惯，自信、创新的心理品质，自由、独立的人格特征。

语文是影响学生一生的重要课程，语文是关乎学生精神成长的重要课程；语文是所有学科教学的基础，语文是每一个人终身学习的重要内容，让我们在本真语文的旗帜下，教真语文，教实语文，教好语文。

## 【链接·专访】

### "假语文"消失之时，就是"真语文"退出之日

记者：您联合很多人发起了"真语文"运动，我们非常关注。那么您认为何为"真"？何为"假"？请您举例说明。

王旭明：实际上，"真语文"就是语文，或者说就是真正意义上的本来的语文。那为什么加个"真"字呢，就是因为有了"假"，所以才叫"真"。我们与其说给"真语文"下个定义，不如先给"假语文"下个定义。什么叫"假语文"，我觉得违反了语文教育基本规律和基本特点的语文就是"假语文"。

我认为目前的语文教育，在教师、教学、考试这几个环节里，"假语文"的现象还是非常普遍的。比如说考试，多少年来，所有的语文考试基本上不考听力，基本上不考说话，只考笔试，这是违反语文教育听说读写基本规律的，这个考试就存在"假语文"考试的现象。

语文教学的"假语文"现象就更加普遍了，违反了语文教育的基本规律，违反了字、词、句、段、篇、语、修、逻、文的文本教学的基本规律。当前突出的问题就是"贴膏药"，有思想性的没把思想性讲出来；没有思想性的，或者思想性比较浅的，非要讲出它的思想性。

我听过一堂课，讲恩格斯《在马克思墓前的讲话》。那是思想性非常强的文章。马克思是我们共产主义学说的奠基者，恩格斯作为他的战友，在他的墓前发表了一篇讲话，其内涵和思想之深刻毋庸置疑，但是老师讲课时，处理得很淡。

相反，徐志摩的《再别康桥》就是诗歌，就是对恋人、对友谊的情感，或者是模模糊糊的朦胧的情绪，这是诗歌的特点。老师讲这首诗，非要和热爱祖国、热爱人民等联系起来，这未免就过于牵强了，这种现象是非常普遍的。

因此，概括地说，"真语文"就是按照语文规律进行教育的语文。

全国有很多学科很多学问，都希望能一代一代地传下去、长生不老。我希望，"真语文"别不老，而且寿命越短越好。那也就是说，"假语文"没有了，"真语文"自然而然地也就没有了。让语文回归到它本来的面目上去。我认为，"假语文"消失之时，就是"真语文"退出之日。

（新华网黑龙江频道，2015 年 4 月 20 日）

## 【链接·微谈】

• 2014-6-3　06:49

总有人问，真语文真在哪里？我说，真语文之真就是真实、真心、真情、真意、真诚，真的表达，真的从事一件事情。就语文而言，凡是按照语文规律和特点研究、教学的就为真，凡是离开语文规律和特点研究、教学的就为假。

• 2015-2-1　13:20

语文的现代化不等于声、光、电并用，而是教学思想、教学观念和教学内容的现代化；语文的现代化要坚持以语文为主、以现代化教学手段为辅的原则；各级领导和专家，要支持语文老师做出真语文探索，给他们鼓励，给他们各种荣誉，给他们提供各种便利，为弘扬真语文做出贡献。

## 真语文是一种理念不是一种流派

真语文就是语文，是语文本来的样子。为什么加个"真"字？是因为有假语文存在，一旦假语文不存在了，真语文也就消亡了。

真语文是理念，不是流派，不存在真语文学派。贾志敏老师提倡本真语文，黄厚江老师提倡本色语文，这都是真语文的模式。实际上真语文是从他们那里受到启发的，但本真语文、本色语文等是作为一种流派提出来的；真语文不是流派，是理念，不管什么流派，都必须坚持真语文理念。

我认为各色语文流派都有一个共同的问题、共同的偏见：以点概面、以偏概全。把语文一方面的特点研究得很深很透，说语文就应该是这样的，这是不对的。比如语文有诗意的特点，但不代表整个语文都要有诗意；讲语文课应该有逻辑，但不能全是逻辑。真理再往前走半步就成了谬误。因此，我郑重呼吁在全国开展一场什么是真语文的大讨论，不管什么语文流派，都应该在真语文的理念下开展研究。三十多年前，我国开展了"实践是检验真理的唯一标准"的大讨论，它使我们国家进入今天这样繁荣、幸福的时代，在语文学界，真语文活动就相当于这样的大讨论。

## 真语文理念的基础

真语文的理论基础是语用学。与过去的静态符号系统和规则系统的语言学不同，语用学是研究具体语境中的语言应用规律的科学。语用学特别强调语境，认为任何词语或句子只有在一定的境地里才有意义，离开一定的语境去谈意义是空谈。因此，语用学专门研究语言的理解和使用，研究在特定情境中的特定话语如何理解和使用。金定元先生认为，语境包括交际的场合（时间、地点等）、交际的性质（话题）、交际的参与者（相互间的关系、对客观世界的认识和信念、过去的经验、当时的情绪等），离开了语境就使判断本身失真或失去意义。[①]语用学是研究真语文的一个基础理论。只有立足语用学的语文教育，才有可能让学生在言语活动中学语言，在丰富的语境中学语言，灵活得体地用语言，从而培养学生生活中所需要的真实的语言文字应用能力。

真语文的理论依据是以科学精神指导语文教育。语文是一门实践性课程，强调要帮助学生养成实事求是、崇尚真知的科学态度，这当然要有科学精神作为指导。科学精神是什么？我认为理性客观、理性怀疑、多元思考等都是科学精神，这些科学精神应该具体体现在语文教学当中。此外，语文教育应当成为学生提高美学素养和科学素养的双渠道，既提高美学素养，也提高科学素养。国际上普遍将科学素养概括为三个组成部分，即对于科学知识、科学的研究过程和方法、科学技术对社会和人所产生的影响达到基本的了解程度。这三个方面在语文教学当中应贯彻始终。

---

① 金定元．语境学——研究语境的科学［J］．中国语文天地，1986（1）．

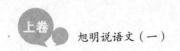

# 真语文理念的要义

真语文的基本要求是在语文教学过程中以语言为核心，以语文活动为主体，以语文综合素养的提高为目的。语文课一定要培养学生自然、健康的表达习惯，一定要培养学生自由、个性的心理品质，一定要培养学生独立创造的人格特征；语文课要让学生具备一定的逻辑思维能力，让学生学习并传承中华优秀传统文化。以语言为核心，即一切教学活动要充分体现语言元素，要紧紧围绕语言展开，具体如语言解读、语言品味、语言积累、语言应用等。即便有其他的教学活动，也必须是为这些语言活动服务的。课堂教学是一个流动的过程，它是由一个个教学活动和学习活动组成的，但现在很多语文课堂是内容的堆砌、问答的罗列、形式的呈现、概念的演绎和结论的传递，甚至就是一个个题目和一个个答案。我认为，语文课堂必须以语文活动为主体，而不是其他。提高学生的语文综合素养应该是语文教学的最高境界，其实质就是让知识与能力、过程与方法、情感态度与价值观的三维目标在语文课中得到学科化的体现，让学生的表达习惯、心理品质、人格特征等教育目标得以实现，让中华优秀传统文化得以传承。概括地说，上述三个"以……为"和三个"一定要……"是真语文的基本要求，是语文之所以为语文的根本，也是语文区别于其他学科之处。

真语文的具体要求是以语言文字的基本元素为基础，以字、词、句、段、层、语、修、逻、文为主要训练手段，以追求语文工具性与人文性统一为全过程，以促进学生和谐语文生活为终极目标。这一语文教育观可以指导包括语文教学、语文教材、语文教师在内的语文教育所有相关环节。我们知道，语文教育中的教材、教学、评价、教师等若干方面相互依存，相互作用，环环相扣，缺一不可。真语文的具体要求实际上涉及教材研发、考试评价、教师培养、课堂教学等诸多方面，也就是说，语文教育的任何一个环节都必须紧扣语言文字，通过语文的方法和手段，使语文的工具性与人文性得到统一，促进学生语文生活和谐发展。

## 真语文理念的内涵

真语文理念的内涵丰富，具体可从以下几个方面理解。

真情实感的抒发与感受，尤其是真情实感的教与学。真语文不是不讲情感，而是要讲真情感。什么是真情感？发自内心的或平实或激越或充沛或淡然的情感都是真情感。真情感是文本中的，不是教师随意发挥出来的；真情感是语言中的，不是教师刻意附加的；真情感是教师和学生自然、自由发出的，不是矫揉造作地表演出来的。以朗诵和朗读为例来说，艺术的朗诵和课堂上的朗读是不一样的，语文课上提倡正常的朗读，朗读是一种读书方法，而不是艺术表演。叶圣陶说："就一句来说，如意义未完的文句，命令或呼叫的文句，疑问或惊讶的文句，都得前低后高。意义完足的文句，祈求或感激的文句，都得前高后低。再说强弱。表示悲壮、快活、叱责或慷慨的文句，句的头部宜加强。表示不平、热诚或确信的文句，句的尾部宜加强。表示庄重、满足或优美的文句，句的中部宜加强。再说缓急。含有庄重、敬畏、谨慎、沉郁、悲哀、仁慈、疑惑等情味的文句，须得急读。以上这些规律，都应合着文字所表达的意义与情感，所以依照规律吟诵，最合于语言的自然。"[①] 不光朗读要从文句出发，合于语言的自然，体会文本蕴含的情感，也要从语言表达方式和用词用句上仔细揣摩。语文课上如何教出真情感，需要展开更细致的研究和更深入的实践。

思想性与语文性的水乳交融。苏霍姆林斯基曾说："十分重要的是，关于祖国的豪言壮语和崇高理想在我们学生的意识中不要变成响亮的然而是空洞的辞藻，不要使它们由于一再重复而变得黯然失色、平淡无奇。让孩子们不要去空谈崇高的理想，让这些理想存在于幼小心灵的热情激荡之中，存在于激奋的情感和行动之中，存在于爱和恨、忠诚和不妥协的精神之中。"[②] 这里强调了语文课程的内容要充实、有思想，不能只是"空洞的辞藻"。需要明确的是，语文教育理应承担道德情操的培养，但也绝不能忽略语文教育本身的任务。正如朱自清所说："中学国文教学的目的只需

①	叶圣陶.精读的指导［A］//刘国正主编.叶圣陶教育文集：第3卷［M］.北京：人民教育出版社，1994：238.
②	苏霍姆林斯基.把整个心灵献给孩子［M］.天津：天津人民出版社，1981：275.

这样说明：养成读书思想和表现的习惯或能力；发展思想，涵养情感……这两个目的之中，后者是与他科相共的，前者才是国文科所特有的；而在分科的原则上说，前者是主要的；换句话说，我们在实施时，这两个目的是不应分离的，且不应分轻重的，但在论理上，我们须认前者为主要的。"①因此，真语文并不反对思想性，关键是要正确处理思想性与语文性的关系，使二者水乳交融。具体而言，就欣赏方面，语文教学应当既强调感受文本的思想性，同时也要关注文本的语言美；就表达方面，语文教学应当既强调表达真情实感，同时也要关注用优美的语词营造令人愉悦的意境。

传统文化的学习和继承。习近平总书记指出，中华优秀传统文化是中华民族的精神命脉，是涵养社会主义核心价值观的重要源泉，也是我们在世界文化激荡中站稳脚跟的坚实根基。《义务教育语文课程标准（2011年版）》在"前言"部分指出："语文课程对继承和弘扬中华民族优秀文化传统和革命传统，增强民族文化认同感，增强民族凝聚力和创造力，具有不可替代的优势。"②语文课程加强传统文化的学习和继承，一方面可以通过语文教材来实现。比如，哪些优秀传统文化内容适合进入中小学语文教材，优秀传统文化在教材中占多少比例才是科学合理的，如何让这些内容与中小学语文教材巧妙结合等问题，都需要我们认真思考，并展开更加深入的研究；另一方面则可以通过课堂教学来实现，比如识字、写字教学要教出汉字的文化内涵，古诗文教学要教给学生传统文化的知识、对学生渗透传统文化价值观的道德教育，等等。

与学生生活实际结合。语文是与学生现实生活联系最密切的学科，因此，要深入结合学生生活、学习实际，教真语文，教好语文。杜威在继承自卢梭、裴斯泰洛齐以来自然主义教育思想家所倡导的生活教育理念的基础上，从实用主义、经验论和机能心理学出发，提出了"教育即生活"的主张，指出教育是生活的过程，而不是将来生活的准备，从而引发了世界性的进步主义教育思潮。陶行知"生活即教育"的思想则对杜威的理论进行了改造和发展：生活需要语文，语文离不开生活；只有把语文与生活紧密联系起来，

---

① 朱自清.中等学校国文教学的几个问题［A］//李杏保，方有林，徐林祥主编.国文国语教育论典：上册［M］.北京：语文出版社，2014：372.

② 中华人民共和国教育部.义务教育语文课程标准：2011年版［S］.北京：北京师范大学出版社，2012.

才能扩大知识视野，提高语文能力。一方面，探讨语文教学规律，首先要研究人们在实际生活中应用语文的规律。换句话说，要懂得怎样"教语文"，就应该首先懂得人们在生活中怎样"用语文"。另一方面，语文教学要形成一种开放式的格局，就要努力贴近生活，把施教的视角延伸到生活的广阔天地里去。语文教学与生活联系的途径是多方面、全方位的。语文课堂教学、各科教学、课外活动、社会生活，由内而外，层层拓展，构成了语文教学联系生活的广阔空间，也为我们提供了更为开阔的研究领域。

语文知识的传授。语文知识客观存在是一个不争的事实；语文之所以作为一门学科长期存在，也正是由于它存在一套知识系统，包括汉字、词汇、语法、修辞、章法等。如果说语文是一门"学科"，那么它必须有相应的学科知识作为支撑。因此，我们应该在明确语文课程必须传授知识的基础上，重点研究要传授哪些知识。叶圣陶在《略谈学习国文》中说："语言文字的学习，就理解方面说是得到一种知识，就运用方面说是得到一种习惯，这两个方面必须连成一贯……语言文字的学习，出发点在'知'，终极点在'行'。"[①] 在这里，叶老既明确了语文知识在语文教学中的基础地位和重要作用，也告诉了我们教学语文知识的方法：语文教师要通过教学语文知识，指导学生正确理解和应用语言文字，从而提升他们的语文能力和语文素养。我们认为，真语文要构建一套语用型的语文课程知识体系，其特点包括：以"语用知能"为核心，以"交流能力"为取向，以"语境、语篇、语用"知识为重点，注重吸收并开发当今社会急需的语用知识。[②] 因而，真语文倡导对构建语用型知识的方法和途径展开更为广泛的研究。

创造意识的培养。陶行知在《创造宣言》中说，人人是创造之人，天天是创造之时，处处是创造之地。[③] 叶圣陶也力主改革，反对因循守旧，要敢于创新、善于创新。他说："执一不二，光知守不知变，不求变，不善变，是极不适宜于做人之道的。"他还强调："语文教学尤其要注意创造"，要"日新又新"。[④] 他在 1922 年《新潮》发表的《小学国文教授诸问题》中提

① 叶圣陶.略谈学习国文［A］//刘国正主编.叶圣陶教育文集：第3卷［M］.北京：人民教育出版社，1994：88.

② 荣维东.建设真语文的语用知识基础［J］.语文建设，2014（04）.

③ 陶行知.创造宣言［A］//顾明远，边守正主编.陶行知选集：第2卷［M］.北京：教育科学出版社，2011：235.

④ 叶圣陶.叶圣陶集：第11卷［M］.南京：江苏教育出版社，1994：294.

出"国文教授要有成功之望，先要教者将谬误的观念改正"①，在 1987 年给罗店中学的信中也希望"顺着改革这条路子走下去，还要不断有所创新"。语文教育中的创造意识，既要体现在教育理念方面，又要体现在受教育者的培养目标上，更要体现在教学内容和教学方法等具体操作层面。这里需要明确一条原则：创造、创新是有条件的，即要以守正为基础。

思维训练的开展。关于语文教学中的思维训练问题，朱绍禹先生认为："语文科是语言学科，同时也是思维学科……在语文教学中，对语言和思维同等重视，是众多国家的现状，也是世界性的趋势。"②叶圣陶较早对语言和思维的关系做过思考："文字的依据既是语言，语言和思想又是二而一的东西，所以文字该和语言思想一贯训练：怎样想，怎样说，怎样写，分不开来。"③"思想不是空无依傍，思想依傍语言。思想是脑子里在说话——说那不出声的话，如果说出来，就是语言，如果写出来，就是文字。朦胧的思想是零零碎碎不成片段的语言，清明的思想是有条有理组织完密的语言。"④叶老不但已经认识到语言和思维不可分割，而且提出了语言和思维结合训练的教学主张。语文教育家蒋仲仁也对语言和思维的关系做过研究，并撰文《思维 语言 语文教学》《发展语言与发展思维》等。他提出："发展语言和发展思维紧密联系的原则是语文教学的首要的基本的原则。"⑤进入新世纪以后，在语文课程标准明确提出"发展思维能力，激发想象力和创造潜能"的情况下，注重思维训练已经成为语文教育迫在眉睫的任务，而我们则需要对语文教育中的思维能力包含哪些要素，语文教学中如何训练思维展开进一步研究。

适切合理的文本解读。《义务教育语文课程标准（2011 年版）》在"阅读教学"部分说："阅读是学生个体化的行为，阅读教学应引导学生钻研文本，在主动积极的思维和情感活动中，加深理解和体验，有所感悟和思

---

① 叶圣陶 . 叶圣陶集：第 13 卷［M］. 南京：江苏教育出版社：1994：6.
② 朱绍禹 . 中学语文教学法［M］. 北京：高等教育出版社，1988：16.
③ 叶圣陶 . 思想—语言—文字［A］//刘国正主编 . 叶圣陶教育文集：第 3 卷［M］. 北京：人民教育出版社，1994：383.
④ 叶圣陶 . 谈文章的修改［A］//刘国正主编 . 叶圣陶教育文集：第 3 卷［M］. 北京：人民教育出版社，1994：399.
⑤ 蒋仲仁 . 思维 语言 语文教学［M］. 北京：人民教育出版社，1988：1.

考，受到情感熏陶，获得思想启迪，享受审美乐趣。"① 真语文特别强调文本解读，但不赞成钻牛角尖式的文本解读，更不赞成教师把个人的文本体验教授给学生。王富仁认为，文本分析实际上是读者在自己的头脑中重建文本的过程，这是文本分析的意义所在。在此基础上，文本分析应当有一个宗旨、一个不变也不能变的原则是："它是以更充分地呈现文本自身的内涵和外延为基本目的的；文本是由作者在特定的时空条件下的特定精神状态之下创造出来的，凝结着作者写作时特定的主观感受和体验，因此文本分析也是以更深入具体地感受和理解作者的主观感受和体验为基本目的的。"② 从这个意义上说，真语文反对脱离文本、无限延伸拓展的泛语文化解读，反对不顾整体语境、仅抓只言片语的碎片化解读，反对脱离文本原意、游离文本主题的所谓创造性解读；真语文所主张的文本解读应以文本为本，充分研读文本，全面调动学生的生活经验和知识积累，切实符合学生的认知特点和年龄特征。

立体化、开放式的经典阅读。立体化是指从人物的不同层面和不同角度，深入文本解读。所谓开放式是指"一千个读者就有一千个哈姆雷特"，强调个性体验、自我感受。如在大半个世纪中，《雷雨》为什么始终能够引起不同时代、不同年龄、不同文化背景的读者、观众持续欢迎？原因自然是多方面的，其中有一点大概是：《雷雨》内涵的丰富性，提供了解读的多种可能性，不同的读者、观众都可以从中读出、看出不同的"意思"，在不同的方面引起共鸣，有自己的发现，这不仅是对作品意义的发现，从根本上说，更是对自我的发现……这是符合文学特点的。文学的本性决定了对它的理解、阐释必然是多元，甚至是无穷尽的，而且随着阅读对象、时间、空间的变化而不断地发展。经典作品更是常读常新，每一次新的感悟都会带来新的发现的喜悦，文学阅读的魅力也就在于此。③

听说读写整体推进。《义务教育语文课程标准（2011年版）》在"教学建议"部分说："教师应当努力改进课堂教学，整体考虑知识与能力、

① 中华人民共和国教育部.义务教育语文课程标准：2011年版［S］.北京：北京师范大学出版社，2012.

② 王富仁.文本分析略谈［J］.语文建设，2014（03）.

③ 钱理群.《雷雨》的多种阐释［A］//王富仁，郑国民主编.中学语文名篇多元解读［M］.广州：广东教育出版社，2006.

过程与方法、情感态度与价值观的综合，注重听说读写之间的有机联系，加强教学内容的整合，统筹安排教学活动，促进学生语文素养的整体提高。"① 对于听说读写整体推进，语文特级教师张赛琴认为："语文学习是听说读写的整体实践。听说读写是语文课的吸收和输出，就像人的两条腿，一条腿走，另一条腿要跟上；不跟上，就走不快。三十年前就有读写结合的说法，而到如今既没读好也没写好，一直是夹生饭。这是因为把'读写'从'听说读写'这个整体中剥离出来，所以走得不顺利。阅读课占用了四分之三的教学时间，但一不小心就上成了朗读指导课、阅读分析课、泛化人文课。只有听说读写有机结合，才能使语文教学中四分之三的时间有效起来，提高语文能力才有切实保证。课文是教材，是生活的文字载体。课文在很多时候可以当作写作素材来用，因此阅读课应该要注意写的训练。"② 从真语文大师贾志敏、张赛琴、黄厚江、余映潮执教的示范课上，我们可以看到他们在课堂上是如何统筹安排听说读写教学活动、促进学生语文素养整体提高的。学习研究他们的课例，有助于语文教师更好地落实听说读写整体推进的教学目标。

教学策略技巧研究。采用适切的策略技巧，可以在完成既定任务的过程中达到事半功倍的效果，否则，就有可能事倍功半，甚至前功尽弃。策略技巧是教学中的具体方法，因人、因时、因各种条件变化而异，因此，教师不可以固守陈法，须常保持试验的态度，哪种方法最适合就用哪种。已经被许多教学实践证明行之有效的，初学者则可以优先尝试，如由题引入、有效提问、课后小结等。需要注意的是，对于教学策略技巧的研究，不能仅停留在教学经验总结和交流的层次上，需要对其分门别类。比如，对识字和写字、阅读、写作、口语等方面的教学方法问题，需要做更高层次的理论概括和解释。

教学语言的自然、质朴。教学语言综合地反映了教师的全部教学素养，对教师的教学效果具有重要作用。古今中外的著名教育家都很重视教学语言艺术的自觉修养。中国古代的教育学著作《学记》中就有这样的表述：

---

① 中华人民共和国教育部．义务教育语文课程标准：2011 年版［S］．北京：北京师范大学出版社，2012.

② 张赛琴．听说读写要整体推进［N］．语言文字报，2015-10-30.

"善歌者，使人继其声。善教者，使人继其志。其言也，约而达，微而臧，罕譬而喻，可谓继志矣。"其中强调语言简要且通达晓畅，含蓄而允当。苏霍姆林斯基也说过："教师的语言修养在极大程度上决定着学生在课堂上的脑力劳动的效率。我们深信，高度的语言修养是合理地利用时间的重要条件。"[1]教师的语言修养决定了课堂效率，足见教学语言之重要。真语文对教师教学语言的要求，体现在教学用语、导入、提问、总结、课堂评价用语等多方面。贾志敏、黄厚江等老师的教学实例中，有大量自然、质朴的典范教学语言，值得我们好好品味学习。

需要指出的是，以上这些研究重点可能分属不同的范畴，也可能处在不同的层面，但它们实际上互为依存、互相联系，共同构成了真语文理念的实质内涵。

## 探索语文教育依律守规之路

广州站是 2017 真语文五周年活动的第一站。五年来，全国真语文活动秉承老一辈语文教育家的光荣传统，高举陶行知先生"千教万教教人求真，千学万学学做真人"的旗帜，努力探索，积极实践，研讨在语文教学当中如何按照语文教育规律来开展教学。真语文始终强调语文教育要依律守规。

五年来，我们看到了全国语文学界广大教育者的勤奋耕耘，也看到了我们国家当前语文教育，尤其是语文课堂教学中存在的许许多多问题。无论是学生的语文素养、语文能力，还是老师的语文教学素养和教学能力，都亟待提高。在这样的情况下，五年来，我们举办了四十余场真语文活动，主张按照语文教育规律，按照我国现行的语文课程标准来开展教学，教导学生学做真人、学说真话、学写真文。虽然其中困难重重，但我们仍然努力追求。正如哈维尔所说："我们坚持一件事情并不是因为这件事情一定能成功，而是因为我们坚信这件事情是对的。"

实际上，五年来，我们的努力在很多方面取得了成效。比如四年前，我们倡导将中华优秀传统文化融入语文教学当中，语文教学一定要把中华

---

① ［苏］苏霍姆林斯基. 给教师的建议：下［M］. 杜殿坤编译. 北京：教育科学出版社，1981：289.

优秀传统文化当作主要内容。我曾在很多场合公开表示，现在的语文教材应该有一半的内容是古代诗文。2014 年教师节前夕，习近平总书记去北京师范大学看望教师时，对当时教育界不重视古代经典教学与研究的现象提出了意见。之后教育部先后两次下发通知，并制定了中华优秀传统文化教育指导纲要。再如，四年前，我们呼吁降低中小学英语教育比重，增加语文在考试中的比重，并建议把小学一至三年级不考英语作为近期目标。近年来，"英语热"明显降温，且很多地方规定小学低年级不开设英语课；同时，对语文的重视也在不断加大。我们现在继续呼吁：语文必须增加口语考试，比如让学生听一段话再概括其观点，这个呼吁已经得到有关部门的重视。

五年来，我深深地感到，语文只是教育的一个分支、一个方面。语文教育的发展离不开学校与教育主管部门各方面的支持。不容忽视的是，在整个教育体系当中，还有许多违反教育规律的事实和现象存在，这些事实和现象直接导致语文教学中"假"的存在。因此，一方面，我们要继续在学科教学层面推进像真语文这样的活动；另一方面，要在教育整体发展的层面找抓手、下功夫。

我想再次说明，真语文的"真"有两层含义：一个是与假相对的概念，另一个是指客观规律。总之，虽然我国的语文教育还存在许多问题，学生的语文素养和老师的语文教学能力都亟待提高，但我相信，只要大家共同努力，我国的语文教育一定能够慢慢回到符合语文教育教学规律的正确轨道上来。让我们一起，在中国语文现代化学会真语文专业委员会的旗帜下，在这样一个平台上，在这样一个团队中，并肩作战，共同为中国语文教育事业发展做出自己的贡献。

## 【链接·微谈】

• 2013-10-22  10:28

#真语文# 真语文是以语和文为要素，将价值导向融于其中的语文教育活动。真语文包括教材、教师、教学和评价等环节，各个环节都体现真语文思想理念的活动是我们所追求的完美的真语文教育活动。真语文研究、

实践和推广的主要方法，是寻找、回归、仰望和出发。真语文不提倡创造模式和理论，提倡老老实实教书。

• 2014-10-17 17:06

真语文强调语言文字的运用，说到运用就要说语感。语感就是语言感觉，包括听的感觉、说的感觉、读的感觉和写的感觉。以说为例，听不少语文老师的课，深感无语：或生搬硬套，或佶屈聱牙，或磕磕绊绊，或自我陶醉。提高语感的办法是多读书多练习，训练自己在不同情境下的表达能力，在练习中捕捉感觉。

# 第三章　语文教育亦是人生观、世界观、价值观教育

【观点摘要】

○真语文教育的实质是人生观、世界观、价值观教育。真语文的核心理念是真心、真情、真意、真思想、真表达，目的是通过语文知识、技能、认知策略和情感态度预期目标的达成，实现培养学生具备现代公民生存、发展所需要的综合素养。

○真语文的核心要求就是说真话、写真文、诉真情、做真人，不说假话、不写假文、不诉假情、不做假人。语文教学要紧紧扣住"真"这一核心，让学生说真话、写真文、诉真情、做真人。

○讲故事能力是人类一种很重要的能力，也是一个人、一个民族、一个国家实实在在的文化软实力。文化不仅是玩钱、圈钱、比资本，更重要的是思想、品质和产品。其中，故事就是文化王国中一颗璀璨的明珠。拥有这颗明珠，无须金银珠宝，只需要拥有会讲的能力。让我们从小就培养讲故事的能力吧！

真语文强调语文对于人生的重要意义。世纪之交，我国启动了新一轮基础教育课程改革，语文课程也确立了新的教育理念核心，即坚持以人为本，努力满足人的精神需求，尊重和促进人的发展；语文课程要充分发挥其促进学生发展的独特功能，使全体学生获得应该具备的语文素养，并为学生

的不同发展倾向提供更大的空间，实现课程促进人的全面发展的价值追求；语文教育要与社会的经济、政治、文化的发展相适应，为培养更多适应社会需要的合格人才服务。真语文教育的实质是人生观、世界观、价值观教育。真语文的核心理念是真心、真情、真意、真思想、真表达，目的是通过语文知识、技能、认知策略和情感态度预期目标的达成，实现培养学生具备现代公民生存、发展所需要的综合素养。

语文课一定要培养学生自然、健康的表达习惯。举一个例子来说，我特别反对学生拿腔拿调地朗诵。贾老师讲课有一个最大的特点，就是纠正学生的不良朗读习惯。他经常在课堂上花时间指导学生如何说、如何读，他的观点是让学生好好说话，不拿腔拿调、不装腔作势、不摇头晃脑。我认为这是对的。朗诵是另外一个概念，那可以是学生的业余爱好，我们千万别把业余爱好或者极个别的人掌握的东西拿到语文课堂上来。语文课不是艺术课。

语文课一定要培养学生自由、有个性的心理品质。我看到很多公开课，老师对学生要求整齐划一，甚至跟军营似的，学生齐刷刷地一起起立、一起坐下。我们的课堂对学生的限制太多，学生四十多分钟一直是僵持地坐着，不仅难受，而且在一定程度上压抑了个性和创造性。希望我们老师的观念能够开放些，心胸能够宽广些，允许学生犯错，更要允许学生跟别人不同，这样才是真正的以学生为主体，以学生的健康成长为教学工作的出发点和落脚点，更进一步，是以党的十八大提出的"立德树人"作为教育的根本任务。

语文课一定要培养学生独立创造的人格特征。我希望每一位语文老师，都能增加一点社会责任感，增加一点崇高的使命感，具有一点远大的理想。虽然老师面临着各种各样的问题，但当我们面对学生的时候，应该想想：我们该培养什么样的人才？绝不仅仅是背几个字词句段，更不是把学生培养成只会考试的机器。语文是最能培养未来人才的一门课程。语文课太丰富了，太有魅力了，语文老师应当充分利用教材，但是又不要被教材所困，要在语文课程标准的指导下，通过语文课培养学生的创造性思维、批判性思维和发散式思维，进而培养学生独立创造的人格特征。

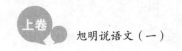

# 教学生说真话、真说话

　　真语文的核心要求就是说真话、写真文、诉真情、做真人，不说假话、不写假文、不诉假情、不做假人。语文教学要紧紧扣住"真"这一核心，让学生说真话、写真文、诉真情、做真人。那什么是真话？我们认为，就是符合学生认知心理、年龄特征以及内心真实感受的话。比如最近流行的一篇小学生作文："爸爸很爱睡懒觉，我不喜欢这样，要他多陪陪我们。爸爸早出晚归，一个电话又把他叫走了，星期天还要一直睡懒觉，连狗都讨厌他。他是我的爸爸，不是那些病人的爸爸。"文中最后一句是点睛之笔，是真语文核心要求的典型体现：说的是真话，抒的是真情。然而，在我的调查中，这样一篇作文教师评价普遍不高，有专家和老师甚至认为作文宣传了封建社会"夫权"思想，忽视了该文正符合小学一年级学生实际认知特点。语文教学就是要让学生写出这样的作文，但现实中这样的作文却凤毛麟角。

　　真语文教师培训活动南昌站一开场，黄厚江老师讲高中示范课——汪曾祺的《葡萄月令》。课后，我问学生："你们喜欢黄老师的课吗？"学生都说喜欢。我接着问："喜欢的理由是什么呢？黄老师的课和你们之前上的语文课有什么不同？"一位同学说："以前上语文课，老师会把课文的主旨、结构列出来，但在黄老师的课上，他通过让我们回答问题，慢慢梳理出文章主旨，让我们在不经意间得出了结论。"另一个同学说："我之前上的语文课套路是固定的：老师分析结构、分析语言、概括主旨，但黄老师不同，他先进行了一番语言分析，然后话锋一转，让我们从自己的角度思考问题，我觉得这才是这节课真正的起点。"

　　两个同学的回答多好哇！他们说出了自己的心里话，值得我们语文老师深思。这些孩子从小学到初中再到高中，上了十多年的语文课，但他们真的喜欢那些课吗？那样的课能否真正提高他们的语文能力？

　　还是这节课后，我让学生模仿汪曾祺的语言风格，说说"中国梦"。只有一个学生举手，她说："我考上了大学，我们搬了新家，搬到一个非常安静的地方，空气很好，环境很好，我们相信党，相信政府，也相信……"台下的老师都笑了，这个学生也不好意思地笑了。为什么？因为这样的表达不够接地气。歌颂党和政府当然没有问题，但为什么不用更加平实、贴近生活的语言表达？因为学生不会，他们从语文课上学到的，大多都是这样大而空的表达方式。

由此，我想到不久前参加的一个以"倾听孩子们的心声"为主题的活动。活动请了四位学生现场演讲，有小学生，也有初中生。没想到，这四位层层选拔上来的学生走上台，完全是在背诵提前准备好的稿件。他们的演讲一听就是经过老师反复润色的，加上孩子们不知跟谁学的高亢的语调、夸张的手势、矫情的神态等种种缺乏现场感的表现，让人难以静心倾听他们的"心声"，更不要说产生共鸣了。其中有两位同学背着背着，突然忘记了下面的内容，愣在那里，不知道该怎么办。看着他们，我感到十分失望。

正当此时，演员王刚上台讲了一段话。他说自己上小学时十分调皮，不招人喜欢，特别想找个人倾诉心声，但是没有人愿意听。于是他给当时的毛泽东主席写了一封信，表达了自己的苦恼。没想到，毛主席的秘书代表毛主席给他写了一封回信，信中叮嘱他锻炼身体、好好学习。他拿着这封信，特别感动，学校的老师也因为这封信对他格外地器重，从此他就健康成长起来了。

当然，不可能所有人都有王刚这样的幸运，但我认为，所有的语文老师，所有的教育工作者都应该像毛主席对待王刚一样对待自己的学生，让他们说出心里话。黄厚江老师在课堂上，就是引导学生说出真实的想法。尽管学生的有些观点和老师的预设不一样，但没有关系，我们应该鼓励孩子有自己的思考。真语文最核心的理念，就是要让孩子们说真话，真说话；写真文，真写文；诉真情，真诉情。只有从小学起就培养孩子们真实的表达习惯，表达真实的情感，他们的语文素养才能真正提高，我们民族的未来才有希望。

## 学语文从学说话开始

说起民生，大家最先想到的就是吃穿住行，殊不知还有一件事也属于民生，那就是会说话。我们的祖先用一个字给我们描绘了最美好的社会，那就是：和。和由两部分组成，一部分是禾苗，象征人人有饭吃；一部分是口，象征人人都会张口说话。瞧，老祖宗给我们描绘的社会多么生动、形象、具体呀！然而，从当下看，我们基本上解决了温饱问题，生活也越来越好，但是距离人人都能开口说话和会说话，则有相当的距离。

当下不少社会群体之间的关系比较紧张，比如官民关系、警民关系、师生关系和医患关系等。这当然有很多原因，其中一个不可否认的重要原因就是关系双方都不会讲话。就拿医患关系来说，某地发生过一起患者刺伤大夫事件，缘由是一位目不识丁的农民患者，误进了三个不同科室，都遭遇到医护人员生硬的语言暴力。在妇产科，他遭到大夫这般的奚落："你是男的女的都不知道啊，你的病该找谁找谁去！"一方面饱受疾病折磨，又加上没有文化和缺少修养，产生了冲动，使得这位农民丧失理智，刺伤了第四间医务室的大夫，酿成血案。古希腊医学之父希波克拉底说，医生有三宝：语言、药物和手术刀。他认为，作为医生，比医药和手术刀更重要的宝贝是语言。在医院就医，医生除了提供医药和手术，与患者的语言交流也是服务的重要方面。据了解，国外许多医学院在校学生，都将学会与患者对话作为医生伦理学的重要内容，这很值得我们的医学教育重视和借鉴。

吉林省四平市一位供电局副局长骂"老百姓就是给脸不要脸的玩意儿"遭到媒体曝光；河北某镇党委书记一边喝五粮液，吃大龙虾，一边骂百姓"给脸不要脸"；还有官员指着记者的鼻子质问"替党说话，还是替老百姓说话""我什么都要告诉你，放屁臭不臭都要告诉你吗"等，最近一个例子是贵州贵阳城建局的一位局长，居然为了拒绝记者采访不承认自己的姓名，也不承认自己是局长的事实，简直滑天下之大稽。产生这些现象的原因有很多，不会好好说话却是不争的事实。怎么办呢？还是那句话，一切从教育开始，一切从娃娃抓起。这几年，我连续在全国推动开展真语文活动，就是努力改变当下语文课不教学生语和文，不教学生真说话和真写作的情况，力图提高新一代国民的说话能力和语文素质。

记得我曾参加过一次小学生演讲比赛，主题是"我的爸爸和我的家"。一个孩子演讲的内容不错，说的是"爸爸你再不陪我，我就长大了"。可我发现，他表达过于流利，一问才知道，原来稿子是提前写好，经过家长和老师检查、润色后背诵下来的。我问孩子和身旁的大人们，如果不事先写好、背好稿子，你会怎么说？

大家七嘴八舌，有的说"爸爸你再不陪我，我就不理你了"，有的说"爸爸你再不陪我，我就不回家了"，最精彩的是一个孩子说"爸爸你再不陪我，我就找新爸爸"。我在一旁感慨：这样的口头表达生动、形象、丰富、具体，为什么一定要背诵写好的稿件呢？

这几年我听过很多语文课，老师让学生在课堂上尽情发言的很少，大部分都是老师呆板地解读和学生无精打采地应和，是学生的问题吗？我看不是。

有一次，一位老师教《杨氏之子》这篇古文，只讲字词的意思，忽略了杨氏之子为什么"甚聪慧"。这位老师讲完后，我上去引导学生学习杨氏之子的聪明，即用委婉语表达自己的某些意思。我问孩子们是否喜欢在礼堂里上课，要求不能直接回答喜欢或不喜欢，要学着用委婉的方式回答。学生争先恐后，表达自己愿望的积极性可高了。其中一个姓杨的同学的回答特别有趣，逗得全场捧腹大笑，他说："老师，您喜欢在厕所里啃面包吗？"我说，你也姓杨，你比《杨氏之子》中的"子"还聪明，不愧为杨家的后人哪！全班大笑，这个学生可高兴了。看，一旦解放了学生的思想束缚和习惯势力的干扰，他们的思想多活跃，他们的发声多健康，表达多丰富哇！

孔子是我敬佩的大教育家、圣人，但他有一句话我不赞同，他在《论语》中说，"君子欲讷于言而敏于行"，意思是说君子言语要谨慎迟钝，工作要勤劳努力。他的弟子司马牛问他，怎样才算仁德，孔子回答："其言也讱。"意思是说言语迟钝才叫仁义。由此看来，我们教育的祖师爷认为说话不重要，还真是教育的责任哪！但是，现代社会不同了，不会说话所带来的社会矛盾和动荡越来越明显，造成的损失不可低估。为此，我愿意今后继续行走在真语文大路上，让我们的下一代敢说话、爱说话、会说话，让我们的未来社会更"和"：有吃有穿，人人张口表达，减少社会摩擦，增进人与人之间的沟通和了解，促进社会团体和成员之融洽。一句话，大家都好好说话，这个社会就会更好。

# 讲好中国故事先要讲好自己故事

　　最近，我参加了一场全国小学生讲故事比赛，并有幸当评委，很有感触。这个比赛的决赛分两部分，第一部分为讲故事及各种技巧，共100分。选手们尽展其才、各显神通，得到陈醇、刘兰芳、鞠萍等各方专家的肯定。我负责的第二部分为附加题，共2分，要求现场抽题即兴讲述。然而，即使我降低要求去鼓励孩子，但全天五十二个选手中只有四个满分，十来个得了较高分数。孩子们存在的共同问题是会讲别人的故事，却不会用讲故事的方法讲自己的故事。

　　近日，我还参加了一个中小学生活动颁奖，全部学生都是念稿发言，人人都是说大话，都习惯用空洞的道理回答问题。为什么学生们讲别人的故事绘声绘色、形象生动，讲自己的故事就语言干瘪、毫无味道了呢？这使我想起近年来的亲身经历。这几年，我培训了不少官员和企事业领导，发现他们无一例外不会用形象思维，尤其没有讲故事的能力。无论你问什么问题，他们都习惯用"领导重视""采取措施""成果显著"和"一是""二是""三是"回答，这怎么行呢？我要说的是，艺术家讲故事是极少数人的事，而利用形象思维，懂得形象具体地说一件事儿，是大多数人应该具有的能力。

　　习近平同志在2013年全国宣传思想工作会议上明确指出，要精心做好对外宣传工作，创新对外宣传方式，着力打造融通中外的新概念、新范畴、新表述，讲好中国故事，传播好中国声音。从此，讲好中国故事就成为近几年来的主旋律。问题是，有谁曾细想过如何讲故事和讲故事的效果？当下，从孩子到大人、从学校教育到家庭教育和社会教育，普遍不重视讲故事、也不会讲故事。这一事实表明，要想讲好中国故事，实在不易。讲不好自己和身边人的故事，何以讲好中国故事？

　　由此看来，要想讲好中国故事，必须先讲好自己的故事，讲故事的能力必须从孩子开始培养和提升。

　　还以那次讲故事比赛为例。在即兴抽取的题目中包含以下题目：你喜欢博客吗？在博客上经常写些什么？能说说你的宠物吗？假如可以穿越未来，你如何穿越？当与别人发生冲突时，如何平息？等等。面对给学生的这些问题，我不知道大人会如何回答，是否会用形象思维、故事语言来表达，还是一看到这些问题就习惯用"一、二、三"总结回答呢？那天，少年组有几个选手回答得真好！主持人问："假如你有阿拉丁神灯，会许下什么心愿？"学生回答："希望成为刘翔。"接着就讲了关于刘翔的两个感人小故事，多好。主持人问："遇到攻击性强、爱打闹的同学怎么办？"学生答："我身矮力小又体弱，好汉不吃眼前亏，赶快逃吧。"满分！瞧，这些学生换了一个角度回答，就比用干巴巴的空话来回答生动得多。大家不妨也试试用讲故事的方法回答问题，会发现表达原来可以因形式丰富而与众不同。

也许你会说，讲故事就要长篇大论，洋洋洒洒，其实不然。用讲故事的思维方式来表达问题，不在长篇大论，关键要形象、具体、生动、感人，有细节，运用多种修辞手段，有煽情的效果。那次比赛中，主持人问："你最喜欢哪门课？如果不喜欢，说说为什么？"选手答："我最喜欢上体育课，尤其是篮球课。每次我们相聚在篮球场，心情就特别放松。传球、带球、投篮，真是太爽了！完全忘记学习压力和老师严肃得有点吓人的脸。"我给出满分。儿童组年龄虽然小，个别孩子用故事表达思考的能力也不差。主持人说："请介绍一种家用电器的变化，说说它的名称、样子和用途。"选手答："小时候我家电视机很厚，是正方形的，收台少，还不能上网。现在的电视机很薄，可以挂在墙上，还能上网。每次爷爷烦心时就看电视，节目看不够，烦恼也没有了。"学生的回答并非长篇大论，却有讲故事的效果。

说到讲好自己的故事，不得不说讲故事的倡导者习近平。习总书记是讲故事的高手。无论是他出访时的演讲，还是会议上的发言、调研时的谈话；无论是报刊上的文章，还是临别时的赠言，等等，他都喜欢在其中讲故事，有时还不止讲一个。2012年2月17日，时任国家副主席的习近平访问美国，为了说明两国交流的源远流长和重要性，他在洛杉矶出席午宴时讲了自己的父亲习仲勋的故事："早在1980年，我的父亲作为广东省的省长就曾来洛杉矶访问，还获赠象征友好的洛杉矶市钥匙。第二年，洛杉矶市和广东省的省会广州市结为友好城市，这也成为我父亲任内印象最为深刻的一件事情。"这个故事大大拉近了洛杉矶与中国的关系，也拉近了习近平与美国民众的心理距离。

2013 年 3 月 25 日，习近平在坦桑尼亚尼雷尔国际会议中心发表演讲时说："中国电视剧《媳妇的美好时代》在坦桑尼亚热播，使坦桑尼亚观众了解到中国老百姓家庭生活的酸甜苦辣。""我听过一个故事，有一对中国年轻人，他们从小就通过电视节目认识了非洲，对非洲充满了向往。后来他们结婚了，把蜜月旅行的目的地选在了坦桑尼亚。在婚后的第一个情人节，他们背上行囊来到坦桑尼亚，领略了这里的风土人情和塞伦盖蒂草原的壮美。回国后，他们把在坦桑尼亚的所见所闻发布在博客上，得到了数万次的点击和数百条回复。他们说，我们真的爱上了非洲，我们的心从此再也离不开这片神奇的土地。这个故事说明，中非人民有着天然的亲近感，只要不断加强人民之间的交流，中非人民友谊就一定能根深叶茂。"

习近平会讲故事，会讲自己的故事，也会讲中国的故事。每一位官员当然也应该会，至少应该以习近平为榜样，提高自己讲故事的能力。

讲故事当然不是只有习总书记才会。诺贝尔文学奖获得者莫言也是讲故事高手。他在诺贝尔文学奖颁奖仪式上讲了五个故事，深深地感染了在场的每一个人。2013 年，莫言在第八届孔子学院大会闭幕式上演讲，那次演讲从头到尾就是讲故事。他说，春天的时候，德国驻中国大使施明贤在一次宴会上问了一个很"刁钻"的问题："莫言先生，根据你们中国政府的设想，到 2050 年，中国基本可以建成一个现代化的强国，但是，那个时候中国的贪污腐败问题、贫富悬殊问题、环境污染问题将会变得更加严重，甚至会变成摧毁这个社会的导火索。对此，你有什么想法？"莫言的回答是："从现在退回去三十七年是 1976 年，那个时候我是一个青年，最浪漫的梦想就是我什么时候能够由农村户口变成城镇户口，什么时候由农村进入城市。现在来看，一个人想进城市，谁都可以进。那时候北京有一条禁令叫'不准围观外国人'。现在的北京，外国人太多了。那个时候我们看到一辆吉普车，就会跟着追，觉得终于开了眼界，现在随便一条胡同儿里都塞满了轿车，车辆之多以至于变成了社会公害。"最后，莫言对他说："三十七年前，想象不到 37 年后的中国会变成现在这个样子。下一个三十七年以后，大使先生担心的问题也许根本就不存在了。我们应该相信，过去三十七年内创造了令世人惊叹的奇迹的中国人民，在未来的三十七年里也会创造出更辉煌的奇迹。"如此刁钻的问题用讲故事的方式回答，产生的效果真是无法想象。故事所蕴含的力量胜过千言万语，同时还具有不容辩驳的说服力。

从习总书记到莫言，再到讲故事比赛场上几位表现出色的小选手，他们的精彩表现首先得益于他们能够用形象思维思考问题，再有就是具备多样的讲故事的情感和技巧。要做到这一点，其实不难。关键在于我们是否懂得人所具备的多种能力中，还有一种能力叫讲故事能力，而讲故事绝对不仅仅是艺术的表演，它是每个人都可以具备的能力。

其实，在语文教学中，讲故事是真语文倡导的核心能力之一，也是当下语文教学乃至许多成人的弱项。不知道为什么，当下孩子们爱讲道理，爱讲空道理，爱讲大道理，就是不爱讲故事，讲具体、形象、生动、感人的故事。这样成长起来的孩子，要指望他们长大了学会讲故事，说家事国事天下事，难度可想而知——几乎不可能。

讲故事能力是人类一种很重要的能力，也是一个人、一个民族、一个国家实实在在的文化软实力。文化不仅是玩钱、圈钱、比资本，更重要的是思想、品质和产品。其中，故事就是文化王国中一颗璀璨的明珠。拥有这颗明珠，无须金银珠宝，只需要拥有会讲的能力。让我们从小就培养讲故事的能力吧！

## 【链接·专访】

### 别让语文教学时髦却虚伪

**记者：**您倡导语文教学应回归传统，找回本真，那么您认为什么样的课才是真正的语文课？

**王旭明：**叶圣陶先生说过："什么叫语文？平常说的话叫口头语言，写到纸面上的叫书面语言。语就是口头语言，文就是书面语言。把口头语言和书面语言连在一起说，就叫语文。"真语文强调回归传统，找回本真。

一是重视培养学生自然、健康的表达习惯。举个例子，我特别反对学生拿腔拿调地朗诵。朗诵艺术是另外一个概念，那是个别学生的业余爱好，语文课不是朗诵艺术课。二是重视培养学生创新、创造的思维方式。我听过很多公开课，老师对学生的要求太整齐划一了，齐刷刷地起立坐下，齐刷刷地回答，齐刷刷地鼓掌……这在一定程度上压抑了学生的个性和创造性。语文老师观念要开放些，心胸要宽广些，要允许学生犯错，更要允许学生跟别人不同，这样才是真正以学生为主体，以语言文字为工具，才能激发学生的创造思维、批判思维和发散思维，不拘一格培养人才。三是重视培养学生的人格品质。语文老师要有社会责任，要有崇高的使命，那就是要思考应该培养什么样的人。语文课绝不仅仅只是背诵字、词、句、段，更不是把学生培养成只会考试的机器。语文要以学生的健康成长为出发点和落脚点，培养学生独立创造的人格特征，要以党的十八大提出的"立德树人"作为语文教育的根本任务。

（《人民日报》2014 年 5 月 29 日）

## 语文老师应做学生人生导师

**记者：**其实现在的一些课外读物，包括儿童文学、绘本等，都在提倡孩子视角、人性化，难道在语文教学中，还存在这样大的问题？

**王旭明：**我认为学生课外阅读或者找家教等，都取代不了学校的语文教育。我特别强调学校的语文教育，如果不按照语文这个学科的规律和特点办事，那就会走向反面。反过来就是说，我们如果不按照语文特点和规律办事，就会导致全社会文化、传统文化的一种断层，人们不会讲话、不会写文章、不会与人交往。

**记者：**您能否举个例子？

**王旭明：**我曾在微博中举了一个非常小、看起来简直不起眼儿的例子。我在苏州参加语言大会，下车后苏州大学几个志愿者让我吓了三跳：问我们是开会的吗？吓我一跳。问我们叫什么？自己在这儿找（递过一张纸），吓我二跳。在这儿等吧，还有两个呢，吓我三跳。我发了微博做了善意提醒后，一些学生甚至包括老师来批评，还说他们平时文明礼貌好着呢，怎么就我那么多事儿，还有人说我是不是嫌自己官太小有气没处发。这种反应让我非常吃惊。这件事说大不大，说小却也不小。我所受的这样的待遇绝不是这一次，也绝不是就我一个人受过。因此我写了一篇文章，呼吁全民学一学谦辞敬语。我们现在有一个很坏的毛病，喜欢说大话、空话，比着说大，比着说空。实际上，我的中国梦，就是全国人民有一天都学会谦辞敬语，大家礼貌待人，文质彬彬，这不就是一个和谐社会的表现吗？我由此想到，这个问题发生在现在的大学，实际是我们的小学、中学就没有教好学生用谦辞敬语。语文的问题太大了。

（《北京晨报》2014 年 6 月 27 日）

## 【链接·微谈】

• 2014-8-6　14:52

＃故事大王比赛＃讲故事是真语文倡导的真语文核心能力之一，也是当下语文教学乃至许多成人的弱项。不知道为什么，当下孩子们爱讲道理、爱讲空道理、爱讲大道理，就是不爱讲故事，讲具体、形象、生动、感人的故事，唉！真语文要开展教师如何教讲故事、学生如何讲故事的讨论，推进这事儿。

• 2014-8-24　16:08

＃教育抓小事＃参加一个少儿艺术会演，孩子们舞跳得美，歌唱得好，既有积极主题，又有童真童趣，唯主持和诗朗诵不好。这当然不是孩子们的问题，是大人们给孩子写的诗和主持词太空洞、太高大啦，什么伟大、天空、遥远、梦想……一堆抽象词语堆积，没有例子、故事，甚至修辞方法都很贫乏。抓抓校园真语文教育吧！

• 2014-9-16　15:20

卡米拉学汉语五年，效果却那么好，这对我们从事语文教育研究和实践，应该有些启发。教语文的核心是教表达，学语文的核心是学表达。只有抓住学生语文能力的提升进行知识传授和技能训练，养成学生良好的语文习惯，尤其是让他们学会真实自然地表达，语文教与学才能形成良性互动，才能改变少慢差费的现状，才能取得好效果。

• 2015-10-25　14:22

＃真语文＃在某地家教论坛上，一位五年级同学演讲"爸爸你再不陪我，我就长大了"，情真意切、字正腔圆，可惜，孩子是把提前写好的作文背下来而诵，缺少口语交际必备的眼神、手势、口头语和现场感等。应当说，当下语文课不教口语的现象十分普遍，如此下来，未来我们将培养一代又一代不会口语交际者，怎么得了？

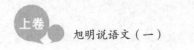

• 2015-11-17　17:41

＃**真语文**＃真语文的核心要求是通过语文教育引导学生说真话、诉真情。在某地听课，老师要学生说童年趣事，一学生说"我的童年趣事像天上的星星一样多"，另一学生说"我的童年趣事像沙滩上的沙子一样多"，老师赞之。我请学生说几件童年趣事，学生张口结舌答不上来。不怪学生，怪老师引导不真实。呼唤真语文！

# 第四章　融中华优秀传统文化于语文教育之中

**【观点摘要】**

〇传承中华优秀传统文化意义之深远，作用之重大，任务之艰巨，现实问题之突出，说明这个工程不是一蹴而就，也不是靠一两场活动就能完成的。如何打好这场传承中华优秀传统文化的持久战呢？方法和手段固然很多，但有一条是必须明确和强调的，就是让中华优秀传统文化走进教材中、落实在课堂上、体现在考试中，贯穿学校教育的各个环节，覆盖学校内外更多人群。

〇我们应当立即行动起来，坚信中华优秀传统文化必须、也完全可能融入学校教育教学活动里，落实在现有的课程和教材中，体现在各级各类考试评价上。做到这一点，必须完善、调整和改进现行的课程教材体系，再不能做"肥大人、毁孩子"的事情了！

## 中华优秀传统文化教育应与学校教育紧密融合

在习近平总书记的直接倡导和推动下，一缕中华优秀传统文化进校园的东风正在吹进校园。这当然是令人欣喜的，因为中华优秀传统文化不能再被冷落了，它本应成为学校教育的重要内容之一。让人忧虑的是，社会上有一些人和机构，包括有关部门开始打学生的主意、走老路了，那就是当下教育盛行的很奇怪、很荒诞的现象：领导重视什么内容，教育部门就给学校和学生加一门课、增一套书、配一批人。这样的现象应该引起人们的警惕，这样的做法应该立即停止。

大家知道，学校教育主要是以课程为中心，通过教师使用教材完成对学生的教育。这一过程的主要框架是课程教材体系。近百年的现代教育已经为中小学教育的主要课程做了大致规划，实践经验表明，这样的课程规划适宜中小学生，是符合学生身心成长规律的。学校教育的主要课程有思想品德、语文、数学、外语、历史、地理、政治、物理、化学、生物、体育，以及包括音乐、美术在内的艺术类课程等。从我们大致描述的这些课程来看，完全可以将我们所倡导的许多内容融入现行课程教材体系中去，比如中华优秀传统文化、学生安全、国防、慈善、防艾禁毒和心理健康等。

现在的问题是，一方面，我们的课程老化、教材陈旧，亟待改进和更新；另一方面，我们的课程和教材改革迟缓，且不断在现行课程、教材以外给学生和老师增加砝码。据报道，某部门编写的全国版《中国传统文化教育全国中小学试验教材》已经送审。有人预测，此类教材和读本将会在近年的出版领域大规模泛滥。此类劳民伤财、加重学生负担的事情，我们以前做了不少，比如将书法教育单列出来，要求全国中小学生学书法，还比如心理教育单列等，学校、老师和家长叫苦不迭。现在不能再做此类事情了。应该按照教育规律办事，科学规划、统一安排，让中华优秀传统文化教育与学校教育紧密融合起来，而不是两张皮。

让中华优秀传统文化走进学校教育主要课程和教材，当下最紧迫的任务：一是立即修订并尽快实施思想品德、语文、历史、地理、音乐、美术等较多涵盖中华优秀传统内容的科目；二是尽快补充和调整现有教师知识结构，通过培训、考核等方式使现有教师在短时间内适应要求，完成教学任务；三是在各级各类考试中，尤其是中考和高考中，加大中华优秀传统文化的比重，充分发挥考试的指挥棒作用；四是有关部门要尽快整合现有学校课程资源，改变零散的、个别的和效率低的中华优秀传统文化教育状况，优化课程，提高效率。

当然，在保证学校教育主要课程之外，各地可以根据自身具体情况增加地方和校本课程，并配以地方和校本教材，但这不应当成为主流。应当坚持以主要课程为主，地方和校本教材为辅的原则，真正做到主辅分开，形成合力，促进我国中小学生身心健康成长。

我认为，中国基础教育一个很重要的问题始终没有得到很好的解决，那就是课程教材问题。这是十分重要、直接影响我国基础教育质量的根本问题。长期以来，我们的基础教育一直徘徊在"领导批示、部门呼声，学校开课、教师背讲"的低水平层面。表面上看，我们似乎完成了任务，达到了要求；实际上，稍有教育常识的人都知道，这不仅不符合教育规律，而且正是在这样违背教育规律的粗放型教育管理模式中，许多美好的理念被摧毁，不仅让学生课业负担过重，还使师生对许多美好的事物产生抵触和反感情绪。

我们应当立即行动起来，坚信中华优秀传统文化必须，也完全可能融入学校教育教学活动里，落实在现有的课程和教材中，体现在各级各类考试评价上。做到这一点，必须完善、调整和改进现行的课程教材体系，再不能做"肥大人、毁孩子"的事情了！

## 中华优秀传统文化教育是语文教育题中应有之义

2014 年教师节前夕，习近平总书记到北京师范大学与师生代表座谈。据报道，在参观的过程中，他说："我很不赞成把古代经典诗词和散文从课本中去掉，'去中国化'是很悲哀的。应该把这些经典嵌在学生脑子里，成为中华民族文化的基因。"习近平总书记的这一席话，引发公众广泛热议，更有评论者以"伟大理论，英明发现"发表评论。有网友问我有何看法，我说，习近平总书记是说出了一个教育常识，好！如果他今天没说，有一天一定会这样说，因为这是教育常识。

在教材中，根据不同年龄段学生特点加入古诗文，"把这些经典嵌在学生脑子里，成为中华民族文化的基因"，这本来是教育也是语文教育应有的题中之义。

教育是什么？教育是培养新生一代从事社会生产，投入社会生活的整个过程，也是人类社会生产经验得以继承发扬的关键环节。从广义上讲，凡是增进人们知识和技能、影响人们思想品德的活动，都是教育。人类教育活动的一个重要内容就是文化传承、熏陶和滋养心灵，而传承、熏陶和滋养心灵都离不开传统文化这个巨大的资源库。

我以为，中国传统文化灌输"修身、齐家、治国、平天下"的思想，古代经典诗词中的"穷则独善其身，达则兼济天下""先天下之忧而忧，后天下之乐而乐"使得历代知识分子把为民报国作为最高的理想。无论对知识精英，还是对普通民众；无论对那些舍生忘死的改革家，还是对理应享受改革最终红利的老百姓，经典诗词中传递的人生理念和治国态度都能够为我们的改革提供最原始的动力，这是中国教育之基因，也是中国教育的一个常识。

习近平总书记是运用传统文化的典范。在他的讲话中，古代经典诗词可谓信手拈来，令人过目难忘。譬如，2013年3月1日，习近平总书记在中央党校2013年春季开学典礼上引用《诗经》中的话"如履薄冰，如临深渊"；2013年5月4日，习近平总书记在同各界优秀青年代表座谈时的讲话中引用《国语·周语下》中的一句话"从善如登，从恶如崩"；2014年3月18日，习近平总书记在河南兰考县常委扩大会议上的讲话中引用宋代朱熹的话说："知其不善，则速改以从善。最要在'速改'上着力。"在其著作《从政杂谈》的《摆脱贫困》一文中，他引用《墨子·修身》里的一句话："慧者心辨而不繁说，多力而不伐功，此以名誉扬天下。"在群众路线教育实践活动第一批总结第二批布置会上，他引用《吕氏春秋·诚廉》中的句子"石可破也，而不可夺坚；丹可磨也，而不可夺赤"。在习近平总书记的讲话和文章中，类似这样的古诗文比比皆是，可见传统文化精髓对于他执政理念和为人处事的影响。

从经、史、子、集，再到忠、孝、仁、义、礼、智、信理念的传承，古往今来，无论历代教育制度发生怎样的变化，无论时光如何飞逝，传统文化这个脉都不应该断了，这是维系教育的根本。

遗憾的是，这样一个常识，不知为什么，常常被人违反、丢弃，甚至粗暴践踏。据报道，2014年开学，上海市小学一年级第一学期新版语文课本变"薄"了，其中删除了每个章节后的"古诗诵读"部分，共有《寻隐者不遇》《登鹳雀楼》《夜宿山寺》等八篇古诗被删去。其实，比上海大面积删减小学课本古诗更普遍的例子多的是呢！最近从事教材编写，我发现，不知谁定了什么规矩和标准，小学生只能接触古诗，不能接触古文，而古诗只能泛泛地讲，只能讲大意不能讲词语。甚至到了中学，课本中古文的篇幅也不能超过 20%。

对此，我非常反感，并多次呼吁关注这个现象。此前，我所在的语文出版社，在语文教材的修订中就十分重视古诗文学习，并增加了相关内容，希望以此来继承和弘扬中华优秀传统文化。我很奇怪，一方面，我们大力宣传并主张弘扬传统文化；另一方面，又拼命减少古诗文在教材中的比重，降低难度，甚至中文系的学生能读懂古文的也少之又少。如此下来，谁能继承中华传统文化。中华传统文化最好的载体就是古诗文，如果不能认真研读，如何渡过传统之河，到达现代化的彼岸呢？这是很简单的道理，却被教育界内外的人普遍忽视。

目前，我们无法预测习近平的讲话对于正着手进行的中小学生教材修订有怎样的影响，但这至少让我们反思，并给所有人一个重要启示：他的话不是揭示了一个伟大真理或深刻定律，而是使一个教育常识回归、复位，提请人们注意。

值得一说的是，类似这样违反教育常识的声音和事情在当下还相当多：韩国一艘游船出事，由于船长指挥不力，造成听话的孩子死亡，有人得出结论说，教育要培养不听从指挥的孩子；还有领导以重视教育现代化为名，到处推广电脑网络教学，而忽视汉语言文化教学和课堂上与孩子的交流互动；还有多地打出"培养百名教育家"工程等项目，号称通过几年的时间培养出一批教育家，等等。说到底，这些言行和做法不仅违反教育常识，也让一线老师和学生吃尽苦头。

习近平总书记的话告诉我们一个常识，也告诉我们一个客观规律，那就是尊重常识有多重要，头脑发热并不断制造各种热闹的人，头脑该清醒一下了。

## 在真语文理念指导下传承中华优秀传统文化

在祖国五千多年的发展史中，有许许多多优秀的传统文化，真实和诚信是其最核心的内容之一，这和真语文的"真"是一脉相承的。什么是真？凡是按照客观规律办事就是真，按照客观规律来教语文，就是真语文。语文课程对继承和弘扬中华民族优秀传统文化，增强民族文化认同感，增强民族凝聚力，具有不可替代的优势。因此，我觉得真正的中华传统文化的传承一定是在语文的世界里。作为一名语文老师，应当为能传承中华优秀传统文化而感到骄傲、自豪。

传统文化的形态很多，典籍是其中最主要的一种，而传承典籍文化，是语文教育最应该承担的职责。要在中小学弘扬优秀传统文化，我认为可以用"三个主"来概括。第一是主渠道，具体来说就是课堂教学，不要把中华传统文化教育的重担仅仅放到课外活动中去；第二是主阵地，主阵地就是语文课，我们传承优秀传统文化的时候，一定不要离开语文课堂这个主要的阵地；第三个就是主要手段，包括吟诵、品读、感悟等。

语文课堂一直是传承传统文化的主阵地。语文课该如何传承优秀传统文化呢？我提出四点建议。第一个建议是教材里有的老师必须全讲，一个也不能漏。目前语文教材中古诗文的比重不够，这就要求：一方面，教材要加大古诗文比重；另一方面，每位语文老师都应该提前做好工作，教师自己要加大这个比重，在教材以外增加一些这方面的内容。第二个建议是要讲好古代诗文的内涵。要从文字、文意、文章、文学、文化这几个方面去做，中华优秀传统文化的传承就是在这种讲文字、讲文意、讲文章、讲文学、讲文化当中实现的。第三个建议是讲古诗文要从文体入手，古文也是分文体的，诗歌、散文、小说、骈文，等等。第四个建议是教授现代文时要注重思辨性，思辨性是中华传统文化的精髓之一，体现思辨性就是要把一篇现代文当中呈现的两种、三种甚至多种可能性都展现出来。

在传承中华优秀传统文化的时候，我们一定要注意以下几个误区：第一个误区就是过分注重形式，传承传统文化的形而不是魂。必要的形式可以有，但不能用形式取代内容。第二个误区是加大、加重学生负担，通过课外活动或者增加课时的办法来传承传统文化。第三个误区是传统文化与现实生活脱节。一说传统文化，好像就必须"之乎者也"。老师要从孩子身边喜闻乐见的人或者事物入手，去挖掘传统文化的宝藏。第四个误区是以为复古就是传承传统文化，要大家都像古人那样穿着打扮。我们传承的应该是传统文化的美，传统文化的魂。

传承传统文化绝不简单是古色古香的"复古"。传统文化就是一缕清香，那一缕清香就弥漫在我们周围。最优秀的中华传统文化是用文字留下来的，因此我特别呼吁：大家要记住我们自己的文字，说好自己的母语，在真语文理念指导下把中华优秀传统文化传承下去。

# 真语文与传统文化三呼吁

在学校诸多工作中，语文教学工作最重要；在学校诸多老师中，语文教师最重要；在学校诸多教学事务中，语文教学最重要。为什么？因为每一个炎黄子孙、每一个中国人都应该热爱自己的母语，都应该热爱语文，这是天经地义、毫无疑问的事情。每一位语文教师，都应该响亮地对全社会呐喊：语文最重要，学好语文是每一个中国人一生中最重要的事情！

一呼吁：将传承传统文化写进课标

2014年9月，习近平总书记在北师大讲话中表示："我很不赞成把古代经典诗词和散文从课本中去掉。"党和国家领导人曾多次在各种场合表述传统文化的重要性。2014年3月，教育部发布《完善中华优秀传统文化教育指导纲要》，称将适时调整课标、修订教材，增加中华优秀传统文化内容在中考、高考升学考试中的比重。

《义务教育语文课程标准（2011年版）》指出："语文课程对继承和弘扬中华民族优秀文化传统和革命传统，增强民族凝聚力和创造力，具有不可替代的优势。"作为语文教育的纲领性文件，新课标对于传统文化的重视得到了体现。学生在语文课上学习母语，学习祖国的语言文字，阅读古诗文，学习国学知识……语文课程与传统文化的关系密不可分，随着时代的发展，社会对于语文教育所承担的传承传统文化任务的呼声越来越高。传统文化内容应当写进语文课标，进一步重视、强调和明确学生需要学习的传统文化知识。

现行的课标对学生阅读文言文的能力要求偏低，而且过于笼统、宏观，难以操作。义务教育阶段，甚至七至九年级，文言文课标是这样规定的：阅读浅易的文言文。长达六年的中学学习，缺乏阶梯式渐进的古文阅读能力的要求，对学生古文阅读能力的培养是一种扼杀。

因此我呼吁，应当修订课标，将传承传统文化写进去，以适应党中央、国务院对传承中华传统文化的新要求。

再呼吁：以行政力量保障传统文化传承

有这样一批官员，他们了解传统文化，了解语文教育，在各自所在的领域宣传、讲述、推广传统文化，以行政力量推进传统文化传承。从原国家教委副主任柳斌先生，到现任的教育部语言文字应用研究所所长张世平、中国教育学会原常务副会长郭永福，都是其中的代表。

语文太重要了，传统文化也太重要了。一个不容否定的事实是，作为一个中国人，必须学好语文，必须传承好传统文化。普通教师也许力量微薄，但可以从课堂入手，教好语文，教好传统文化。在我力所能及的领域——语文教材出版，我也与同事们共同努力，修订小学语文版教材十二本，中学语文版教材六本。一共十八本语文版的语文教材，其中古诗文比重有45%左右，初中增加了两个单元共六七篇白话文小说。我希望，语文教育各个环节的工作者都在自己的领域为传承传统文化贡献一己之力：教师教好语文、教好传统文化，教研员研究好传统文化与语文教学的关系，命题人把传统文化作为考查的知识点，评价者评好传统文化相关文章，教材编写者编好传统文化内容……特别是，各级官员以行政力量保障传统文化传承。有些专家说，不要用行政力量干预教育，这是不懂中国国情的话。在中国国情下，要想改变语文教学的现状，要想改变教育的现状，必须有强大的行政力量来干预和推动。此外，还必须借助公众力量、媒体力量。如果说行政力量是一辆车，公众、媒体力量就是车之两轮。

行政不支持，语文真不了，传统文化传承不了。之所以出现假语文，主要是过去的行政力量所为；现在要恢复真语文，也得靠行政力量。传承优秀传统文化，更要靠行政力量。

因此我呼吁，各级党政机关、各级政府、各级教育部门、各级官员以行政力量推进传统文化传承。

三呼吁：语文教师要有人格魅力

2006年，原国家主席胡锦涛在给北京大学已故教授孟二冬女儿孟菲的一封回信中，提出了人民教师要有魅力的观点。他写道："在他（孟二冬）身上，不仅体现了学识的魅力，而且体现了人格的魅力。他的崇高精神和品德值得各行各业的人们认真学习。"据我了解，截至目前，胡锦涛是唯一一位提出人民教师要有魅力的共产党总书记。

语文老师要有魅力，就要多读书，多积累，尤其是多读经典，学习中华优秀传统文化。语文是最真的、最善的、最美的，优秀传统文化是真善美的集中体现。长期以来，我们对语文中真善美的因素挖掘得非常不够，还有很多假的东西存在。之所以提倡真语文，是因为真语文还原了语文本来的样子，保留了语文最真实、最美好的东西。作为语文老师，不要迷信也不要盲从，要从字、词、句、段、篇、语、修、逻、文出发，引导学生感悟语文的真、善、美，共同提高语文素养和审美情趣。

的确，现在的语文考试制度还有很多不合理之处，但这个时候语文老师是不是只能教不合理的课？我的答案是，虽然大的环境暂时无法改变，但广大语文老师要在自己可以做、可以为的方面努力。比如多读勤写，夯实自己的语文基本功；在课堂上通过自己到位的朗读、得体的表达为学生示范，训练学生的听说读写能力，等等。学为人师，行为世范。

因此我呼吁，人民教师，尤其是语文教师，要有学识，有人格魅力。做一个好的语文老师不容易，是最辛苦的，但也是最幸福的。希望所有的老师都能热爱语文教育这份事业，从中华优秀传统文化中汲取美的力量，做真教师，教真语文！

# 传承中华优秀传统文化需要打持久战

中央电视台《中国诗词大会》第二季总决赛日前谢幕。据说，这个节目累计收看观众达到 11.63 亿人次。我也时不时在电视机前驻足，被选手的对答如流或苦思冥想所感染，被评委恰到好处的点评和专业素养所折服。在综艺节目统治荧屏的当下，这样的节目独树一帜，的确是弘扬中华优秀传统文化的一道美景。然而，须知中华优秀传统文化的弘扬是一场漫长的、需经时间历练和考验的求索之路，不是靠一个会议、一场活动、一纸文件或一档节目就能简单完成的，要打持久战。

中华优秀传统文化积淀了中华民族几千年来的文明因子，正如中央《关于实施中华优秀传统文化传承发展工程的意见》中所指出的，中华优秀传统文化"积淀着中华民族最深沉的精神追求，代表着中华民族独特的精神标志，是中华民族生生不息、发展壮大的丰厚滋养，是中国特色社会主义根植的文化沃土，是当代中国发展的突出优势，对延续和发展中华文明、促进人类文明进步，发挥着重要作用"。传承中华优秀传统文化任务之艰巨，意义之深远，作用之重大，现实意义之突出，说明这个工程不是一蹴而就，也不是靠一两场活动就能完成的。当然，每一个行动、每一项措施和每一个人都是传承中华优秀传统文化链条上的重要一环。

强调传承中华优秀传统文化的持久性，是因为我们特别习惯于战役式的活动和声势浩大的运动等，也特别注重形式和外表。这些活动无疑对传承中华优秀传统文化起到一定的作用，但绝不是传承中华优秀传统文化的根本和全部。就拿《中国诗词大会》来说吧，背诵固然很重要，这毕竟是传承中华优秀传统文化最表面和最基础的一步，但更重要的是，如何让中华优秀传统文化渗透、融入中国人的生活和思想，成为每一个中国人的魂以及精神骨髓。要做到这一点，需要较长时间，需要一代甚至几代人的努力。这样，才能形成一种群体自觉和社会风尚，形成全民族普遍的价值标准。

强调传承中华优秀传统文化的持久性，是中华优秀传统文化在中国近当代的遭遇所决定的。由于众所周知的原因，中华优秀传统文化的传承之路命途多舛，即使是当下，也还存在一些认识上的不统一。正如有人指出的那样，中华传统文化传承还存在重形式、轻内容和简单复古的现象等。习近平同志曾经批评将古代诗文从教材中拿出去的现象，虽然这已得到改正，但仍然值得我们深思和警醒。需要特别强调的是，传承中华优秀传统文化，是社会发展和文明进步的必然要求，也是人类自身进化的规律决定的，绝不能因为一时一事而改变，也不能因为时代的变迁和各种借口而改变。在这方面，我们有明显的不足，也有深刻的教训，值得改进、汲取。

强调传承中华优秀传统文化的持久性，还因为很多中华优秀传统文化的重要特征是，其精髓蕴含在浩瀚的传统典籍和古代文献中，学习之艰苦、传承之复杂，往往令人望而却步。虽然，我们用各种形式化难为易、化繁为简，比如《中国诗词大会》《中国成语大会》等，这对于传承中华优秀传统文化有一定的作用，但不可否认，以这样的形式传承中华优秀传统文化，很多人是带着好奇心、胜负感和娱乐状态参与的，一旦失去这些，就很难坚持下来。不说别的，《中国诗词大会》如果连续举办十季，形式上不出新，受众肯定会逐渐减少。这就需要我们一方面变换各种形式吸引广大受众，尤其是年轻人；另一方面，还必须坚持不懈，有长期努力的准备。

那么，如何打好这场传承中华优秀传统文化的持久战呢？方法和手段固然很多，但有一条是必须明确和强调的，正如中宣部负责人指出的那样，"优秀传统文化只有全方位融入国民教育各个领域、各个环节，与人民生产生活深度融合，才能有长久生命力，真正实现活起来、传下去"。这位负责人的话道出了如何打持久战的真谛。其中最重要的，我认为就是让中华优秀传统文化走进教材中、落实在课堂上、体现在考试中，贯穿于学校教育的各个环节，覆盖学校内外更多人群。

众所周知，学校教育主要是以课程为中心，通过教师运用教材和教法完成对学生的教育。这一过程的主要框架是课程教材体系。现在的问题是，我们的课程老化、教材陈旧，亟待改进和更新。改进和更新的最重要内容，就是将中华优秀传统文化的内容渗透进各个学科以及教材中。

打一场传承中华优秀传统文化的持久战，是民族的希望、时代的要求，也是振兴中华、实现中国梦的必由之路。让我们高扬起这面大旗，满怀着文化自信心，面向世界，面向未来。

## 《中国诗词大会》热闹之后

前段时间，电视节目《中国诗词大会》获得让人始料未及的好评，热搜次数远超同时段的偶像剧和娱乐节目，然而，当节目落幕，热闹之后该如何？中华优秀传统文化是否因此而持续走红？学习古诗词是否成为年轻人的新时尚？

之所以这样说，是因为我们必须认识到，这毕竟仅仅是一档节目而已。说其是节目，是因为其呈现方式和形态专供电视需要。制作电视节目不仅成本高，同时还强调可看性和娱乐效果。节目制作人为了提高收视率，必须突出节目制作过程和竞赛者的娱乐因素，《中国诗词大会》也不例外。正如所有婚恋节目并不是不加选择地将所有征婚者都请上电视一样，据笔者了解，这档节目的选手基本上都是"有故事"的人。光会背诵古诗词不行，还得有故事，有泪点。比如农妇白茹云，节目组之所以选她，不仅因为她会背诗，还因为她并非来自名校，也没受过高等教育，就是一位普普通通的农民，还患有淋巴癌。此外，点评老师一定是所谓的"电视明星"，比如这次所选的出口成章的评委康震、郦波、王立群、蒙曼等学者。所有这一切都无可非议，不能因此贬低这档节目，笔者只是想说，《中国诗词大会》只是一档节目而已。

再说节目特点。《中国诗词大会》的核心架构还是比拼背诵能力，说到底还是记忆能力。虽然背诵是习得中华优秀传统文化的重要一环，也是最基本的一环，但并不是全部，也不是继承和弘扬中华优秀传统文化的关键环节。继承和弘扬中华优秀传统文化，不仅在于你会背多少，更关键的是你能用多少。能够根据不同的时间、对象、场合和处境，将中华优秀传统文化灵活地运用到生活中去，才是传承和发扬中华优秀传统文化的根本。

参赛和获奖的选手学习中华优秀传统文化的积极性很高，记忆能力也超强，这是应当充分肯定的。然而，必须看到，从他们的现场表现和面部表情来看，他们对诗词内涵的理解还不够丰富，更谈不上深刻。

综上所述，笔者无非是想强调，《中国诗词大会》仅仅是一档节目。这虽然是一档优秀的节目，比起那些打情骂俏、恶俗低级的搞笑节目要强得多，但要让中华优秀传统文化仅仅依靠一档节目持续"热"下去，还是很难做到的。那么，中华优秀传统文化该如何传承呢？这是我们在这档节目"热"过之后，必须提出的一个非常有意义的、值得思考的问题。

能不能提出这个问题，是一个人有无语文素养的标志之一。大家知道，语文学习的一个重要方法是对比——将同类的事物或各有不同特点的事物分类对比，在对比中找出客观事物的发展规律。这同时可以提高人对不同事物的辨识、理解和创造能力。这种能力可以通过学习其他学科知识习得，也可以通过语文学习习得。还是以这档节目为例，笔者之所以得出上述结论，完全是通过比较的方法得出来的。从纵向对比的角度来说，央视同类节目中，曾有红极一时的《百家讲坛》，但十年之后，情况怎么样呢？毫无疑问，人们对文化的追求与兴趣，并没有被《百家讲坛》持久地带动起来。

我们知道，《中国诗词大会》是在《中国成语大会》《汉字听写大会》

这两档节目的基础上演变而来的。这三档节目几乎是一年一个面孔，也就是说，其形式变化刺激了人们的求知欲。如果形式不变，人们的欲望就会发生转移。从横向对比的角度来说，与《中国诗词大会》几乎同时出现的还有《朗读者》《见字如面》等，其节目形式大同小异，基本上是明星主持、名人助阵、娱乐环节和精美包装，只是细节上有些许变化。从横向和纵向两个维度的对比来看，不难得出结论：靠一档或几档节目提高文化的持续甚至永久的传承作用，效果是有限的，甚至有可能是昙花一现。

中华优秀传统文化可持续的、永久的传承和学习，一方面有赖于领导者坚定不移、始终如一的认识与坚持；另一方面有赖于让传统文化的传承和学习走进学校、课堂、考试，走进学校教育活动的全过程。日前，教育部部长陈宝生在两会"部长通道"就"《中国诗词大会》热播"接受记者采访时说，这档节目的热播为我们探索中华优秀传统文化传承铺垫了道路。中华优秀传统文化进校园，应覆盖教育的各个学段，融汇到教材体系中，贯穿人才培养全过程。同时，传统戏曲、国画、书法、中医药、体育也应作为中华优秀传统文化保护、传承下去。陈宝生部长的话可以说点到了问题的实质。

由"《中国诗词大会》热"引发的这些思考，是语文能力的呈现。由此可以看出，在瞬息万变的时代，良好的语文素养不仅可以帮助我们识字断句，还可以提高我们对事物的辨识能力，使我们不被热闹左右，不被潮流驱使，持有定力，守住常识，做一个智者。

## 【链接·专访】

### "开国学班不如将国学融入语文音乐美术"

记者：最近，"十二五"教育部规划课题《传统文化与中学生人格培养研究》总课题组等多家单位联合启动"中小学传统文化教育教师"培训项目，将为中小学培养"国学教师"。你怎么看专门培养国学教师这件事？

王旭明：我不赞同专门开设国学课、培养国学老师。请问语文老师干什么去？我认为应该将国学融入现有的语文、思想品德、音乐、美术等教材和教学体系中。能分为古代语文和现代语文课是最好的，现下教材中可以增加古诗文比重。

社会上一定要警惕、重视一件事，就是成立机构，培训一帮人，拨付一笔钱，新开一批课的行为，老有些人在里面浑水摸鱼，以求有利可图，事实证明这条路是行不通的。

（《王旭明：语文课最大的问题就是"四不像"》，澎湃新闻，2015 年 11 月 10 日）

## 回归语文教育本来面目要弘扬传统文化

在 11 月 1 日举办的传统文化继承与教材建设论坛上，语文出版社社长、教育部前发言人王旭明大力呼吁加强中小学传统文化教育。记者就教材"去中国化"现象、如何修订教材、改进教学理念、教育现代化等问题，对王旭明进行了专访。

**记者**：一些地区将古诗文从小学教材里完全删除，您怎么看？

**王旭明**：我不赞成在中小学教材中削减古诗文传统篇目的做法，回归语文教育本来面目要弘扬优秀传统文化。小学教材中古诗文被边缘化，折射出当前小学语文教育存在的突出问题，即语文离"语"和"文"越来越远。语文教材应加大传统文化内容的比重，特别是古诗文，这也是回归语文学习的规律、传承优秀传统文化的必经之路。

**记者**：一些语文课强调文章分段、概括中心思想、表达思想感情等，你怎么看？

**王旭明**：我认为语文课过分注重让学生划分段落、概括文章中心思想、表达思想感情等，是十分拙劣的做法。中华传统文化内容非常丰富，博大精深，绝不是以上几点就能概括的。语文教育到何处去？需要引导语文教师转变教学理念，提高教学质量，让教育回归育人为本，这是将来最重要的研究课题之一。

**记者**：中小学教材中传统文化内容是否一再减少？您认为什么是合理比例？

**王旭明**：我虽然没有系统调研，但感觉是有减少的趋势。我认为，传统文化或者说国学经典教育内容，在小学教材中应占五分之二以上，中学教材中应占 30% 以上。语文出版社去年修订的小学语文教材，在过去传统文化内容占 25% 的基础上，又增加了《明湖居听书》等白话文。因为白话文是古文到现代文的过渡阶段，增加这些内容比较符合语文学习规律，也增加了传统文化的比重。此外，谜语、对联、农经等也可作为传统文化教育内容。

**记者：**更多古诗文进入课程，会不会增加小学语文的难度？

**王旭明：**教材的修订有增有减，增加古诗文时，也会考虑整个教材的难度，控制合理比例。我们在编写教材时，在传统文化方面也有时代创新，比如我们新修订的语文教材，在二年级增加了歌曲《天路》的歌词，这首歌词简单质朴，适合二年级学生学习。三年级教材有一篇正式课文《蜗牛》，同时又加入了周杰伦的《蜗牛》歌词，用对比方法来引导学生了解蜗牛。当然，前提是周杰伦的《蜗牛》歌词写得非常好。

（四川在线，2014 年 11 月 1 日）

## 【链接·微谈】

- 2013-11-26　16:59

据报道，习近平 2013 年 11 月 26 日来到孔子研究院。看到《孔子家语通解》《论语诠解》两本书，他拿起来翻阅，说："这两本书我要仔细看看。"好！该看看《论语》和学学国学的绝不仅仅是习近平总书记这样的领导。呼吁从小学开始加强国学教育，把英语学习的时间用来强化国学学习，深化语文教育改革。

- 2013-11-13　08:35

有朋友问：不少高校将大学语文从必修改为选修，大学里该不该上语文？我笑答：以我对当下大学语文教材、教师、教学和考试的了解，大学该不该上语文、是选修课还是必修课都无所谓，有所谓的是大学公共课中必须增加国学教育。呼吁弱化英语教育，强化国学教育，深化语文教育改革。

- 2014-1-8　07:34

我在一个语文教师论坛上说，今后师范学中文的不必将英语作为刚性要求，应将国学作为必修，与会教师掌声通过。呼吁高校中文系尤其是师范院校中文系以及考古、历史、中医药、文学、艺术类等专业，将国学尤其是四书即《大学》《中庸》《论语》《孟子》，五经即《诗经》《尚书》《礼记》《周易》《春秋》作为必修课，降低英语要求。

• 2013-11-10　10:34

很多人在评论恒大夺冠一事，网友"平淡激越"评论深刻："中国足球人乃至很多人失去了中国传统文化里的精神：内敛不失拼搏；中庸不失坚持；安详不失奋斗；无为不失放弃！"这话说得好哇！故以当下中国实际，更该呼吁继承中华文化优良传统，寄希望于未来。

• 2013-11-7　21:15

第32届伊斯坦布尔国际书展有感：中华传统文化尤其是国学太需要继承、感悟和学习了。从布展用大白纸悬挂到书写《水经注》全文，从我们不少论者的言之无物到与外国人交往时的不拘小节，都可以看出继承中华文化传统有多么重要。文化传统且慢创新，重在继承。

• 2013-11-23　08:58

北京率先取消低段小学生英语教学并拟降低英语考试难度，以听说为主，大赞！建议研究提出配套措施，比如对社会培训机构的管理、升学考试与外语脱钩等；呼吁把取消的英语教学时间放在国学教育上，让孩子们背点《三字经》《诗经》《论语》，学点《世说新语》等，实实在在地提高当前学生的语文水平。

• 2013-11-20　13:37

听说北京已经决定明年起小学一二年级不再开设英语课，中高考英语难度降低，喜不自胜。这不仅仅是因为个人呼吁得到响应，更是因为看到一个常识的回归。当下在教育领域内外，有太多的常识被违反，并继续被违反。中国人必须继承中华传统文化，必须讲"仁义礼智信"。回到常识吧，从小学一年级开始学点儿国学。

• 2013-11-8　10:25

有人以儿童是学习语言关键期，要开发儿童语言潜能为由，反对取消小学英语，但这位论者似乎忘记了母语才是儿童该学习的核心语言，因此几乎各国一般都在三年级或更晚才开设外语课。以当下我国实际，更该呼吁继承中华文化优良传统，弱化英语教育，强化国学教育，深化语文教改。

• 2013-12-10　07:40

对李某强奸和艺谋超生引发的各种意见，尚可理解，不可理解的是一些议论之浅、之粗、之野。我的思考是：中华文化的传统美德再不从孩子开始实实在在学习、熏陶和仿效，不仅会有更多强奸犯，还会有更浅、更粗、更野的议论。我呼吁，将更多中华传统美德内容落实在教材里、深入到课堂上、体现在考试中。让文雅和修养回归。

• 2013-10-21　23:45

提高母语考试分数比重、降低英语考试分数比重，当然好。但以现行语文教材教学和评价情况看，不宜简单说增加语文内容，而是明确将增加的分值增在国学内容上。一定让以国学为主要内容的弘扬中华传统文化精神落实在教材里、课堂上、考试中。更多国学内容落实在教材里、课堂上、考试中之时，就是中华民族优秀传统文化传承之日。

• 2013-10-30　08:52

呼吁各地高考方案不要将减下的英语分数简单地加到语文上，而是要明确加到国学内容上。弱化英语教育，强化国学教育，深化语文教改！

下 卷

# 第五章　真语文理念指导下的教材编写

**【观点摘要】**

　　○学校语文教育观应该是以语言文字的基本元素为基础，以字、词、句、段、语、修、逻、文为主要训练手段，以追求语文人文性与工具性统一为全过程，以促进学生和谐语文生活为终极目标的教育观念。这一语文教育观可以指导包括语文教学、语文教材、语文教师在内的语文教育所有相关环节。此次语文版修订本教材最大的变化和最主要的特色就是用"四以"语文教育观为指导，无论在选文上，还是在练习设计、口语交际、综合练习、单元结构等方面，都充分体现这种语文教育观。

　　○作为教学最重要的参考和依凭，语文教材应该充分落实课标精神。语文版修订教材是如何消化、理解和贯彻落实"工具性和人文性统一"这一课标核心思想的呢？最重要的特点，就是突出语文性，把语文教材编成语文教材；让老师用这套教材把语文课上成语文课，让语文课姓语名文，充满语文味；让语文回归语文。无论是思想教育、道德教育，还是科学教育、审美教育，一切都要在语文的框架内进行。

## 打造体现语文规律和特点的语文教材

　　从事任何一项事业，树立正确观念十分重要。与 1978 年相比，如今我国发生了翻天覆地的变化，表面看只是物质生活的变化，而实质是思想观念的改变，是改革开放的思想观念指导我国人民取得了社会主义建设新胜利。可见，思想观念主导我们对一件事情的基本态度，甚至决定一项事业能否成功。因此，我们做任何事情首要的是树立与之相关的、正确的思想观念，比如：规划人生，就要树立正确的人生观；谋划职业，就要树立正确的价值观；从事语文教育工作，就要树立正确的语文教育观，等等，不一而足。

## 用"四以"观指导语文教材修订

语文教育工作者应该树立怎样的学校语文教育观呢？

我认为，学校语文教育观应该是以语言文字的基本元素为基础，以字、词、句、段、语、修、逻、文为主要训练手段，以追求语文人文性与工具性统一为全过程，以促进学生和谐语文生活为终极目标的教育观念。这一语文教育观可以指导包括语文教学、语文教材、语文教师在内的语文教育所有相关环节。此次语文版修订本教材（以下简称"新教材"）最大的变化和最主要的特色就是用"四以"语文教育观为指导，无论在选文上，还是在练习设计、口语交际、综合练习、单元结构等方面，都充分体现这种语文教育观。

提出这样的语文教育观，是既立足于全社会对语文教育不满意的现实，又充分认识到党和政府重视语文教育的实际，同时兼顾到以下几种情况。一是语文版课标实验教材已有十一年之久，供全国十几个省市共两千多万人使用，并受到了使用地区师生的欢迎。二是语文出版社是我国语文领域的专业出版社，专注于语文产品的研发，聚集了一批在语言文字、语文教学、语文教材等方面独树一帜的专家、名师和编辑，具有深厚的学术基础。特别是近两年来，我社参与了国家社科基金教育学重点课题"中小学语文教育改革研究"的工作，并负责其中"语文教学"子课题的具体研究工作，充分了解了我国中小学语文教育的现状，提高了我社在语文教育研究方面的理论水平。同时，我们用研究的最新理念指导教材的修订工作，把研究的最新成果融入具体的教材编写中。三是语文出版社 2012 年 11 月 23 日联合全国十四个省市三十二所学校发布了《聚龙宣言》，提出了六条共识，由此开启了全国真语文宣传推广活动。在《聚龙宣言》的指引下，我们的语文教育观得到了进一步升华。自真语文大讨论开展以来，我们已经收到专家、学者、教师、教研员的讨论文章两千多篇，网友微博热议数万条，同时在《语言文字报》和《语文建设》杂志刊登文章两百多篇。《人民日报》《光明日报》《中国青年报》《中国教育报》以及腾讯网等各大报刊、网络报道几百次，真语文理念越来越深入人心，真语文活动还将继续深入推进。编一套好的语文教材，不仅要有正确的思想观念的指引，而且还要有语文教学实践的指引，真语文思想的理论研究和实践探索，是我们编写新教材的坚实基础。

特别需要强调的是，党的十八大强调把立德树人作为教育的根本任务，进一步明确了教育改革发展的目标和方向。社会主义核心价值观二十四字内容的公布与践行，教育部下发的《完善中华优秀传统文化教育指导纲要》在教育系统的施行，以及义务教育语文课标实验教材修订送审工作的启动，都为教材修订带来了强劲东风。承担着宣传社会主义核心价值观、为学生形成良好个性和健全人格打基础、继承弘扬中华民族优秀文化传统重要任务的语文教材理应顺势而为，做出自己独特的贡献。为此，语文出版社在2013年9月开始了语文版义务教育课程标准教科书的修订工作。

可以说，新教材既体现了我们的理论追求，又有一定的实践积累，还有不少的积极探索。从这个意义上说，语文版课标教材的修订工作可谓恰逢其时、恰到好处。

## 修订后的语文版教材特点

在"四以"学校语文教育观的统领下，新教材更加重视和突出语文性，努力让语文成为语文，让语文教材成为语文教材。比如，语文版教材中有很多课文是讲动物、植物的，修订教材时我们没有把重点放在赞颂植物、赞赏动物上，而是重点指导师生理解作者是怎么把无所谓可爱或不可爱的动物写可爱了，把无思想的植物写得有思想了。这才是真正具有语文性质的教材。

我们在修订语文版课标教材时，就是以"四以"学校语文教育观为指导，努力打造出一套体现语文教育规律和特点的语文教材，打造出一套属于"语文"的语文教材。修订后的教材主要有以下几方面特点。

一是坚持贯彻《义务教育语文课程标准(2011年版)》的精神。我们认为，语文课标是国家意志的体现，是学校语文教育的指导方针。在修订过程中，我们特别强调把课标精神具体化、序列化，把课标对教材编写的要求，逐条、逐项落实到各册教材中。

二是坚持工具性与人文性统一的教材编写定位。这既是课标对语文课程性质的基本定位，也是我们在修订教材时的立足点、出发点。语文教材必须体现工具性与人文性相统一的特点。人文性与工具性相统一就是水乳交融，你中有我，我中有你。离开了工具性，人文性就是无源之水。反之，离开了人文性，工具性也没有存在的价值。

三是坚持立德树人，弘扬社会主义核心价值观。在修订一至六年级教材时，我们保留了话题组元的形式。因为社会阅历还不够丰富的小学生缺乏对语文知识的基本了解，激发兴趣成为让他们学习语文的主要方式，此时用话题组元有其长处。在保持话题组元的同时，我们又强化充实了更多的语文内容。比如，入学教育部分的栏目由"我爱上学"改为"我爱学语文"。语文课就是要让学生爱学语文，会学语文，学好语文。在修订七至九年级教材时，我们继续保持了文体组元的特点，因为这既体现了语文课程的知识性特点，又符合初中生的心理认知规律。同时，我们还增加了新闻、演讲等非常贴近学生生活实际的内容。

在选文方面，首先，我们坚持把一些优秀的传统篇目保留下来，比如体现爱国主义和革命传统教育的篇目《小英雄王二小》《国旗和太阳一同升起》《吃水不忘挖井人》《朱德的扁担》等。对一年级的孩子们，我们有责任和义务让他们知道，今天的幸福生活来之不易。其次，特别强调时代性。如我们把中学课本里的《洲际导弹自述》改为《网络表情符号》，这更切合互联网时代的学生生活。再如《鲁提辖拳打镇关西》和现代和谐社会明显格格不入，我们换为《智取生辰纲》等。最后，我们把一些弘扬主旋律的作品编选为课文，注意培养学生的优秀品质和健全人格。比如《小诺贝尔》《达尔文和小松鼠》《找骆驼》等。另外，有些篇目虽然内容很好，文字也不错，但是和时代要求不符，我们就毫不犹豫地撤换了。比如《谁勇敢》一文，有些老师教过，而且特别爱教，希望能留下来，但我们还是拿下来了，为什么呢？一个孩子为了保护其他孩子不被马蜂蜇，用身体扑向马蜂窝，虽然保护了别人，但自己却受伤了，文本的结论是这个孩子最勇敢。我们认为，对孩子来说这不是最好的解决办法，不应倡导这种行为。怎么办最好？那不是语文要讲的事，至少在选文时，我们不应选这种文章。另外，我们还特别注意选择文质兼美且贴近儿童生活的文本，并保留了原教材的许多传统名篇，比如《想做好事的尤拉》《奥莉娅和莉达》等，这些文章能帮助孩子培养良好的情操和优秀的品德。

四是坚持切实减轻学生过重的课业负担。我们认为，减轻学生课业负担既包括量的减少，也包括质的提升。首先，我们减少了一些篇目。其次，精心设计练习。练习如果是大话、空话、废话，是学生难以琢磨的话，既激不起学生的兴趣，也让他们无法回答。实际上，这在某种程度上增加了学生的负担。因此，我们在练习设计上力求接近学生实际，力求更加具体。再次，尽量使编写语言流畅、自然。通过编写语言的变化来增加学生的新奇感，提高学生的兴趣。最后，插图和版式更美观、更大方，让学生爱看、爱学。

五是坚持弘扬中华优秀传统文化。弘扬中华优秀传统文化是教材理应肩负的使命，是对学生进行爱国主义教育的重要方式，其重要意义不言而喻。比如，七至九年级教材在篇目减少的情况下，仍然保持每册两个古文单元。古文单元所占比例基本保持在 25% 到 30% 之间，这是我们目前能够做到的最大比例。同时，我们还做了一定程度的弥补，比如增加了白话小说单元，这实际上也是学习古文。另外，我们还在一至六年级增加了古诗，等等。

六是坚持全面提高学生的听说读写能力。中小学教材每个单元后面都有口语交际、写作练习，每篇课文后面还有不同的说话、写话和交流讨论内容。全面提高学生的听说读写能力是我们追求的境界和目标。在修订过程中，我们不仅保留了这一特色，而且还进一步强化了这一特色。

七是坚持加强逻辑性和思辨性，赋予教材引思启智的功能。小学教材中有一个单元的选文就是让学生提出各种各样的问题。中学教材《换个角度看问题》一文中，作者列举了很多生活现象，告诉大家只要换个角度看问题，可能就是另外一个结论。这样，在引导学生学习文本的同时，也提

高了他们的思辨能力和思维质量。

## 语文版修订教材使用建议

关于本套新教材的使用，我谈几点建议：

一是引导老师正确理解语文教育现代化。语文教育现代化不是简单的技术现代化，更不是简单的多媒体、声光电。语文教育现代化，包括语文教材现代化应以文字为基础，语文教育现代化应该是语文思维、教师教学能力、教材编写思想、教学评估的现代化，而不仅仅是教学手段的现代化。

二是建议教师充分解读文本，引导学生从字、词、句、段、篇入手，理解选文，理解练习，理解教材。语文教学要解读文本，语文训练要紧贴文本。

三是使用新教材不要过度贴标签，或者夸张甚至无厘头地挖掘所谓意义，适当引导到一定程度就可以了。慎用"大而空"的词，改用一些具体、平实的话来解读这套教材。

四是建议老师使用这套教材时精讲多练，有效指导学生提升语文水平。我们在各地学校听课时发现，语文教师废话多的现象十分普遍，学生或不发言或假发言，或发言后老师不评价。如此教语文，是敷衍塞责，是误人子弟。我们倡导老师在充分理解教材的基础上精讲，学生要充分结合教材多练。

五是作为教材编写者，提供一流服务是应有之义。语文版新教材宣传培训和推广活动既包括面对面的会议研讨，也包括远程网络培训，还包括名师进校园、真语文说课大赛和百名名师评比等一系列活动。我们努力使语文出版社由教材提供商转变为教育服务商，为全国广大师生提供一流的产品、一流的服务。

没有最好，只有更好。我们深知，编好一套教材是一项长期的工程，需要专家、编者和使用者通力协作，不懈奋斗。希望在我们的共同努力下，语文版新教材更实用，更好用，更语文。

## 把课标精神扎实体现在语文教材中

根据教育部相关通知要求，语文出版社在 2013 年启动了新一轮的教材修订工作。语文版教材修订的唯一依据，是教育部下发的《义务教育语文课程标准（2011 年版）》。根据课标精神，这套教材有如下特点。

第一，坚持工具性与人文性统一，注重在统一上下功夫。一是在选文上，力求文质兼美，所选课文既有较高的思想性，又有较高的语文价值。修订版教材和之前的相比，大概换了 40% 左右的课文，更换标准为是否体现了工具性与人文性的统一。二是在课后练习上，注意引导学生在理解内容、体会情感的同时，加强语言文字的理解和运用能力，做到既有一定数量的朗读和理解课文内容的练习，又有较大比例的语言文字理解和运用的练习，还有不少则是二者兼顾，比如设计了较多的读写结合题。同时，练习中多次出现"用自己的话说说""用自己的话写写"等题目，这样做的目的是从小学开始培养学生用自己的话表达的能力。三是在口语交际、习作（写话和写作）、综合性学习上，注重话题与知识学习、能力培养的巧妙结合。比如八年级第三单元，课文分别是《北京喜获 2008 年奥运会的主办权》《别了，不列颠尼亚》《杂交水稻之父袁隆平》《三十年前惊世一跪，三十年后一座丰碑》，体现出和现实生活的结合。另外，这一单元的口语交际题目是"当一回小记者"，写作则要求写一则消息，体现出"听说读写整体推进"的原则。如此编排，是为了让学生既学习语文知识、提升语文能力，又受到思想的熏陶。

第二，强调语言文字运用，以语用观统领全套教材。体现在选文上，力求发挥语言文字运用的示范作用，加强读写结合。比如七至九年级的教材，在保持原来四篇鲁迅作品的基础上，又增加了一篇《从百草园到三味书屋》。体现在课后练习上，大幅度增加语言文字运用题比重。全套教材当中，语言文字运用题，即用语文来说现象，分析、解释各种问题的题目，占 50% 以上。体现在口语交际、习作和综合性学习上，话题的形式更符合学生的需要。口语交际加强了互动性，比如一、二年级看图讲故事《劝说》，七、八年级开一次辩论会《一分钱的官司该不该打》等；习作加强了实用性，比如一至六年级加强应用文的写作指导，安排了八次应用文写作练习；综合性学习加强了实践性，比如七至九年级的编演短剧、办一份小报、调查社会用字情况等。修订后的教材想利用这样一些环节，把语文学习与现实社会、学生生活紧密结合起来，让学生不学"空语文"、不学"死语文"，切实提高学生的语言文字运用能力。

第三，坚持听说读写整体推进，全面提升学生的语文能力。修订后的教材从听、说、读、写等方面设置全册、各单元的学习目标。各单元的教学目标既在教材各单元说明的最后一段概括呈现，也在教参各单元说明的教学目标中具体呈现，二者相互呼应。每册的教学目标、每个单元的目标、每一课的目标都写出来，一层比一层具体。

其中，课后练习围绕单元学习重点，合理安排听说读写训练；口语交际、习作（写话、写作）和综合性学习的内容与单元学习内容和学习重点密切联系；整个单元形成有机整体，推动学生听说读写等语文能力全面提升。教材力图通过这样的设计，切实改变语文学习重读写、轻听说的现状，使语文学习形成一个整体，从而培养适应现代社会发展需要的人才。

第四，将中华优秀传统文化的要求落实在课文中，体现在练习上。关于中华传统文化的学习、继承，习近平总书记有过多次讲话，他曾在公开场合批评删减小学课本古诗文的现象。他说："我很不赞成把古代经典诗词和散文从课本中去掉，'去中国化'是很悲哀的。应该把这些经典嵌在学生脑子里，成为中华民族文化的基因。"国家领导人就一个问题反复地说，我认为关键问题是要抓落实。我们所能做的，就是在语文版教材中体现对中华优秀传统文化的重视。我认为，中华优秀传统文化只有落实在课堂上、走进教学中、体现在考试上，才能真正实现习总书记"继承"的要求。

修订后的教材保持了原有教材古诗文的比例，并在这一基础上增加了古诗文比重。一至六年级相关课文约占全部课文的30%，每册最后一个单元集中安排了反映中华优秀传统文化的课文。七至九年级相关课文约占全部课文的40%，每册安排两个单元的古诗文。同时，教材还特别注意通过课后练习、口语交际、习作、综合性学习等内容的设计，渗透优秀传统文化教育，使学生潜移默化地受到优秀传统文化的熏陶。比如一至六年级《百花园》中的"读读背背"栏目，安排的内容都是古诗文；全套教材在《百花园》中安排读背古诗文八十二篇，比实验版教材增加了40%。另外，七至九年级口语交际中的《交流座右铭》《谈谈你心目中的君子》，写作中的《我看古人的苦读精神》，综合性学习中的《诸子百家初探》《现代社会与儒家思想》等，都与中华传统文化密切相关。

第五，减量提质，切实减轻学生负担，提高语文学习效率。在修订教材的时候，教育部召开了专门会议，要求这一次教材修订要体现三个精神：课标精神、创新精神和减负精神。怎么减轻学生的负担？最简单的办法就是减量，修订后的语文版全套教材，课文数量比修订前减少了大概15%，但减量并不是减负的根本途径。因此，我们在此基础上提出"提质"，即从语文学习的角度，把练习设计得难度适宜、梯度合理、衔接自然，精心考虑学生的接受度，以此提高他们的学习兴趣；同时把非语文的，或者说语文学习价值低的内容筛选出去。这样做的目的，就是引导学生爱学语文、乐学语文、会学语文，切实减轻学生负担。

第六，教材、教参、学参、读本四位一体，各有不同，方便使用。《语文》教科书致力于为师生提供课堂教学活动的优质资源；《语文教学参考》致力于帮助老师顺利开展语文教学，有效解决教学中的实际问题；《语文学习参考》注意激发学生学习兴趣，从听说读写等方面检测学生的语文能力。"学习"包括"学"和"习"，长期以来，我们的教学都是老师教得多，学生练习得少，"四位一体"的观念，是为了让老师更好地使用这套教材，让学生更好地学习这套教材，三者互为补充、相互促进，切实提高中小学生语文学和习的能力。

虽然修订后的语文版教材特色比较明显，但我们也认识到有一些不足。一方面，教材本身尚有进一步提升的空间，部分内容还要精益求精；另一方面，单靠一套教材不可能完全改变当前语文教学中存在的种种问题。为此，我们建议各位专家全方位地审读，抓住特点、在对比当中审读，多提意见、建议，说得越细、越具体越好。经过进一步的打磨、修改，我们希望能奉献给社会一套比较好的、高质量的语文教材。

## 把课标精神充分落实在教材修订中

教材修订两年多以来，我深深感到，打造一套符合语文教学规律、让老师和学生都满意的教材，非常不容易。语文版教材修订的唯一依据，就是2011年颁布的《义务教育语文课程标准》。

我参加过很多次教师培训活动，到很多学校听过课，发现了一个令人担忧的现实：当前不少一线语文老师，尤其是基层老师，对课标的认识还非常肤浅，非常薄弱。我常常问一些老师：我们做事情都有法律依据，那语文老师上课依据的"法"是什么？他们有的回答是宪法，有的回答是教育法。我对他们说，宪法是所有公民要遵守的法律，教育法是所有老师要遵守的法律，而语文老师要遵循的"法"，是语文课程标准。

我认为，当前的语文教学中，大家对课标的认识和理解还远远不够；在课堂上，课标的许多要求是落空的。课标最核心的精神，就是对语文课程的定位：工具性和人文性的统一。反观现在的语文课，甚至不少被推选到全国宣传的示范课，都把语文课上成了思想品德课、自然课、音乐课、美术课。这是违反课标精神的，是违反语文"法"的非语文课、伪语文课。

作为教学最重要的参考与依凭，语文教材应该充分落实课标精神。语文版修订教材是如何消化、理解和贯彻落实"工具性和人文性统一"这一课标核心思想的呢？最重要的就是突出语文性，把语文教材编成语文教材；让老师用这套教材把语文课上成语文课，让语文课姓语名文，充满语文味；让语文回归语文。无论是思想教育、道德教育，还是科学教育、审美教育，一切都要在语文的框架内进行。

修订后的语文版教材，修改、替换了原有教材60%的内容，所有的选文和练习设计都紧紧围绕语和文展开，告诉学生如何说、如何读、如何写。修订组成员始终认为，和说什么相比，怎么说更重要；和读什么相比，怎么读更重要；和写什么相比，怎么写更重要。学生把怎么读、怎么说、怎么写搞清楚了，语文素养自然会提高。

在以课标为依据的基础上，语文版修订教材体现出六方面特点：第一，坚持工具性和人文性统一，注重在统一上下功夫；第二，强调语言文字运用，以语用观统领全套教材；第三，坚持听说读写整体推进，全面提升学生的语文能力；第四，将传承中华优秀传统文化的要求落实在课文中，体现在练习上；第五，减量提质，切实减轻学生负担，提高语文学习效能；第六，教材、教参、学参、读本四位一体，各有不同，方便使用。同时，中小学语文教材根据年段不同，注意突出自身特点。其中一至六年级教材特别突出对识字写字的指导，重视学生口语交际能力的培养，注意通过减量提质切实减轻学生负担。七至九年级教材则更加突出文体组元、话题多样，选

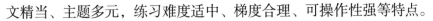

文精当、主题多元，练习难度适中、梯度合理、可操作性强等特点。

教材会影响孩子一生。编出一套合格的教材，需要不断反思、讨论、修改、打磨。语文出版社教材修订组认真听取专家意见，尽最大努力把教材编好，对广大教材使用地区的师生负责。

# 语文教材应当增加鲁迅文章

当下人们普遍对国民语文应用能力不满，其中尤对中小学语文教学不满，中小学语文教学中，对教材的不满尤甚。我以为中小学语文教材问题很多，其中最大的问题是过多过高地要求学生掌握记叙和说明的能力，过少过低地要求学最该有的思辨能力，致使语文教学占课时最多，教师配备也最多，教学效率却低下，一批又一批缺少思辨能力的学生走出校门、流向社会。

所谓思辨能力，至少应该包括一个人所应该具有的质疑精神、逻辑推理能力、独立思考能力等。从近现代作家来看，唯独鲁迅的文章不仅具备而且充满思辨精神。与其他同时期乃至以后的作家作品相比，无论是作品的数量还是思考的深度，以及对社会剖析的角度等，鲁迅的文章无人可以企及。

一方面是学生思辨能力的奇缺，一方面是可以提供的范文奇缺，这两个奇缺烘托出鲁迅文章对于中小学教材的独特地位、作用，因此中小学语文教材，不仅不该减少鲁迅的文章，反而应该增加。

不喜欢鲁迅的人从来没断过，而且当下社会浮躁，庸俗人等很多，他们不喜欢鲁迅毫不奇怪。在表示不喜欢鲁迅的诸观点中，代表性观点之一是初中生的阅读不宜过于深刻。他们主张与其让孩子早早接触鲁迅，不如让他们接受宫崎骏、自然科学以及课外活动。此类观点的荒谬在于：呼吁学习鲁迅作品不影响也不排斥阅读其他类作品，何来如此对比？说到深刻，我以为如我在微博所说，以己之浅薄，揣度鲁迅之深刻并殃及学生，恶俗！中国需要鲁迅，中小学生必须学会深刻。今天的成人可以不深刻，但今天的孩子或曰明天的成人不能如今天的成人一样浅薄。最可怕的是，此类观点很容易误导教材编写者和决策者，使鲁迅作品在中小学课本中数量越来越少或无足轻重，果真如此，真要殃及后代呀！

代表性观点之二，是教材应加强学生对亲情、学习生活、自然美景、人生体验的感受，由浅入深接地气。如将此与理解鲁迅对立起来就大为荒谬了，用所谓亲情和让学生体验去转移对鲁迅文章的学习，等于孩子吃药怕苦就停药给糖，多害人哪！当前中小学教材最泛滥的主题就是所谓亲情。从小学一年级到初中三年级，爱爸爸、爱妈妈、爱哥哥、爱姐姐、爱弟弟、爱老师，这样的内容和范文反复被提及，如同过量的甜品让人腻烦，形同嚼蜡索然乏味。这种论调往往出自一些语文专家和教研员之口，让人不由得怀疑，各级语文教育工作者是否看到了当前中小学教育的现实，是否认识到了自身的责任，是否还有一点点使命感？

代表性观点之三，就是认为鲁迅的文章难教、难学、难考，所谓"三难"。此种观点，我用一句话回之，就是"懒汉思想培养出的懒汉教师、懒汉学生以及懒汉考官"。不动脑、不琢磨、不用心、不思考是决然读不懂、教不好鲁迅文章的。当下的语文教学不是应该降低难度，而是应该提高难度。我在微博中说："当下语文教材最大的问题是脱离语和文，片面强调价值观，选文粗糙、练习空泛、知识割裂、衔接脱节，淡化语文的学科特点，造成假语文流行。"

现在需要解决的问题是，一方面，应该增加鲁迅文章的数量，而且应该增加鲁迅议论性文章的数量；另一方面，在课堂练习和考试评价中应该加深对鲁迅文章理解程度的训练。由于工作原因，这几年我接触了不少版本的语文教材，从我所见到的不同版本教材中鲁迅文章的练习来看，这方面做得尤其差。比如，入选教材的鲁迅杂文《中国人失掉自信力了吗》是一篇很深刻的文章，但练习题目却没有引导学生去理解鲁迅对自信力的深刻见解和文章的历史价值、现实意义，也不引导学生去思考分析自欺力、他信力和自信力，尤其是对中国脊梁的理解，而这里面闪现着多么可贵的思想之光啊！《藤野先生》是教材必选篇目，但很少有练习提问"再继续写些为正人君子之流所深恶痛绝的文字"这句话体现出鲁迅怎样的情感状态，对后人有何警醒？其实完全可以再深入地问："现在还有类似的正人君子吗？当前的正人君子还深恶痛绝什么？"这样的题目既结合现实又有思想深度，对学生思维能力是多好的提升啊！

因此，中小学语文教材不仅不应该删减，还应该增加鲁迅的文章，更应该巧妙地设计练习与评价，让鲁迅的文章成为训练学生思维、提高学生思辨能力、拓展学生认识空间的范例，这样的范例实在应该珍惜呀！

在中华民族的历史长河中，文人骚客不少，但没有骨气、随波逐流、趋炎附势之流亦不少，如鲁迅这样洞察世事、不为势利左右、不因私利进退的学者，或者说真正的知识分子太少了，寥若晨星。唯其如此，才显出他的珍贵。我可以说，许多"家"都是名不副实的，但鲁迅当之无愧是中国现代最伟大的文学家、思想家和革命家。

可悲的不仅是我们这个时代缺少鲁迅，而且是我们这个时代连欣赏鲁迅的人都少了，想以各种借口把鲁迅从人们脑海中清除出去的却大有人在，大行其道。呜呜，悲！

# 周杰伦歌曲缘何入教材

语文出版社出版的九年义务教育语文教材（以下简称"语文版教材"），在修订的过程中对很多篇目都做了更换或调整。三年级的教材中有一篇文章题目是《蜗牛》，刚好台湾歌手周杰伦也有一首歌叫《蜗牛》，于是编辑们经过讨论，拟将《蜗牛》的歌词以延伸阅读的方式入选教材。这一变动经媒体报道后，引发社会很大反响。周杰伦歌曲缘何进入语文版教材？

周杰伦是台湾八零后歌手，虽然没有考上大学，但自强不息，自学成才，是年轻人奋斗和成长的楷模。周杰伦不仅会唱歌，还会演戏，弹得一手好钢琴，尤其擅长谱曲。他凭借自己的勤奋努力，创作出不少好歌曲，还获得了"亚洲天王"的称号，是世界华语乐坛重要的代表性人物之一。周杰伦其人，已经成为一个激励人积极向上的符号。据报道，2014 年 6 月 19 日，周杰伦被公安部聘为"中国禁毒宣传形象大使"，他向广大青少年发出"拒绝毒品，拥有健康"的倡议，并承诺将在今后的日常生活和各种演出活动中，积极宣传毒品危害，倡导全民禁毒。

周杰伦在成长过程中做了许多善事，给人留下了深刻印象，影响也很大。他为人真诚善良，不事张扬。他在贫困地区捐助学校、扶贫济困。2008 年汶川地震后，他向大陆捐献巨额善款，还不让媒体宣传报道。从艺数年来，他绯闻极少，从不拿个人隐私炒作。他虽出身单亲家庭，但从未表现出失落、颓废、抱怨等情绪，对长辈十分孝敬。

周杰伦的歌词写得尤其好。无论是他自己创作，还是其他人创作、他演唱的歌曲，都是雅词古韵，文化意味十足。在周杰伦的歌曲中，有诗情画意，也有对贪官的讽刺，还有引导孩子听妈妈话的内容，更有大量的文化信息输出。他的很多歌曲歌词，就像一个个文化标本，能经得住推敲和揣摩，说是范本一点也不为过，完全符合教材的要求。"我要一步一步往上爬，等待阳光静静看着它的脸，小小的天有大大的梦想"，如此积极向上、章华词美的内容难道不该进教材吗？

周杰伦其人其事其歌是如此优秀，产生了巨大的影响。我曾这样感慨："咱不说别的，看杰迷们的素质，那么多回复我的短信，都如此文雅、稚气又可爱；还有演出现场，无论是在一两万人的首都体育馆还是七八万人的北京工人体育馆，竟无人说脏话，无国骂，甚至粗言粗语都无。如此教化之功，神了！"

再换一个角度说。2011 年教育部下发的《义务教育语文课程标准》中对语文教育的课程特点明确指出："语文课程丰富的人文内涵对人们精神领域的影响是深广的，学生对语文材料的反应又往往是多元的。因此，应该重视语文的熏陶感染作用，注意教学内容的价值取向。"由此可见，周杰伦的歌曲所具有的丰富的人文内涵和对人们精神领域的影响，以及由此产生的熏陶感染作用都是进入教材的重要依据。在这个课程标准中，对于教材的编写也提出十条要求，其中第二条明确指出："教材应体现时代特点和现代意识，关注现实，关注人类，关注自然，理解和尊重多样文化，有助于学生树立正确的世界观、人生观、价值观。"根据这个要求，周杰伦的歌曲进入教材贴近现实、贴近课标，贴近学生、贴近教师，恰到好处。无论是从周杰伦其人其事看，从其歌曲歌词本身看，还是从课程标准要求衡量，周杰伦的歌曲都应当进入教材。

我不同意有人说周杰伦歌曲入选是教材编写者盲目追星。退一步说，如果这样的星有更多的人追，又有什么不好呢？根据中国青少年研究中心的调查，当前排在第一位的最受中小学生欢迎的偶像就是周杰伦。我曾经在一篇文章中写道："这难道还不是最好、最生动、最形象、最有说服力的德育？"我还不同意有人说周杰伦进教材是出版社炒作。其实，无论是本人还是出版社，深知此事之悬，没有必要拿这样容易引起非议的事情炒作。还有人说回归语文本质比如何选课文更重要，我同样不同意。大家知道，学校语文教育是由教材、教师、考试和教学四部分组成的，离开了这四部分的具体内容，何谈语文本质的回归？我认为对教材的改编和让周杰伦的歌曲进入教材才是真正的语文本质的回归。

可见，周杰伦的歌曲进教材不仅是因为其人其事其文，还完全符合义务教育课程标准，在现行教材制度、政策和多种因素制约下，语文版教材没有脱胎，也没有换骨。关于周杰伦歌词进教材一事，依我个人看，岂止《蜗牛》一篇，入选十篇八篇也不算多，但语文版教材毕竟不是一个人的教材，这套教材还要受许多因素的制约。我们在路上，在编一本让师生喜教乐学的真语文教材之路上。

周杰伦歌曲入教材，不要大惊小怪，应该拍掌叫好，为之幸与呼！

# 语文课文"真""假"之辨

近来社会上不断有语文教材假课文之说，发现者像抓"贼"一样从课文中抓出一篇篇所谓假课文予以痛斥，看客们则群起而攻之，慌得教材编写者或以"不要炒作"叫停，或以各种理由"灭火"。我很欣赏一位非语文研究者的话，他说："对这种现象，我们不能简单地用行政的或灭火式的手段解决问题，而应加强语文教材的研究，哪些不能假，为什么；哪些可以假，又是为什么。"当下有一奇观，内行或自称内行的不说或说不清楚，外行或自称为外行的则一语中的，说到点子上，比如这里"研究"一词用得多好。我看，多年来，我们面对许多问题时，欠缺的就是研究，而且是科学的、实事求是的、符合学科教育规律的研究。

以真假课文为例吧，看看我们的研究有多不够。从当下情况看，我国中小学校所使用的教材，不管是哪个版本的语文教材，基本上都是以选文为主要构架，选文式教材是当下使用的各种版本语文教材的一个重要特点。我认为，选文式语文教学的一大特点是，每篇课文的体裁是语文教学的重要方面。说到体裁，我们至少应该明白语文教材中课文的体裁大体分为两大类：一类是教学类体裁，包括记叙文、说明文和议论文；另一类是非教学类体裁，包括文学类和非文学类两种。当然，还有一些体裁介于文学类和非文学类之间。应该知道不同类的体裁，对于真实性的要求是不同的，比如教学类体裁当中，对说明文的要求是基本符合说明对象的本来面貌，不允许虚构。当然，其中用一些修辞手法帮助读者更好地理解说明对象是可以的。记叙文和议论文对于内容的真假也有不同要求。非教学类体裁中，文学类的课文包括小说、诗歌、散文、戏剧、寓言等，显然稍有语文常识的人都知道，这些体裁的内容是可以虚构的，换句话说，可以"假"。非文学类体裁，比如新闻中的消息、通讯等则要符合真实的要求，不得虚构和作假。也有介于两者之间的，比如报告文学、特写、传记等，在基本真实的前提下，可以对场面、人物心理和语言进行适当加工。每一篇课文的情况比这要复杂得多，但确定体裁，以及根据不同的体裁对学生进行教学，毫无疑问是语文教育的重要方面。

遗憾的是，我在多年的语文教育实践和观察中发现，越来越多的语文老师，也包括一些教材编写者，淡化甚至完全不提课文的体裁，千篇一律地进行以内容为主的语文教学，例如用讲说明文的办法讲诗，用讲记叙文的办法讲小说，用说理论证去读文学作品，不仅贻笑大方，而且衍生出不少问题，许多真假问题其实就是这样产生的。比如被诟病为假的《乌鸦喝水》一文，作为童话或寓言，不存在真假的问题，学习这类课文，就是引导学生学习拟人的修辞手法，展开想象的翅膀；对于《爱迪生救妈妈》这样有真名实姓的记叙文，则要基本尊重事实，如与事实不符，毫无疑问应该删除或改正。真假课文本来不是什么大不了的问题，只要老师从三四年级开始，传授给学生一些文章体裁知识，对每一篇课文，首先明确它是什么体裁，再根据不同体裁入手，进行语文教育，这样的问题本来就不该是问题。

我特别想说，多年来，语文教育特别重视题材，也就是这篇课文讲了什么，教师过度关注课文内容，过度分析人物思想，强迫学生消化理解教师的解读，对体裁则是轻描淡写，甚至只字不提，许多所谓优秀老师的课亦如此，实在让人担忧。我以为，这样的教学是违反语文教育规律的。就当前我国语文教育现状、我国语文教育普遍使用的教材情况而言，语文教育必须把题材和体裁放到同等重要的位置上，将题材教育融入体裁分析中，将体裁分析贯穿在题材教育当中。一句话，语文教育不仅要让学生知道每一篇课文都讲了什么，还要让他们知道每一篇课文是怎么讲的。从某种程度上说，怎么讲要比讲了什么更重要，把怎么讲讲清楚，讲了什么自然融入其中了。还以《乌鸦喝水》为例，不少老师讲这节课，重点都放在乌鸦聪明，千方百计克服困难喝到水这一点，这显然是不对的。讲这篇课文，要告诉学生的是，这是童话，是作者虚构的故事，用了想象和拟人的手法，表现了乌鸦的聪明可爱。至于不少课文中存在的或细节失真，或语言夸大等"假"的问题，都要根据不同的体裁给学生讲解清楚，要求以真实为主的体裁，比如新闻报道，如果出现了包括细节失真、语言不当和人物虚构等"假"的问题，都是不允许的。

用语文的方法解决语文的问题，用研究语文的方法解决语文的问题，是我们应当采取的重要方法。无论教材编写者还是教材使用者，都不必讳言真假，也不必见真假而逃。至于要把课文编写权力交给家长和学生之类的说法，则不仅外行，且只能让人一笑了之了。

## 【链接·专访】

## 关于语文版教材的答问

语文出版社最新修订的小学语文教材在课文编排上的一些变化，引发了人们广泛的关注与讨论。人民日报、中国青年报、新华网、新浪网等媒体先后发文报道。针对大家关于语文版教材的疑惑，语文出版社社长、语文版修订本教材主编王旭明做出了详细解答。

**记者**：请您介绍一下语文版教材的基本情况？

**王旭明**：语文出版社出版的九年义务教育语文教材（以下简称"语文版教材"），是2001年在国家"一纲多本"教材政策出台、经教育部审定通过后正式推出的。自推出以来，语文版教材在广东、湖南、福建、广西、云南、河南、宁夏等部分地区使用，服务两千多万学生，受到广泛欢迎和好评。

**记者**：语文版教材修订工作于何时开始的？进展如何？

**王旭明**：根据教材实验区十多年的实践经验，特别是根据2011年教育部下发的修改后的《义务教育语文课程标准》，语文出版社启动了教材修订工作。2013 年 9 月，按照教育部部署，语文出版社修订了一、二年级和七、八年级语文教材。语文出版社下一步还将修订其余年级的语文教材。

记者：此次的修订工作以何为依据？

王旭明：语文版教材此次修订在原来的基础上，依据新颁布的《义务教育语文课程标准》，进一步强调语文的工具性与人文性相统一的定位，特别是在统一上下功夫；进一步强调语文性；进一步强调继承社会主义核心价值观和中华优秀传统文化；进一步强调减轻学生课业负担。

记者：与原教材相比，修订后的语文版教材变化大吗？

王旭明：在现行教材制度、政策和多种因素制约下，语文版教材没有"脱胎"，也没有"换骨"，只是在更接近语文教材的语文性方面做了些努力。比如将《我爱上学》改成《我爱学语文》，将练习中引导学生爱动物、爱大自然，改为学习作者笔下的动物或大自然，从而学习语文的表达方法，等等。

记者：语文版教材的新变化具体体现在哪些地方？

王旭明：语文版一、二年级修订的具体情况是：四册共减少十五篇课文，约占原课文总量的 10%，更换课文二十八篇，占全部课文的 24%。大量改动、调换和撤销原来练习题中远离语文学科规律和特点的内容，改进教材语言，使其更准确、规范和适宜学习。听说读写整体推进，增加了"中华传统文化"单元。

语文版七、八年级修订的具体情况是：每册课文由原来的三十篇减至二十四篇，更换了二十篇课文，约占总量的 21%。重新设计大量练习，优化写作、口语交际和综合性学习，突出语言文字运用，比如"学新闻"单元，口语交际是"当回小记者"，写作则为"写一则消息"。此外，每册有两个古诗文单元。

记者：为什么选择周杰伦《蜗牛》的歌词作为延伸阅读材料？

王旭明：关于周杰伦歌词进教材之事，我个人认为，周杰伦其人其事其词完全应该进入教材，且可讲深讲透，但是，语文版教材毕竟不是一个人的教材，这套教材还要受许多因素制约。选周杰伦《蜗牛》作为链接延伸阅读，主要因为该单元有一篇同题课文，是作为对该课文的辅助而选用的。

记者：据了解，修订版教材体现了您所追求的真语文理念。能否请您具体说一下？

**王旭明：**以当下学校语文教育教学问题之多、式样之怪、思想之乱和效果之差，非我一人和所供职的语文出版社所能改之，怎么可能有扭转乾坤的奇效？我倡导的真语文无非是想启蒙一下思想而已，我参与的语文版教材修订无非是想尽力实践真语文理念而已。恳请诸位给点小小支持，别无他求。

**记者：**这套修订后的语文版教材是您理想中的语文教材吗？

**王旭明：**语文版教材经过许多同人齐心协力打造，经过两千万师生十余年试验，功不可没。尽管这套书还有这样或那样的问题，尽管距离真正的好语文教材还有相当距离，但我们改进，我们提供优良服务，我们在路上。希望语文版试验区和其他地区老师使用语文版教材，用好语文版教材。

**记者：**在此次教材修订工作中，您和您的团队遇到了哪些困难？感受最深的是什么？

**王旭明：**学校语文教育主要包括教师、教材、评价和教学，四者互相依赖，互相制约，相辅相成。我深知编辑和改革教材之难，难到以己之力不敢触碰。借供职单位前人之功和国家此次修订教材之机，小试一下身手，更觉其难。我的理想是在有生之年编一套具有王氏风格的语文教材。君莫笑我，我学杰伦！

## 好的语文教材应该让学生爱上学语文
### ——语文出版社社长王旭明就修改语文教材答记者问

### 语文应该达到"工具性与人文性的统一"

**记者：**当时是如何考虑将《蜗牛》收录进教材作为延伸阅读材料的？

**王旭明：**这件事在网上引起了强烈的反响，我看到的大部分声音还是赞同的。我认为，《蜗牛》本身是一首很好的歌，歌曲的演唱者周杰伦的励志经历也值得学习，他很多作品的歌词都是非常有雅风古韵的，文化意味十足。我们这次选择《蜗牛》，除了歌词本身积极向上外，主要是考虑配合原有的一篇课文《蜗牛》，作为这篇课文的延伸阅读材料，提高学生的知识面，增加对课文本身的理解。

记者：现在的语文教材存在哪些问题？

王旭明：按照语文课程标准的要求，教材选文要贴近现实生活，亲近大自然，引导学生关注大自然，关注人生，要理解并且尊重多元文化。再高一层的要求是"文质兼美"。就我看到的一些版本的语文教材而言，选文过于陈旧是个主要问题。这些课文不仅没有达到课标的标准，不贴近现实生活，离"文质兼美"的要求也仍有差距。当然，并不是说所有的老课文都不好，比如说朱自清的《春》就是一篇课文的典范。

记者：语文版教材这次更注重对哪方面进行修订？

王旭明：语文课程标准对语文的要求是"工具性与人文性的统一"。现在的课文，有时片面强调工具性，有时又片面强调人文性，在统一上做得不够。我们这次对教材进行修订，就是在努力调整、实现语文的工具性和人文性的统一，包括课文、课后练习、单元设计三方面。

比如，打开小学一年级的语文书，第一页的课文原来是《我爱上学》。经过讨论，我们认为《我爱上学》没有问题，但"我爱上学"并不是语文课要解决的任务，语文课要解决的是"我爱学语文"的问题。我们就把《我爱上学》这个课文改成了《我爱学语文》，同时也调整了相应的内容，把"我爱校园""我爱操场""我爱同学和老师"，相应调整为现在的"我爱图书馆""我爱词典""我爱语文书"等。通过《我爱学语文》，让学生把爱学语文作为语文课的一个特点来了解，这样自然也会爱学数学和其他科目，最终也就达到了我爱上学的目的。

## 通过修订教材来激发学生的兴趣点和积极性也是一种"减负"

记者：如何能保证新修订的教材真正符合学生的实际特点和需求？

王旭明：这次修订是在前人之功的基础上，抓住修订之机来进行的。每一处修改都是通过反复筛选、对比、讨论，以避免好的文章选掉了、好的练习改坏了、好的单元弄错了这种最糟糕的情况出现。

具体说来，我们这次修订主要采取以社内人员为主，广泛征求一线老师和各界专家意见为辅的方式。在修订的过程中，我们充分考虑课文的时代性及与现实生活联系的紧密性，还考虑学生年龄段的特点，以及所选文章是否符合教材、知识点等技术方面的要求，并不断听取老师的意见，把它作为调整课文、设计课后练习、设计口语交际和写作题等的重要参考，最大限度符合学生的真正需求。

**记者**：您如何看待这次在全国范围内进行的教材修订？

**王旭明**：我认为，这次修订很有必要。目前，社会上对现有语文教材还有些不满。但按照我国教材修订的相关政策，每一次修订通过审定后就不能再做原则上的变更。这次统一修订之前，我们只能对教材进行一些技术性修改。这次教育部组织大范围的、面向所有版本教材的修订，是应时之举，我们也应该抓住这次时机，针对社会上对学校语文教育和语文教材的意见，把教材进一步编好。

## 尽量改掉意义等套空话题目

**记者**：人们爱说大话空话，与中小学语文教育也是有关系的。比如对课文内容要概括、意义要拔高，形成了一种语言表达习惯。

**王旭明**：关系密切。说得非常对！因此我们这次修订教材时，尽量把谈谈理解、意义这样容易使学生说大话、空话的题目改了，改成小的语言题。我认为语文就要突出语和文，如果没有语和文，那都是空话。语就是说话，文就是写文章，要把这两个方面突出。学语文就是学字、词、句、段、篇，学语、修、逻、文。

## 练习改 40% 以上

**记者**：这次修订教材，您举了一些具体例子，那么整体改动的百分比是多少？北京的学生有多少在使用语文出版社的教材？这次修改后的教材何时正式投入使用？

**王旭明**：改动的百分比方面，选文改动的占25%~30%，练习改动的更多，达到40%以上，总的目标是更体现语文性，用语文的方法解决语文的问题。北京的学生目前没有使用语文出版社的教材，使用的是其他版本，我也希望北京能够使用语文版的教材。我们现在第一批一年级、二年级、七年级、八年级教材共八册，已经送到教育部审定，教育部已经给了初步意见，我们还在等待最后的意见是不是审定通过。此外三、四、五、六年级和九年级共十册，我们正在积极修订，今年年底交到教育部送审，争取明年通过审定。

## 难点在于受诸多因素制约

**记者：** 您此次写文章也说了修订教材难，难在哪里？

**王旭明：** 我们的教材一般都是选文制，没有人专门为教材创作。所有作者写的时候并不是为教材而写，有些选文是成年的大作家写的，他们成年以后的感受和孩子十岁八岁时的感受是不一样的，这是一个难。我们的教材还要符合当下的有关国家政策，比如教材制度和教材方面的政策，才能审定通过。此外，教材不是个人产品，是集体的产品，受诸多因素的制约。

**记者：** 如何面对、克服困难？

**王旭明：** 第一是前人之功，语文出版社的同人们在过去十几年打造出一套很好的语文教材；第二是修订之机，这次修订是一个很好的机会，教育部2013年9月下发了关于修订教材的通知。我们抓住这个机会，在前人之功的基础上进行修订，争取把这套教材做得更好。

**记者：** 修订教材是否还受我们目前语文教育理念的制约？

**王旭明：** 当然，我和同人们修订教材的整个过程，就是对语文的人文性和工具性统一的认识过程，也是不断提高的过程。这个过程，说实话有许多困难，我们在共同提高。

（新华网北京，2014年6月20日）

## "假语文"消失之时，就是"真语文"退出之日

**记者：** 您一直强调锻炼听、说、读、写的能力，特别是锻炼学生听和说的能力，那么作为语文出版社的社长，您对这方面有什么考量和设计？

**王旭明：** 特别高兴您提这个问题，因为这正是与我现在的工作密切结合的。我现在正在做的就是按照教育部的部署，把我的一些理念融入正在

修订的一套语文出版社出版的语文教材、语文教参和语文教辅中去。在语文教材的修订过程中，我坚持语文教学的一些基本理念。有人提出来，能不能减少综合性学习、减少口语交际，我坚持一个单元一定有口语交际、写作、综合性练习，而且我坚持每一课课后练习要有"听"的题目或者"说"的题目，把"听"和"说"渗透到每篇课文的学习和练习中去。现在我特别想打造一套教材、教参、教辅、读本四位一体的一套东西来满足学生的需要。

我了解到，过去有一些出版社是有一拨人在编教材，另有一拨人在编教参，还有一拨人在编教辅，这样不同的人分别编三个东西，难免有思想理念不一致的地方，难免有你这边长他那边短的问题。我现在组织语文出版社的这一批人，既编教材，又编教参、教辅，就是努力把听说读写整体推进的理念，把工具性、人文性相统一的理念，把字、词、句、段、篇、语、修、逻、文的理念等都真正融入语文教材。从目前的情况来看，我们一至九年级的语文教材都已经修订完毕，正在教育部审定的过程当中，教参和教辅的编写也正在紧锣密鼓地进行中，目前已经编到一年级（下）和七年级（下）。

我想再请一些著名的专家对教材、教参、教辅进行审读，提意见，争取教育部审定通过以后推出这一套教材、教参、教辅。

（新华网黑龙江频道，2015 年 4 月 20 日）

## 王旭明：语文课最大的问题就是"四不像"

### "小学语文教材 80% 都是大人写的文章"

记者：这次语文版修订教材，您花了很大的心力。最后呈现的结果与您理想的还有多少差距？

王旭明：最后呈现的是一个经过团队磨合，经过审批之后的结果。这不是王氏教材，是职务行为，因此受很多限制，要做很多妥协，但我们尽可能有所为。其间，不知吵了多少架，酸甜苦辣都不说了。周杰伦那首《蜗牛》的歌词写得多好哇！配上音乐是多好的一堂语文课，但我只能（把它）放到课本的一个链接上。

面对这样的现状，我主张在可为处为，在不可为处躲。不过，现在比较下来，这仍是一套特点鲜明的语文教材，在很多地方我还是持基本满意的态度，大致呈现了"真语文"的思想。

记者：您在整个统筹修订教材的过程中，哪方面体会最深？

王旭明：通过这次教材编写，我痛感小学语文教材最难编，小学老师最难当，小学生最难学，小学语文最难教。

因为很少有人专门为小学生写作。不管是哪个版本的教材，80%都是大人的文章，作者起码和读书的孩子存在至少三十岁的年龄差，而且作品原本的读者也不是孩子。孩子读这样的内容，还要体会作者的感情，说出作者的思想，写出类似的语句，你说多难哪！

我一直强调不要掰开揉碎讲课文，这样挖掘深层的解读对小学阶段的孩子是一种超越。

（澎湃新闻，2015 年 11 月 10 日）

## 语文教材不存在"汉奸、西化"问题，但应增加传统文化

### 谈"教材西化"：中国对教材有十分严格的审查制度

记者：新修订的语文版语文教材和旧版有什么不一样？

王旭明：修订版和原来最大的不同，从理论上说，就是教材的人文性和工具性进一步统一在选文当中、练习里头，还有综合性学习、口语交际和写作上，这是最大的不同。

具体地说，古代诗文的篇幅增加了，一至六年级教材中约占全部课文的 30%，七至九年级约占 40%；文质兼美的选文增加了；更加注重体裁和题材的一致性。

记者：原来的课文换了多少？

王旭明：一半左右，量挺大的。

记者：今天您讲的《我爱学语文》，就跟原来不一样了。

王旭明：对！原来是《我爱上学》，现在改成《我爱学语文》，我们希望学生一入学就知道，我要上语文课了，我要学语文了。我爱上学，这是校长、班主任要解决的问题，不是语文老师要解决的。希望语文老师能设计好第一课，不要局限于书上提供的内容，要让孩子爱上语文。

记者：前段时间，有人称人教版小学语文教材严重西化，您怎么看？

王旭明：我到语文出版社 8 年了，教材隔三岔五就会出点"问题"，比如说百分之多少是外国的，教育部出了"卖国贼"……怎么可能呢？我国对教材有十分严格的审查制度，不是个别人和出版社的意志所能决定的。我们的教材，意识形态出了问题吗？没有，也绝不可能。

记者：但是您也认为我们的语文教材还是有问题的，对吧？

王旭明：应该说教材存在问题，但并不是所传言的"汉奸""卖国贼""西化"等方面的问题。我们十多个版本的教材，最大的问题就是中华传统文化的内容偏少、偏简，虽然做了改进，但还不够。

记者：这一版中外国文学占多大比例？

王旭明：外国文学的比重我没有具体统计过，包括童话、寓言、小说、诗歌、散文，大概有三分之一。

记者：这比以前增加了吗？

王旭明：没有。基本就是这个比例。

## 没有撤掉南京大屠杀题材的课文

记者：语文版教材把原来的《南京大屠杀》改成了《死里逃生》，是怎么考虑的？

王旭明：在修订过程中，我们将温书林的《南京大屠杀》一文，换成张纯如所写的《南京大屠杀》一书的节选，课文题目为《死里逃生》。

更换的原因主要是张纯如所写的《南京大屠杀》片段《死里逃生》，不仅写了南京大屠杀的惨无人道，而且刻画了一个普通中国妇女李秀英在日本鬼子惨无人道的暴行面前智勇双全、勇敢反抗的事迹，感人至深，反映了伟大的中国人民抗击外来侵略的坚强决心和英勇无畏的精神。

教材中还有《二战历史不容抹杀》，《人民日报》的评论都搁进来了。

（澎湃新闻，2016 年 5 月 24 日）

# 第六章　真语文理念指导下的教师专业成长

**【观点摘要】**

○语文老师的"初心"就是教好语文。我们之所以敬重贾志敏老师、张赛琴老师，就是因为他们这么大岁数了还不忘初心，还站在讲台上教语文，教真语文。语文的道路很漫长，青年教师要时不时想一想，自己当初为什么走上三尺讲台；在教学当中，要不断警醒自己：找准方向、走对路子，向大师学习，教实实在在、真真正正的语文课。

○语文教师应该是所有学科中综合素质最高的教师，对他们的要求也是最高的，不仅自己的听说读写能力要强，还应该有多方面的综合能力，要关心时事，有多方面的修养，我认为一位优秀的语文老师应该能成为学生的人生导师。用这个标准来衡量，我们还有相当长的距离。

○陶行知先生生前之愿望是培养一百万农村教师。我愿以陶先生为榜样，培养一百万遵循母语教育规律的真语文老师，此生无憾！

## 影响我一生的三位语文名师

在我生命的岁月中，对我产生重要影响的语文老师有很多，比如那位边背诵《谁是最可爱的人》边泪流满面的我初中时的语文老师；比如那写得一手漂亮板书并且弹得一手好钢琴的另一位初中语文老师；还有虽然只长我两三岁，但始终像大姐姐一样关心我成长的语文老师，等等。截至目前，我的生命岁月中，与我有过接触并对我始终产生重大影响的，有这样三位语文名师：吴桐祯、魏书生和霍懋征。

说影响一生，首先是他们对事业尤其是对语文教学那样热爱，甚至到了痴迷的地步，一生不悔地执着追求。吴桐祯老师的最高头衔就是区语文教研员，直到退休。退而不休的是他对语文事业的关注。当初，是他提携了我，使我这个当时初出茅庐的年轻人所讲的语文课被评为区级优秀课。同样出于对语文事业的热爱，我们在阔别几十年后再次相逢，谈的仍然是语文事业。当我看着他拿来的关于中国成语的几十万字的厚厚的工整的手写书稿时，不禁感动万分。他已定居加拿大多年，有着良好的生活保障，完全可以颐养天年，但他担忧的是成语的误用、乱用和语言文字应用能力的退化。当我力荐他到中央电视台百家讲坛，当我把他所著的飘着墨香的《被误解的中国成语故事》呈给他时，他闭口不谈版税和稿酬，更不言及其他，关心的只是正确运用成语可能开始被人们所重视。

我第一次听魏书生讲课还是在二十多年前。那时我就被他的人生观和语文观所折服，他的"把时间还给学生"的理论和实践让我特别佩服。没有想到的是，在阔别二十多年以后，我有幸再次聆听他讲课并和他深入交谈。他对事业，尤其是对语文教学的追求一丝不改。他很早就成名，并先后做了十三年的辽宁省盘锦市教育局局长。走上领导岗位，他对上级领导的唯一请求就是"我想教书，我想当老师"。领导被磨得没办法，最后的答复是"你干好自己本职工作的同时，可以当老师也可以教书"。就这样，他一教就是几十年，直到今年临近退休了，还在代着课，教着学生。我问他，何故？魏书生说，我愿意，我快乐，特舒服。你想想，到现在他已经写下了一百零三本教学笔记，如果没有一点热爱，怎么能做到！

我是在书本上先了解到霍懋征老师的。直到那年教育部组织全国师德报告团的活动，我才有幸见到霍懋征本人，并被她紧紧吸引住了。由于工作需要，我参与了霍懋征老师讲稿的准备工作，记得当我们因为各种原因对书稿中的一些内容做删改和调整时，她始终坚持并且说得最多的就是一个字：爱。一个老师，最可贵的就是爱他的学生，爱他的学校，爱他的事业。一个不爱学生的老师，绝对不是好老师。霍老师这样说了，更是这样做了。她一生有很多荣誉，本来也可以当很大的官，但她始终不愿离开教学一线。退休后，还奔波在祖国的每一个角落义务讲学，直到前几天我见到她的女儿和外孙女时，我简直都不敢相信，老人身后并无多少资产，拥有的只是成百上千她教过的孩子对她的思念。其中，她教过的一个学生现在都已经是六七十岁的老人了，却还每年给她过生日，热爱着他们的小学老师。

三位语文老师的性别、年龄、经历各不相同，教学思想和方法也不尽相同，但凝聚在他们身上并放射出永恒光芒的就是这样两个字：热爱。他们对中国教育事业、对语文教学的热爱超出了常人的想象，热爱这两个字在他们身上放射出异样的光彩。我在想，当下我们有多少人对自己所从事的事业能像他们那样爱之如初、爱之一生呢？如果有更多的人像他们那样热爱自己的事业，或像他们那样真心热爱自己的教鞭，被称为老大难的教育问题会容易解决得多。我们缺乏真心热爱教育事业的人啊！

这三位语文名师对我人生的另一个影响就是，他们对纷纭变化的世事把握得准，参悟得透，处理得好。魏书生早已经是全国名人，又做了多年局长，还能坚持自己的追求，还成为教育系统为数不多的几个全国党代会的代表。我问他，以中国这种人事关系的复杂，何以将方方面面的关系处理得如此完美？他笑而不答。我说，这一定是很高超的人生艺术吧？他肯定："那当然是，否则寸步难行。"我理解了他言外的很多意思，他说，人千万不能不知足，当上地球的球长还想当太阳系的系主任，还想当银河系的系主任，甚至想当宇宙的宙长，越攀比越痛苦，不攀比就幸福。这话说得多好哇！我在给霍懋征改写讲稿时，其中有一段经历特别感人。她在原稿中写道，她在"十年动乱"中备受迫害时，还惦念着自己的每一个学生。记得读到此处，我的眼睛都有些湿润了。但考虑到方方面面因素，还是决定把这段删去。我担心霍老师不能接受甚至会责怪我，没想到的是，当我把这层意思转告给她的时候，她非常不情愿，却又点了下头说："王主任，我理解你。不讲就不讲吧。"我深感在这无奈的背后，是老人家对我、对社会以及官场的深刻理解。而吴桐祯老师虽已是高龄，还是极不情愿地按照电视台的要求改写着他的讲稿。当十讲被删为六讲，又被定为两讲时，我都有些难为情了，老人却这样对我说："旭明，没什么，我知道你很为难，做了最大努力。"他的字词句段结构主义的语文教学法，虽使很多人包括我在内受益无穷，却也遭到不少诟病。那天见他，我特别感谢他的教学思想和实践使我受益，他却连连摆手："别提了，那都是过去的事情了。"

与这三位语文名师共事的桩桩件件，历历在目，他们对人性的理解和宽容的心态，他们对世事的洞察和对人生的感悟都使我常常深思并反省。

当然，三位语文名师在业务上也给我很多启迪，其中最重要的一点就是他们不矫情、不造作，不复杂地表达简单的话，以显示自己的学问之大，更不故作高深地说些名词术语，也不标新立异。霍懋征老师是当之无愧的教育大家，但她没有什么理论著述和长篇大论，有一位学者和我说，这是霍老师的缺陷和不足，我却不以为然。霍老师的爱心教育浓缩着多少教育精华和历练哪，非一般人所能为也。而我听过魏书生的几次讲座，几乎都是大白话。他举例说，这是一堆萝卜，又简单又好懂。有些学者非要把这句话变成"此乃若干萝卜的组合也"，然后著书立说搞培训，简直是荒唐至极。他反复强调的就是这样的观点：教育不就是这么点事儿吗？哪有那么多新观念、新办法、新手段。同样，吴桐祯也非著作等身，理论先行，而是默默践行着自己的语文教学观。

对我一生产生很大影响的这三位名师，霍懋征已经辞世，吴桐祯先生也已经是耄耋之年，而魏书生也将退休。他们之后，还有谁？又会是谁？他们如此真心地挚爱教育事业，如此真心地挚爱教师工作，如此透彻地了解国情、认识社会，如此大智大慧又深入浅出，始终坚守、始终纯粹并始终驻足在我的心中。不知何以表达对他们的敬意，于是，吟出小诗一首，献给他们以及所有令我敬佩的老师们。

敬

在苍茫的大海上，有一个海岛从不声张，

无论是潮落潮涨，还是冲天的海浪，

这里都是安宁崇高和美丽的故乡。

在迷漫的黑夜旁，有一个灯塔从不扎眼的光亮，

孩子，别怕，快扶住我的肩膀，

天塌地陷我给你顶住死亡，

顶住，顶住，

孩子，那里就是灯塔的天堂。

是晴风丽日，是西下夕阳，

有一道风景其实无须多想。

是迷途知返，是信马由缰，

有一种力量其实无须加强。

将敬意写上，写进本无四周和屋顶的地方，

以及九月第一个周一以后所有的

岁月时光。

# 给语文老师的几条建议

我想就如何开展真语文教学，给语文老师提六条建议。

第一，要按照语文课程标准的要求，用好语文教材。我们举办真语文活动就是要教大家如何把语文课上成真正的语文课。什么叫真正的语文课？就是姓语名文的课。真语文活动的核心内容就是教大家上好语文课，上好姓语名文的课，而上好课的关键，是用好现行的语文教材。不论是用哪个版本的语文教材，语文老师一定要依托教材展开教学，而不能离开教材去讲课。

第二，要找准方向，走对路子。在这里要特别提醒语文老师们，在教学当中，一定要找准方向、走对路子。即使刚开始找准方向、走对路子了，之后也要时刻问自己，是否还保持着正确的方向。要在对的路子上行走，千万不要走偏了。

毫无疑问，语文老师要走真语文教学之路，在真语文理念指导下，扎扎实实教好语文。我要特别提醒大家，不要走邪道。余秋雨说："大道至易至简，小道至密至繁，邪道至玄至晦。"什么是邪道？对语文来说，把教学弄得特别晦涩，特别玄，谁也弄不懂、弄不通，那就是邪道了。我们不但坚决不走邪道，而且也要防止走小道。所谓小道，按余秋雨说的，"至密至繁"，把语文教育弄得很烦琐，弄得很细碎，这是小道。那么，语文教育的大道是什么？"至易至简"，简简单单教语文，这就是语文教育的大道。

第三，要用语文的方法解决语文的问题。这是真语文的核心理念之一。用语文的方法解决语文的问题，应该体现在语文教学的各个环节，如导入环节。此次活动中，贾志敏老师的课堂导入，首先由几个字入手。在黑板上写出"木""休""步"的小篆后，贾老师先解释了这几个字的来历，然后过渡到"左右""东西""斟酌"这几个词，告诉孩子这些词分开了是一个意思，合在一起是另外一个意思。这样导入，才是真正的语文课的导入。再如朗读环节，我特别反对学生拿腔拿调地朗诵，语文课应纠正学生装腔作势、摇头晃脑等不良朗读习惯，老师应指导学生如何读书，如何好好说话……语文课堂上，一定要用语文的方法解决语文的问题。

第四，要树立用语文来训练学生、用教材来训练学生的思想。在这次活动中，吴忠豪教授也讲了，语文老师不能只是一篇篇地讲课文，而是要用课文对学生进行一到两个知识点的训练。这篇课文讲了什么东西，那篇课文讲了什么内容，这样讲多少篇课文都是无效的。语文老师一定要结合课文的知识点来讲解，然后再用课文检测学生对知识点的掌握程度，以提高学生的语文能力。

第五，要努力成为一个全面、合格的语文老师。希望年轻老师都成为全面、合格的语文老师。什么叫全面、合格的语文老师呢？一个合格的语文老师至少要会讲这几种类型的课——阅读课、拼音识字课、写作课，以及 2011 年新课标颁布之后新增加的两个课型——口语交际课和综合性学习课。对于新的课型，大家都要会讲。我特别希望年轻老师能在口语交际课和综合性学习课方面进行探索。只有全面发展，才能成为一名合格的语文老师。

第六，要树立以学生为中心的理念。钱梦龙先生在长期的语文教学实践中逐步形成"学生为主体，教师为主导，训练为主线"的"三主"教学思想。什么是训练为主线？我认为，至少体现为教材课文后的练习题要做。如果一堂语文课上完了，学生连课后练习题都不会做，这样的语文课再好，学生也不会有多大的收获。这次活动中，钱娟老师做得非常好，她让学生做了课后练习题，而且第二题的及格率是 67%，这就很不错了。

2016 年 7 月 1 日，在庆祝中国共产党成立九十五周年大会上，习近平总书记强调，面向未来，面对挑战，全党同志一定要不忘初心，继续前进。这句话让我感触很多、很深：语文老师同样应该如此，面向课堂，面向学生，一定要不忘初心，不断前进。语文老师的"初心"就是教好语文。我们之所以敬重贾志敏老师、张赛琴老师，就是因为他们这么大岁数了还不忘初心，还站在讲台上教语文，教真语文。语文的道路很漫长，青年教师要时不时想一想，自己当初为什么走上三尺讲台；在教学当中，要不断警醒自己：找准方向、走对路子，向大师学习，教实实在在、真真正正的语文课。

# 如何向名师学习

周宏教授、余映潮老师、黄厚江老师都给我们上了课，做了讲座。周教授的灵气和深刻，余老师的严谨和细致，黄老师的透彻和绝妙，一次次让我们感叹语文的魅力。青年教师一定要向这几位名师学习，走真语文教学的路，时刻检查自己有没有找准路子、找对方向。所谓正确的路子，就是姓语名文的路，就是用语文的方法解决语文问题的路，就是语文最初的路。如何向名师学习，我谈几点想法。

第一，一定要学习名师的精髓。名师的精髓就是他们的品质和核心，就是学语文、教语文、爱语文、用语文的情怀，以及一辈子当语文老师的不悔和坚持。学到了这一点，不管你用什么方法，有什么诀窍，一定会把语文教好。如果没有这种品质、这种情怀，那你只会停留在原地，崇拜、仰望名师，甚至离他们越来越远。

第二，回到原点思考如何向名师学习。无论教了多长时间的书，都不要在自己当下的基础上思考怎么向名师学习，而是要回到原点，就好像自己从来没有教过书一样。有一个词语叫"不忘初心"，语文老师一定不要忘记自己最初为什么学语文、教语文。在教语文的道路上，我们也许走了很远，也许忘了当初为什么要出发，但我们要时刻警醒自己，为什么教语文、如何教语文。真语文活动，就是要引导千千万万的语文老师找回初心，回到最初的路上，回归语文本真。

第三，既要有大方向，也要有小目标。这是一个具体可操作的建议。大方向就是成为名师。比如余映潮老师，他上课既有方向又有方法，既有路径又有路数；又比如黄厚江老师，他的语文课透彻又绝妙，给了学生许多语文知识、语文方法。不过，我们不可能一下子就成为名师，因此可以这两年先学习名师的这一方面，接下来两年再学习他的另一方面，这就是小目标。

第四，既要有远方，也要有眼下。这是我给大家的一个提醒。张玲老师和席惠敏老师上了研讨课，她们说："我们拿出自己的课来讲，是学习怎么上语文课。"两位老师很勇敢，她们给大家一个样板、一个靶子，让我们思考如何脚踏实地地求索语文本真。这就是起点，就是出发。

第五，一定要把语文的工具性与人文性融入自己的教学实践中。工具性与人文性的统一是在实践中完成的，而不是口头上说的。每一堂课都要浸透工具性和人文性，至于怎么浸透，要看不同的课文内容。比如黄厚江老师讲《乡愁》，他不说"同学们，我要讲人文性了，请大家记住"，而是在整个课堂中浸透了人文性。

第六，不要忘记每一篇课文的题材和体裁，尤其是体裁。名师上课不解说体裁，但是他们讲诗，就把诗的特点自然地讲出来了。青年教师怎么办？要有自觉意识。名师已经完全形成了一种自觉，年轻老师则处于起点，在没有形成这种自觉时，一定要加强题材和体裁意识。

# 如何成为语文名师

第一，如果你要成为语文名师，准备上课了，当你做好了所有的准备，却发现孩子不买账，那一定还有一些方面是你没有准备的。

第二，如果你要成为语文名师，一定要记住：课堂教学的好坏不只在于你能否深入，更重要的是能否浅出。谁能够浅出，谁就有希望成为大师。

第三，如果你要成为语文名师，就要特别警惕语文教学当中的新名词、新概念、新叫法、新突破，要知道，语文教学没有那么多"新"。

第四，如果你要成为语文名师，就一定要记住：以人为本体现在教育上，就是以学生为本；体现在语文教育上，就是以学生学习语文为本。学生学不懂、学不会、学不明白，一定是教学出了问题，一定是老师出了问题，一定不是学生出了问题。

第五，如果你要成为语文名师，一定要真正热爱课堂，热爱学生，一定要树立一辈子都不离开语文教学的境界和情怀。

第六，如果你要成为语文名师，一定要守住传统，慎谈创新。

第七，如果你要成为语文名师，一定要学好文言文。以前学得不好的，

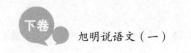 

现在要补上。

第八，如果你要成为语文名师，一定要"恋老"。这个"老"，当前我的标准是六十岁以上尚健在的老教师，比如钱梦龙、贾志敏、吴桐祯、张赛琴、李白坚等。什么叫"恋老"，就是拜他们为师，真正学到他们的教学理念和技巧。

第九，如果你要成为语文名师，一定要少应酬，少参加各种评比、竞赛，少发表论文，少著书立说，多把心思放在课堂上、教学中。

第十，如果你要成为语文名师，一定要记住钱梦龙先生告诉我们的一句话：简简单单教语文。语文教学其实没那么复杂，只要找准了路子，认准了方向，就能简简单单教语文。

## 来自贵州山区的语文老师，真好

2016年11月20日，贵州师范大学一间普通的会议室内，两百多名来自贵州山区的"国培"学员聚精会神地听着我的讲座。本以为，我讲的真语文理念不会引起老师们多大的兴趣；本以为，这些没见过什么"大世面"的老师们，即使对我讲的有兴趣，也只是凑凑热闹而已。没想到，随着我的讲课，老师们或记录或拍照，或向旁边的老师询问刚翻过去的"PPT"的内容……不知不觉，两小时过去了，竟无人走动、接电话，甚至是上厕所。我像忽然想起了什么似的，宣布会议中场休息五分钟。此时，会场上响起了一阵热烈的掌声，不知是因为讲课精彩，还是因为我终于给大家"放风"了。休息时，十几位老师把我团团围住，有的索要课件，有的提出问题，更有人怯生生地问："可否跟您合个影？"对这样的场面我虽然早已感觉不新鲜了，但得到来自贵州山区最基层老师们的认同还是第一次。

讲座中，我放了一段中央电视台采访某地小学生的视频。记者问孩子，什么是他最幸福的时光，孩子在回答中批评了应试教育，并说自己最幸福的时光是睡觉，将来想做校长，开展素质教育，少给学生留作业。我让老师们思考：如果你是孩子的语文老师，看了电视台的采访后，会对孩子做何评价？老师们争相举手。第一位老师对学生的回答持批评态度；第二位则持中立态度，既不批评也不表扬；第三位则完全持表扬态度。老师们回答后，我假扮老师，让第四位老师扮演学生。当她怯生生地告诉我之前的采访时，我紧紧拥抱了"孩子"，并告诉"孩子"：在班级荣誉榜上，老师会给他添加一朵大红花。这时，现场响起了热烈的掌声。我说，之所以要用有声语言和身体语言充分肯定孩子的行为，是要引导孩子们说真话、学说真话，写真文、学写真文，诉真情、学诉真情，只有这样，语文教育才能接地气，才与孩子们的生活紧密相连……下课后，几位老师情不自禁地围着我，谈起了他们的听课感受。一位女老师紧紧握着我的手说："王老师，您今天的讲座颠覆了我的语文教学观。我一直不知如何当一个好的语文老师，今天我明白了，一切都要从头做起，教孩子说语学文，还要鼓励他们说真话。"还有一位中学老师说，他的学生连一百多字的《中学生守则》都读不下来，不认识几个字，我的讲座让他明白了要针对不同学生降低难度，让学生学有所得，这才是最好的语文课。我肯定了老师们的回答，虽然口干舌燥讲了三个多小时，但心头还是充满了喜悦。

我讲过多次语文讲座，来自边远地区的老师们对讲座反响如此热烈，出乎我的意料，着实让我感动了一把。

下午，我给七年级的学生讲《乡愁》示范课。在去讲课的路上，我还琢磨着用哪些形式，最终，我决定用最朴素、最容易掌握的授课方式，让老师们学有所得、学有所用。为了缓解孩子们的紧张情绪，同时也表达我的真情，我说："同学们，今天本应是你们的休息日，却因为我来上课而剥夺了你们休息的时间，我向你们道歉。如果你们接受老师的歉意，就请给我一点掌声。"孩子们立即回报以热烈的掌声，还夹杂着欢笑。看着学生渐进状态，我从"秋"字开始引入，让学生组关于秋的词，孩子们争先发言。我说，你们组的词都很对，还有一种秋天是心灵里的秋天，我一边写一边说："心中的秋就是愁，愁有许多种，今天我们要学的是作者表达的对故乡的愁。"然后，我给学生五分钟，让他们感知诗句，熟读并背诵。之后，我请学生推荐他们班朗读最好的同学读一遍课文，接着我又范读了一遍，学生感觉两者有明显不同。我说："为什么我和这位同学读得不一样呢？不是因为老师的朗读水平高，而是我课前把诗理解了。下面让我们在熟读的基础上理解这首诗。"接下来，我就从体裁、结构、手法三个维度和同学们一起学习这首诗。看着学生或聚精会神地听，或一脸疑惑地问，或争先恐后地举手问答。我被他们的热情感染了，因为这毕竟是下午两三点，又是休息日，平时他们或在玩耍或在睡觉。理解了这首诗后，我再让学生们读诗，果然，味道与刚开始大不相同了，那种深沉委婉、如泣如诉的感觉有了。孩子们很享受，我也很高兴，说："学和不学，对诗的体会大不相同。"最后，我让孩子们口头回答一遍课文后三道练习题，并从"愁""怀念""分别"三个题目中任选一个进行仿写。看着学生心满意足又有些依依不舍地离开，我真为孩子们骄傲和欣慰："这些地处偏远的孩子们，好可爱！学习语文的兴趣真浓！"

这样的孩子和这样的场面，虽不多见，但也见过。让我惊讶的是课后，这些来自贵州不同地区的老师们与我热烈地交流和讨论。

老师们的提问既不是一味赞美，也没有鸡蛋里挑骨头般的故意刁难。问题中有"您构思这堂课用了多长时间""诗歌教学如何既有诗的味道，又有知识点的传授"这一类课堂技巧的探寻；也有"我一直像您这样讲语文，但被认为太土，今天我终于找到了一样'土'的您，我有信心继续走下去了"这一类表面看起来不是问题的问题；还有比较尖锐的"如何将诗歌教学与应试教育结合起来"这类针对性很强的问题；更有一类让我"惊悚"的提问："作为曾经的教育部发言人，您觉得中国教育是不是病了""如何评价当下教育存在的诸多问题"。当然，也有指出不足的，比如与学生的碰撞和交流还不够、教师灌输偏多等。最令我惊讶的是一位老师的提问，这个问题还从未有人提及，却一直是我心中的一个结："我们知道您曾经当过教师，之后您做了公务员，当了官，又当了发言人，后来成为出版社社长、语文教材主编，这些经历是不是为您今天所有的高度和深度奠定了基础？换句话说，如果您当初不离开学校，仍然是一位语文老师，您还能成为今天的您吗？"我虽顾左右而言他，心中却对这些我本以为提不出什么问题、见识不多也没什么高深思想的老师们另眼相看，且啧啧赞叹：真是"山不在高，有仙则名，水不在深，有龙则灵"啊！

我做过多次语文讲座，课后与老师们也有过多次交流，场面和效果如此活跃、震撼的只有这一次。这大大出乎我的意料，又深深感动了我。

由于要赶飞机，我来不及和老师们做更多交流，就匆匆离去。没想到，途中手机信息提示音不断响起，短短半小时，已有几十位老师请求加我为微信好友。成为好友后，他们向我倾诉心声，表达真挚的情感和求真的期盼。我看着，读着，一次次被打动。

胡老师说："您的报告为我开启了一扇新视窗，能与您相识真的好荣幸。"龙老师则不仅表达了他对真语文理念的认同，而且告诉我，他为学生设计语文作业本已经十几年了，觉得与真语文理念不谋而合。他还把他设计的作业本拍下来传给我，内容包括"学生写字""课外精彩语句摘抄""写句日日练""每日语文学习笔记"等，还真挺有特点。龙老师特别热情地表示要加入真语文团队。当晚，他还陆续给我发来几段他的感受，比如"我希望能继承传统解读课文的方法，但也要有所突破。大致方向是避开教学参考书，在看似很平常的语句中找到解读文章的语言点。解读的目的是教学生学用语言，而不仅仅是理解文本"……他还很谦虚地说："我一直都在农村学校，这些想法不一定科学，您多理解。"有一位来自遵义的石老师特别赞同我提出的"真语文老师要写好粉笔字、读好课文、会写'下水文'"的观点。他告诉我："有的老师教了几十年语文，一篇'下水文'都没写过。"我回复说，一定要鼓励和引导老师们"下水"，写得好与不好尚在其次，关键要留住写作的那份感觉。石老师非常赞同，称"所言极是"，并期待我多多给予指导。多朴实的语文老师呀，一下子对我掏出了自己的心里话。还有不少老师给我发微信寻求指点。一位来自毕节的黄老师告诉我，他所在的学校信息闭塞，观念落后，虽然一直在推广小组合作的教学方式，但起色不大，希望我分享好的经验和做法。我说，对基础比较薄弱的学生，不一定非要采用小组学习模式。我建议他上真语文网，了解更多教学模式和方法，开阔眼界。当然，更多老师是像来自遵义的邓老师这样对我表态："辛苦您啦，王社长！我们一定会牢记您今天给我们讲的，在一线真真正正教真语文。"

当天深夜，不，准确地说是次日凌晨，当飞机降落，我打开手机，像这样情感滚烫又真切的信息仍不断映入眼帘。我的眼睛有些湿润，心中不断泛起阵阵涟漪。这些来自贵州山区的语文老师们，真好！

从这些老师身上，我找到了许多久违的感觉。第一，质朴。在当下纷繁复杂的社会，教育和学校也没有那么朴素了；喧哗热闹的课堂，形形色色的流派，炫目的声光电，使一些老师迷醉其中。此时，质朴的表达、质朴的感受、质朴的教学观都显得那样珍贵和稀缺。第二，真诚。在贵州山区老师们的表达中，不要说虚伪，就是我们早已习以为常的虚荣都没有。懂就是懂，不懂就是不懂；知道就是知道，不知道就是不知道。无论是褒，还是贬，他们的表达都让你感到是发自内心、出于肺腑的。第三，也是我特别有感慨的，这几年我走过的学校、见过的老师不少，对于某些学校的部分老师，我早已经习惯他们那种满不在乎、自以为是、夸夸其谈和目中无人。无论是表面热情，还是故作深沉，都让我感觉出他们心中的拒绝、排斥和把一切都不放在眼里的倨傲。这些来自贵州的老师们，身上绝无这股习气。其实他们的所思、所为一点也不比他人差，不比那些所谓城市重点学校的老师差，而他们的虚心、好学、勤思和不耻下问等，都是教师最重要的品德。所有这些，都不是现代化的设备、塑胶跑道和高楼大厦能取代的，更不是能用金钱衡量的。真语文所求之真，从"道"上说，追求的不正是这样的状态吗？从"术"上说，不正是应和了中国最广大农村教师的需求吗？

陶行知先生生前之愿望是培养一百万农村教师。我愿以陶先生为榜样，培养一百万遵循母语教育规律的真语文老师，此生无憾！

为贵州的语文老师们叫好，也为真语文叫好，真想和他们再相逢……

# 上合格语文课，做合格语文老师

在任何一个国家，母语教育都是最重要的，每个人都必须学好自己的母语。因此在我国，语文可以说是最重要的学科。然而在当代社会，我们的母语教育水平亟待提高。该怎么提高？我的观点是：上合格语文课，当合格语文老师。我说的是"合格"，不是"优秀"，也不是"卓越"。对此，我从五个方面展开论述。

第一，什么是真语文？一句话，真语文就是按照母语教育规律来进行语文教育教学。真语文是一种理念，不是某个流派，也不是某种做法。有人做过统计，世界各国母语教育中，中国的流派最多、方法最多、专家最多、论文最多，但是中国的母语教育质量却不高。为什么？我认为就是因为语文教学的流派、专家、学说虽多，但都或多或少、不同程度地违反了母语教育规律。正因为此，我们提出了"真语文"。

第二，什么是遵循母语教育规律的课堂教学？语文教学有没有标准？当然有，就是国家制定的语文课程标准。按照课程标准开展教育教学，就是遵循母语教育规律；牢牢地把握住教材和课程标准，就是上合格的语文课，就是做合格的语文老师。

课程标准是语文教育最根本、最重要的标准，是语文教学最重要的"法律"，具有权威性和唯一性，语文老师必须认真贯彻执行。语文教育包括很多元素，如课程、考试、教材、教师等，对这些元素而言，课程标准是指挥棒，是基本法，其重要性不可低估。我们要把课标精神落实到教材编写中，落实到考试内容上，落实到教学过程中，落实到教师培训上。

当下，无论是师范生培养，还是对语文老师的各级各类培训，存在的最主要问题，或者说面临的最大挑战，是如何把课标精神落实到每一个教学环节中。无论是师范生还是语文老师，都要经常问自己三个问题：我是否遵循课程标准开展教学？课程标准对小学和中学不同学段的不同课型都有具体而明确的规定，我是否清楚？我能否将这些规定落实到每一堂语文课上？

第三，为什么要开展真语文活动？当前我国语文教育存在一些问题，其中主要有两个：一是把语文课讲成了纯工具课，二是把语文课讲成了思想教育课、主题班会课、音乐课、历史课等。特别是某些"专家"，把自己对语文的理解强化到语文课中，这是最荒唐的。我不赞成在语文前面加上各种修饰语来取代语文本体。语文有诗意、逻辑、主题、生命意义、哲理等，但不能因此就把语文叫作诗意语文、逻辑语文、主题语文、生命语文、哲理语文等，语文就是语文！我们开展真语文活动，就是为了解决当前语文教育面临的这些问题。

当前，我们尤其要注意两种倾向：一种是在社会上很有影响的语文名师将自己对语文的理解凌驾于课程标准之上，干扰了学校语文教育的正常开展；另外一种是学校不按照课标组织语文教学、评估和检查。针对这两种倾向，我特别提出：要努力把自己培养成合格的语文老师。

第四，什么是合格的语文老师与语文课？合格的语文老师与语文课的基本标准，就是把每一堂课上成工具性与人文性统一的课。核心标准是为学生形成正确的世界观、人生观、价值观，形成良好的个性和健全的人格打下基础；引导学生说真话、学说真话，写真文、学写真文，诉真情、学诉真情，做真人、学做真人。合格的语文老师与语文课的具体标准，是根据课标不同学段的要求讲清体裁、讲清结构、讲清主题、讲清手法、讲清运用（字、词、句、层、段、篇、语法、修辞、逻辑、文学）。为便于操作，我们把合格的语文课概括成十二个字：依课标，持教材，重学情，可检测。此外，语文老师还要练好基本功，如粉笔字、朗读、讲故事、写作等。

为什么强调合格而不是优秀？合格是语文老师的基本标准，只要接受了语文教学的基本训练，按照课程标准要求上课，每一个人都可以达到。优秀永远都是人群中的少数，优秀当然好，不优秀也完全可以；而合格是必须做到的，不合格则需要立即提高、改正。可以肯定地说，最具普遍意义的、面向绝大多数老师的要求是合格。一个群体合格率的提升才是真正质量的提高和内涵的增加。我们要做到优秀、卓越，要从合格开始。因此我呼吁，让我们为当一名合格的语文老师而骄傲，让我们为上一堂合格的语文课而自豪，让合格成为我们人生道路上一个伟大的目标和起点。

第五，在师范院校开展真语文活动有什么意义？师范院校是未来语文老师的摇篮、孵化器和最重要的基地，对我国今后语文教育质量的提升具有无可替代的作用。抓师范生培养，是抓源头、抓开始，只有抓好源头、抓好开始，才有良性发展的可能，否则一切都是空话。

重庆站活动是真语文第一次走进师范院校，是真语文抓师范生培养的开始。语文教育归真的希望，寄托在一代又一代师范生身上；在师范院校开展真语文活动，寄托了真语文的今天、明天和未来。希望我们的师范教育能争口气，我们的师范生能争口气，真正让我们的母语教育回到求真务实的轨道上来。

**【链接·专访】**

记者：对于语文教师队伍的培养，您有什么建议？

王旭明：我们的语文老师平时是否常阅读、写作？会不会写繁体字、背唐宋诗词、背古文名篇、写象形字？这些是基本功，可现在的语文老师普遍都做不到。老师对文字不抠到这种程度，怎么去培养学生的语感？小学是孩子接受语文素养和语言能力基本训练最好的时期。语文课不是为了让孩子认多少词，写多少应试作文，而是经过长期训练，使他们有能力自然、完整、准确地表达。

而对优秀的、有一定名气的老师，我担心两个问题：一是他们可能流失到海外，二是有的好老师会满足于一定层次上的所得。我认为，成为一个语文老师应该是不断攀登的过程，一些优秀的老师当了领导、教研员、专家学者（离开了一线），非常可惜。

（《王旭明：语文课最大的问题就是"四不像"》，澎湃新闻，2015 年 11 月 10 日）

**记者：** 教师队伍素质如何提升？

**王旭明：** 需要我这样的人去培训、去讲，需要我这样的人到各地去传播。为帮助教材使用区更好地使用语文版修订教材，接下来语文出版社还将开展多层次、全方位的教师培训工作。6月至8月，语文出版社将在湖南、广东、四川、河南、辽宁、宁夏、广西等省区举办多场省级教材培训，并在所有教材使用区举办近百场市县级培训。语文出版社还计划在暑期开通在线远程培训，将培训辐射到全部教材使用地区，参培人员涵盖所有使用语文版教材的语文教师。

**记者：** 这样就够了吗？

**王旭明：** 现在需要提高的不仅是老师，还有中小学语文教育、高等学校教育。现在很多中文系、师范教育培养的是什么人呢？不深入读文本，背一些概念、定义、外国的教育理念，可能知道"苏格拉底教学法"，但孔子的《论语》不一定知道。

**记者：** 您对高等教育有什么建议？

**王旭明：** 确实要改进。第一，不要读概念，不要读理论，而要读原著。中文系、师范系一定要考学生读原著的水平。《红楼梦》里贾宝玉和林黛玉的爱情，包括贾宝玉、林黛玉和薛宝钗的三角恋情你怎么看？得分析文本。

第二，对中文系学生的英语不要有硬性要求，可学可不学。但得对写字有要求，字一定要写好看，要当老师还得写粉笔字、毛笔字，写繁体字。要让中文系的同学，成为中华文化的传承者。

第三，不能是个大学毕业生就可以当老师，必须抬高门槛。有一次我去学校听课，有个老师讲得乱七八糟，我问他们校长，校长说他是研究生，读的是机械加工。学机械加工的讲小学语文，驴唇不对马嘴。为什么？因为这样可以（户口）进到这个城市来。

（《王旭明：语文教材不存在"汉奸、西化"问题，但应增传统文化》，

澎湃新闻，2016 年 5 月 24 日）

记者：教师方面呢？

王旭明：语文教师应该是所有学科中综合素质最高的教师，对他们的要求也是最高的，不仅自己的听说读写能力要强，还应该有多方面的综合能力，要关心时事，有多方面的修养，我认为一位优秀的语文老师应该成为学生的人生导师。用这个标准来衡量，我们还有相当长的距离。

（《王旭明：语文老师应做学生人生导师》，《北京晨报》2014 年 6 月 27 日）

# 第七章　真语文理念指导下的课堂教学

**【观点摘要】**

○衡量一节课是不是真语文课,是否体现真语文理念,有什么更加具体、可操作的标准吗? 有。我将其总结为十二个字——依课标、持教材、重学情、可检测。

○语文教学哪里需要那么多流派? 哪里用得着那么多解读和演绎? 最基本的就是这点核心的东西,牢牢把握核心, 根据教学实际调整和变化,以不变应万变, 以教学规律指导各种教学方法,不是挺简单的吗?

○我为什么重返讲台? 理由有很多,包括努力探索真语文理念的实践之路, 让绝大多数一线教师可学、能学, 有方向、重实效,为了把教材编写得更加符合教学实际, 等等。如果归纳起来, 最根本的就是:我深深地热爱作为母语教育内容之一的中小学语文教学,并对当下语文水平不尽如人意的情况深深地担忧。

## 什么是真语文课

语文的核心是语言,是我们的母语——汉语,它是一个国家硬实力和软实力的综合体现。习近平总书记说过,掌握一种语言就是掌握了通往一国文化的钥匙。国务院副总理刘延东最近在纪念《国家通用语言文字法》实施十五周年暨国务院发布《关于推广普通话的指示》六十周年座谈会上说:"强国必须强语,强语助力强国。"也就是说,一个国家兴,语言必然兴;

一个国家不兴，语言一定不兴。可见学好语言、学好母语有多么重要。

既然母语教育这么重要，那我们现在的母语教育情况如何呢？不客气地说，还存在很多问题，有很多不尽如人意之处。这些问题集中表现在两个方面：一是违背语文教育规律，二是违背语文课程标准。我将存在这两方面问题的语文课统称为伪语文课。反之，符合语文教育规律和语文课程标准的课，就是真语文课。

那么，衡量一节课是不是真语文课，是否体现真语文理念，有什么更加具体、可操作的标准吗？有。我将其总结为十二个字——依课标、持教材、重学情、可检测。

### 依课标、持教材、重学情、可检测——真语文课"十二字标准"

真语文课一定是符合课标要求的语文课；是与教材要求相一致的语文课；是以学生为主体，让学生当堂有所学、课后可检测的语文课。

**依课标**　一堂课好还是不好，不是某一个人说了算，是有标准可依的，这一标准就是《义务教育语文课程标准（2011 年版）》（以下简称"课标"）。课标体现的是语文教育的"国家意志"，具有法律性、权威性和唯一性。它是教学之法、教材之法，也是考试和教师之法，其重要性不可低估。当前的语文教学中，大家对课标的认识和理解还远远不够；课堂上，课标的许多要求是落空的。课标最核心的精神，就是对语文课程的定位：工具性与人文性的统一。

**持教材**　无论是用哪个版本的教材，讲哪一篇课文，都不能随意发挥，要以教材上的课文作为教学的主要依据，立足于用教材、以课文为例进行语文教学。

**重学情**　老师要学会根据不同的学情来确定、调整教学内容。河北沧州席惠敏老师讲的《湖心亭看雪》很不错，让我们发现了她的潜质，聘她为真语文讲师。即使这样，我仍然觉得她的课有一些不足。比如，讲《湖心亭看雪》至少要讲两句"痴文化"。我在课后检测中问学生："张岱说'人无痴不可与交，以其无真气也'。他为什么这么说？"这就是教初中生与教小学生的区别。一年级学一篇文章就是一个意思，没有转折；到了八年级，一定要有转折，这篇课文第二段就是转折，不再谈景、谈"看雪"，而是谈还有一个在那儿看雪的人，跟自己同样痴，多好！——这是文章的写法。中学讲古文不能只讲字、词、句、段，老师们一定要尝试把中华优秀传统文化渗透进去。当然这是更高的标准，要做到非常难。

可检测 一堂课不是讲完就算了，还应该经得起检测。应该至少有80% 的学生当堂会做课后练习。怎么检测？建议老师每一堂课都拿出 5 分钟或者更长的时间来做课堂检测。一堂课上得怎么样，检测一下学生就知道了。老师可以检测学生是否掌握了这堂课的教学重点、难点，掌握得怎么样。真测评才能有真提高，自己检测自己的教学效果，是对自身教学能力最好的衡量，也是改进自己教学的一个最好方法。

依课标、持教材、重学情、可检测这十二个字，就是衡量一节课是否是真语文课的标准。

## 依课标与重学情：中小学语文课堂教学共通之路

### 一

在近几年的语文教学与研究中，我发现这样一种奇怪现象：无数精英经过层层关卡，耗费大量人、财、物力而制定出来的很好的文件，没过两年，便被束之高阁，很少有人再提及，更不要说执行了。人们忙什么去了？人们又在忙着炮制新概念、新理论、新标准。如此一来，我们的许多工作经常处在一种赶时髦和跟风的状态中，浮躁心态和畸形的求新求异便由此产生。

就拿语文课来说吧，中小学教师上语文课，究竟有没有标准？用得着那么多学派东一个西一个地解释吗？标准当然有，也用不着那么多解释。这个标准就是新中国成立后国家多次下发的语文教学大纲和语文课程标准，其中最新的版本是 2001 年制定、2011 年修订的《义务教育语文课程标准（2011 年版）》。我认为，这个标准是现阶段国家层面最权威、最科学，也是有一定操作性的标准。遗憾的是，短短几年的热闹之后，这个标准很少再被人提及，将其落实到语文教学中的就更少了。我为推广真语文理念在全国各地举办各类活动，所到之处，所听之课，所见之领导、专家和教研员，很大一部分都不提这个标准，更不要说按照这个标准去听课、评课和验收课了。一堂课的好坏完全靠所谓语文名师的个人判断甚至胡言乱语，这怎么得了？对于一个国家的母语教育来说，有标准而不强力推进和贯彻执行，大家一盘散沙，各唱各的调，是最该纠正的。

基于此，我在2016年真语文活动中鲜明地提出了语文教学"十二字标准"：依课标、持教材、重学情、可检测。其中，依课标是统领和贯穿始终的。以口语交际为例，课标中对口语交际，从课程目标到内容、从总体目标到阶段目标、从教学到评价都有很具体的要求和内容，可在我所到之处的所有调查中，很少有学生表示专门上过口语交际课，从一年级上到九年级的几乎没有。2017年广州站活动中，我所授课学校的学生告诉我，他们没有上过专门的口语交际课。对于这种回答，我早已不惊愕了，只是感到欲哭无泪。以初中口语交际课为例，课标不仅制定了内容和标准，还把知识点都强调得很明确，即考查学生的口语交际水平，可以从讲述、应对、复述、转述、即席讲话、主题演讲、问题讨论等方面进行。瞧，说得多具体，而且明确第一学段主要评价学生口语交际的态度与习惯，鼓励学生自信地表达；第二、第三学段主要评价学生日常口语交际的基本能力，学会倾听、表达与交流；第四学段则要通过多种评价方式，促进学生根据不同对象和内容，文明地进行人际沟通和社会交往。在执教《谈谈心目中的君子》时，我固执而"天真"地用这样的标准去面对九年级学生，让他们讲述、复述、转述，并进行主题演讲，却发现学生一片茫然。这能怪学生吗？当然不能。怪谁呢？怪我们有这么好的一个课程标准，却没有层层强力推进和贯彻执行。按照标准做了，按照标准讲课，可以；不按照课程标准讲课，甚至口语交际课都不教，也可——如此一来，谁还拿标准当回事儿？标准就如同交通规则，如果没有交警执法，大家可以设想马路上将会出现多么混乱的局面。当前的语文教学从某种程度上说，正处于这样有法不依、执法不严的混乱局面。

语文教学和语文教师的"法"是什么呢？这个"法"就是国家制定的语文课程标准。我曾经在很多场合说，课标是语文教师必须遵守的法律，如同交通法规之于司机一样，这个法律是唯一的、强制的、至高无上的。你可以有这样或者那样的意见，甚至专家也可发表这样或者那样的学术观点，但在它更改之前，你必须遵守，直到下一个新的标准出台为止。我发现在很多语文老师和教研员的脑子里，包括领导、专家的脑子里，这样的意识、理念和觉悟是淡薄的，有的甚至是一片空白。不按课标讲课、评课和检测课的现象普遍存在，甚至一些所谓的优秀教学成果，不客气地说，就是违反课程标准的"怪胎"。

## 二

当下语文教育和语文教学大有一种"乱花渐欲迷人眼"的态势。最多的专家、最多的活动、最多的书籍和最多的受众，恐怕都在语文教学领域，但教和学的效果却不尽如人意，还不断有"语文教育向何处去"的呼喊、研讨和观摩，看似一派热闹，其实乱糟糟。我看，根本用不着这些，做法很简单，就是依照国家语文课程标准，手持国家审定的语文教材，根据不同学生的情况讲课，四十五分钟讲完，检测学生掌握了多少知识点即可。这样的理念，听起来简单，做起来为何这么难？难就难在一些人把语文教育和教学搞乱了，浑水摸鱼，从中得利。我在几年前倡导真语文时，一直不断强调和呼吁：真语文就是提倡回归，就是回到语文的本来面目，让语文姓语名文。说来说去，还是那十二个字：依课标、持教材、重学情、可检测。我说过，我真心希望真语文早一天退出舞台，因为它本来就不是一个新的方法、派别和理论，而是针对社会上那些奇谈怪论所提的。

当下有一个应该特别警惕的现象，就是一些所谓专家学者特别热衷于新概念和新说法，"忽悠"决策者做出全面推广和实行的决策，而这一切又经不起检测，这实在有害于教育，有害于社会。以语文课程标准为例，2011年修订的课程标准，发布至今不过五六年，应该强力贯彻和落实，而不是再去提什么新东西。就我的教学实践和观察而言，当下最该做的有两件事：一是把课程标准和考试内容紧密融合起来，绝对不能脱节，比如课程标准有口语交际内容，语文考试尤其是中考和高考就必须把口语交际加进来，唯此，人们才能更重视语文课程标准；二是各级教育行政部门和教研单位必须用课程标准听课、评课，对没有按照这个标准讲课的老师要严肃批评。同时，不能被各种名目的观点所迷惑，无论其来头和招牌有多大。一句话，语文姓语名文，凡是在语文前面加上各种修饰的语文都是荒唐和可笑的。我期待全国语文老师都能高举语文课程标准大旗，统一意志，统一行动，教实语文，教好语文。

# 三

至于重学情，我感到不易，甚至包括我自己在内，说起来容易，做起来真难。难在何处呢？当下公开课、示范课和各种名目的研讨课很多，虽然形式和教法不同，但有一点是相同的：课后一片肯定和赞美的声音，最后搭上个存在感不足的小尾巴，算是努力方向。这样的讲课和评课，实在应该让人反思。尤其是，对明显存在问题的课不敢公开提出批评，不仅失去了探讨的本来面目，而且还在某种程度上起了误导作用。对于一些所谓语文大师和名师的课，此种现象尤为明显。我认为，无论什么形式的公开课，最重要、最本质、最核心的意义在于找出这堂课存在的问题和不足，或者说对这堂课的教学过程进行理性反思——这才是公开课的价值所在。当然，怀有各种功利性目的的讲课除外。基于此，从 2017 年真语文活动广州站开始，我针对自己所讲的语文课进行反思，找出教学中最大的不足和毛病，以提醒自己和其他老师。

就说重学情之难吧。在真语文活动广州站上，我讲的是语文版教材九年级下册的口语交际课，课题是《谈谈心目中的君子》。尽管从去年起我就提出了真语文课的"十二字标准"，并且在大会小会上不断强调，这回落实到自己身上了，又如何呢？几天来，我对自己的这堂课不断反思。这堂课最大的问题就在把控学情方面，我不自觉地追求自己的课堂预设，弱化了实际上的课堂生成。为了上好这堂课，我和我的团队做了精心设计和充分准备。这堂课的设计为"三入一出"的结构，即通过问学生如何理解"语文"二字导入，知识点为讲述和复述；通过问学生"在学习、生活以及课文中，给你留下最深印象的人是谁，为什么"进入课题，知识点是转述；接下来，通过请几个学生概括留给他们最深印象的人的特点，深入讨论"心目中的君子"，知识点是讨论；最后以《我心目中的君子》为题进行演讲，知识点是演讲；临近下课时，放三个短视频，作为关于身边君子行为的提示。同时，我还准备了几十页古今中外有关"君子"的材料备用。尽管自己设计得很全面，但学生并不买账。

上课前几分钟，我问学生是否专门上过口语交际课，绝大部分学生说"没有"，个别学生说"上过一两节"。面对这样的学情，一方面我非常固执地认为这是初三的学生，用的是初三的教材，应该对学生进行口语交际检测；另一方面我太钟情于自己的精心设计，按照预设推进，而忽视了学生的实际情况，没有迅速调整结构，降低要求。果然，一上课，我就发现学生根本不懂讲述、转述、复述、演讲、讨论等口语交际的基本技巧。对此，我却还是一味强推。尽管课堂也有精彩，也有笑声，也有互动，但绝大部分学生其实并没有得到知识和能力的实际提高。这堂课中，我不重视学情、把课堂预设当课堂生成的最典型表现是，快下课了我还执迷于自己的准备，强行播放三个小视频并大发议论，这其实对提高孩子的口语交际能力并没有太大作用，只是教师本人的自我展示而已。

当然，这堂课还有若干毛病，比如对学生口语交际的指导不够具体，课堂导入太绕，教学目标设计模糊等，但最该反思的是：如何重视学情，如何通过调整课堂环节和教学要求，使教学符合学生实际情况，真正做到重学情。

由此看来，做到重学情何其难哪！我这样一位不断呼吁重学情的人尚且如此，更何况他人呢？我想到听过的许多课，包括一些名师的课，执教者大都以自己习惯的套路、方法和节奏上课。课堂看上去很热闹、很风光，也很有教学技巧，但听课的学生真正消化和理解了多少呢？当然，语文名师们比我教学经验丰富得多，技巧也娴熟得多，但即便如此，也不能忽视学生的实际情况。通过对这堂课的反思，我深深地认识到，要把重学情真正落实到每一堂课中。无论是在教室常态课中还是在会场公开课上，无论有没有其他老师听课，都应该让这堂课的绝大多数学生学有所得。想做到这一点，第一，要把重学情这样的理念嵌入头脑中、融化在血液里、落实在课堂上。第二，仅有理念远远不够，还必须对学生的实际情况有准确的把握和判断，这就需要教师具备敏锐的判断力和把控力。第三，有理念、有判断力还不够，还要有相当多的知识储备和技巧方法，才能做到随机应变，这个"机"就是当时、当堂学生千差万别的实际情况。第四，教师的这种变通力不仅仅要体现在刚开始上课时，还要贯穿在整个教学过程中，随时调整、随时变化。

上完这堂课，我不断反思，深感对不住这堂课上的学生。这些学生好像配角一般，配合我这个"主角"完成了一场演出，尽管这样的演出不乏看点，不乏精彩，但还是有遗憾。把学生放在心里，真正重视学生的反应，科学处理好课堂预设与课堂生成的关系，真是一篇难而又难的文章，但语文老师应该写好这篇文章，这篇文章也值得写好。

依课标与重学情，是我国中小学语文教育和所有语文老师应该走、而且要走好的共通之路。

## 我心中的语文示范课

我心中的语文示范课是努力体现"依课标、持教材、重学情、可检测"的特点。我认为示范课的标准是：一定要是真正的语文课，是符合"课标"要求的语文课；是与使用版本教材相一致的语文课；是学生当堂有所学、至少会做课后练习的可检测的语文课。我追求的示范课目标是：让绝大部分语文老师可看、可学、有抓手。示范课的重点，是给老师们指明方向、提供路子——无论是有一定教学经验的老教师，还是刚刚工作的年轻教师，都能朝着一个共同的方向前进。我心中的示范课立足于用教材，以课文为例进行语文教学。所谓用教材，至少应该包括在讲完一课以后，学生当堂会做课后练习。

教师应该按照这样的思路来设计自己的课堂教学，不追求精彩和掌声，而强调扎实的效果。我坚定地认为，公开课或者示范课应该是平常课堂教学的样式，而不是作秀。无论是语文教学大师、语文教学名师，还是普通的语文老师，都不是表演艺术家，更不是"角儿"；同样，听课老师都不是捧"角儿"的，更不应该成为追星族。一句话，真语文教学的现场不应当是戏场和明星秀，而应当是实实在在进行语文教学的课堂。

我心中的语文示范课应该是努力实践着钱梦龙先生的"三主"原则，即以"教师为主导、学生为主体、训练为主线"的课。钱梦龙先生是我敬佩的当代语文教育大师中的一位。钱先生对当代中国语文教育的贡献将在日后愈发突出地显现，尤其是，语文课要训练学生，这是钱先生的重要贡献之一。所谓"教师为主导"，就是教师在语文课上的作用一定要体现出来。不是说热热闹闹的课堂就是真语文课，也不是教师让学生一会儿动、一会儿搞表演就是发挥了主导作用。教师要真正地引导学生通过字、词、句、段、篇来学习语和文。所谓"学生为主体"，就是一定要让学生成为学习语文的主体，强调语文课上学生学语文、用语文，把语文课上成学生学语文的实践课，这才是主体性的内涵。所谓"训练为主线"，就是要在教学设计中将学生的语文知识点训练放在重要位置，一堂课不能想到哪里说到哪里，要有意识地设计和实现一堂课的训练点，并进行效果检查。

我心中的语文示范课可以存在不足和毛病，但方向、目标一定要是对的。我在这几年的真语文活动中，听到和目睹太多这样的课：老师们用精巧的设计环节激发学生兴趣，安排各种各样的"小动作"，使这堂课看上去不那么闷，却背离了语文教育的轨道，上成了思想政治课、音乐课、历史课，或者什么都不像的"四不像"课。换言之，当下不少语文老师，要求进步和改变的欲望强烈，恨不得一下子就达到他们敬佩的大师们的境界，于是在怎么提问、怎么激发兴趣、怎么设置悬念上费尽了脑筋，却不在大的方向上，比如语文课应该上成语文课这样的问题上下功夫。退一步说，灌输式教学当然不好，但灌输式的语文教学要比非灌输式的非语文教学硬扣上语文教学的帽子好得多，况且有些语文知识点和必要的教学内容灌输一点也无可厚非。同时，灌输也需要一定的语文能力，这样比没有能力的不灌输强许多。

我心中的语文示范课应该可行、可效，是绝大部分语文老师只要用心学、真心悟，很快都能上好的课。在此基础上提升，才有可能成为未来的语文大师。

# 如何上好真语文课

几年来，听了数百节中小学语文课，尤其是自己上了几次示范课后，我常常思考这样一个问题：全国语文老师共通的语文教学之路应该怎样走？

我国从 1949 年到现在，语文教育始终处于各种各样的学派、流派的争论当中，到现在为止有几十种流派。比如一些老师认为诗重要，就提出诗意的语文，要把语文讲得像诗一样；有的老师认为情境重要，就穿插各种情境。其实语文不是流派，它是理念，它不需要这些流派，老老实实讲好语文就可以。有的语文老师因为某一方面有成就，就排斥其他的观念，唯我独尊，把自己的方法神圣化、绝对化，形成一种流派，并排斥其他一切，这就有问题。贾志敏老师就没有什么流派，他上来就讲故事，用讲故事的语言表达自己的观点。他希望将自己的理念推广给更多老师，但是还没能有效实行，这和我们的讲话习惯——即喜欢讲大话、空话，不喜欢讲故事有关系。种种复杂原因，有社会的原因，有语文界内部的原因，有语文界外部的原因，等等。

我认为，作为语文老师，首要的是按照国家制定的课标和教材要求，老老实实地用好教材、上好每一堂语文课。据我所知，全世界的母语教育中，如我国语文教学流派众多、大师众多、教学研究活动众多的"三多"现象，极为罕见，尤其是语文课堂教学，更可以说是门派众多。然而，我们的母语教育水平并未列于全球之首，反而存在不少问题。个中缘由可能有很多，其中重要的一个原因就是，相当多的人认为语文课可以想怎么教就怎么教，没有标准，没有规矩，没有刚性要求，也没有检测手段，这其实是一个误区。我认为，作为母语教育的语文课，有其内在的规律，有国家标准，也有教材要求。最基本或者说最合格的语文课，是按照国家制定的课标和教材要求上的课。课标是国家意志的体现，是每一位语文老师的"宪法"，按照课标要求上好语文课是对每一位语文老师最基本、最起码，也是最根本的要求。怎样才算一堂好的语文课？不是天马行空、随意评说，也不是花样翻新、人云亦云，而是用课标这个准绳来衡量。

俗话说，"世上本无事，庸人自扰之"。我看，语文教学哪里需要那么多流派，哪里用得着那么多解读和演绎，最基本的就是这点核心的东西。牢牢把握核心，根据教学实际调整和变化，以不变应万变，以教学规律指导各种教学方法，不是挺简单的吗？

## 教语文要找对方向找准路子

听了北京顺义真语文联合体老师上的几堂课，我觉得他们对语文教学规律理解得不够，一些观念还需要转变，至少体现在以下四个方面：

第一，怎么教比教什么重要。语文老师一定要在"怎么教"上下功夫。现在大家都在研究，什么样的内容适合编进语文教材。这样的研究是对的，但真正对语文教育质量起重要作用的，是怎么教这些内容。现在许多教材里没有《谁是最可爱的人》这篇课文了，大家都觉得这样的内容离现在的时代太远，学生不喜欢、学不进去。记得我上学时，语文老师教这篇课文，先是声情并茂地背诵一遍，然后用漂亮的粉笔字把课题写在黑板上，接着分析课文。课文讲完后，老师突然把我叫起来，让我用"谁是最可爱的人"说一句话。这节课令我终生难忘，从此爱上了语文。

我不赞同所谓主题式的教学，即把课文按照主题放在一起教，今天以"风景"为主题，明天以"助人为乐"为主题。围绕一个主题教学可不可以？可以，但老师们一定要记住，教学的关键不是告诉学生们如何助人为乐，那样就把语文课上成思想政治课了。应该教什么？应该教文章是用什么样的方法讲助人为乐的，几种方法都学会了，就让学生讲讲助人为乐的故事，这才是教语文。

第二，教语文有许多方法，但是万变不离其宗，都要以语言文字为基本抓手，教思路、教方法。

比如教写作，小学低年段最重要的是让学生学会观察，接着才是思考和表达。今天的三节课上，我发现学生普遍不会观察。原因在哪里？因为老师没教给学生观察的方法，老师也没教给学生表达的方法，学生都在说一些套话：表达要重点突出、主题鲜明等。这些话最好别说，老老实实告诉学生，应该怎么写才能重点突出、主题鲜明。

语文课上，对学生的思维训练非常重要。研讨课上，有个同学念自己的文章，说"只要我们团结，就能……；只要我们坚持，就能……"全班都觉得对，没人有异议。语文课上一定不能用这样的全称判断。"只要我学习好，什么都行；只要我聪明，干什么都可以"——这种简单、片面的判断性思维，就是在语文课上养成的，这样的孩子长大后容易走向极端。

那该怎么改呢？给学生的文章里加一个"可"字："只要团结，就可能……；只要坚持，就可能……"老师把这个"可"字大大地写在学生的本子上，醒目地圈起来，然后让学生对比，多了一个字，表达的意思会多么不同，又多么准确——这不就是语文吗？这不就是在培养学生的思维能力吗？要是能这样教下去，孩子的智慧就会多起来了，就不会再随便地说绝对、极端的话。这就是在教方法、教思路。

第三，学校语文教育一定要与学生生活紧密结合。我们的生活离不开语文，因此，教语文必须与生活实际紧密结合。比如让学生描述一个地方的风景，为什么一定要说桂林、张家界、九寨沟？为什么不让学生说说周围熟悉的地方，比如念书的学校、生活的小区？桂林、张家界、九寨沟，学生没去过，老师却让他们说说这些地方美在哪里，孩子们当然说不出来；学校、小区，孩子们天天在其中生活，却说不出来美在哪里，那么他们上语文课有什么用？语文能力怎么可能提高？因此，语文教学一定要贴近学生的实际生活，让学生学会发现身边的美，讲身边的故事，说真话、写真文、诉真情。

第四，老师一定要重视学生的个体感受，这也是课标的基本要求。在研讨课上，老师让学生分小组讨论，说说最喜欢哪一段课文。其中一个小组里有一个女生、三个男生，女生是班长。我听到他们在讨论《海滨小城》，我问他们各自喜欢哪段话，结果四个孩子异口同声地告诉我，他们都喜欢"初夏，桉树叶子散发出来的香味，飘得满街满院都是"。我问男生，女孩子喜欢树叶的香味可以理解，你们为什么也喜欢？几个男生说：我们喜欢别的段落，但女生是班长，我们的意见要和她统一。

假如连孩子喜欢什么，都得统一到一个班长身上去，那课堂问题就不小了。其实，学生喜欢哪一段课文，这个问题本来就没必要小组讨论，更不该拿出一个统一意见。从这个角度来说，我不赞同语文课上开展小组讨论，这种教学方式是从国外移植过来的，本质是让学生表达自己，但到了我们这里，个性全部被埋没了。我希望从现在开始，别再轻易开展小组讨论了。与其小组讨论，不如让每个同学都站起来说说。不管学生说什么，老师都引导其他同学关注他的表达，带着大家学习好的表达，纠正不恰当的表达，这样既尊重了每个学生的独特感受，又一起学习了语文。

学校的语文教育到底该如何开展？我认为应以课标为纲，以教材为主要工具，以语言为载体，以"三主"为主要手段——教师为主导，学生为主体，训练为主线。无论怎么教，都不能离开语和文。学校语文教育太重要了，但是我们对语文的重视程度太不够了。老师们，我们也许改变不了很多，但是我们可以改变自己。提升语文教育质量、提高国民语文素养，从我开始，从每一位语文老师上好每一堂课开始。只要找对方向，找准路子，方法科学，认真上好每一堂课，就一定能在语文教育之路上走得更好。

## 吃透用准"简简单单教语文"理念

简简单单教语文，是我最敬佩的一位前辈、著名语文特级教师钱梦龙先生提出，并且多年来不断呼吁的语文教育理念。钱梦龙先生认为，语文其实很朴素、很简单，可是经过某些专家一次次的理论挖掘，它变得复杂起来、华丽起来、深刻起来，愈走愈远，以至于人们忘记了它朴素平实的本质。当下应该想一想，我们为什么教语文？语文教学究竟要做什么？

如何用准、吃透"简简单单教语文"这一理念，不把语文教学弄得越来越复杂呢？我结合自己的实践，结合活动中的几堂课，对这一问题做了反思，提出八个"一定要"，请老师们参考。

第一，一定要有标准。简简单单教语文，不是想怎么教就怎么教，一定要有标准。这个标准是唯一的，也是最权威的，即国家制定的《义务教育语文课程标准（2011年版）》。课标既解释了语文课程的性质，也说明了语文课程的设置思路，还提出了语文课程的总目标、学段目标、教学建议以及评价建议等。大家一定要牢记课标，以课标为唯一的标准，而不是以某些专家的话为标准。

第二，一定要做到工具性与人文性统一。对于工具性与人文性统一，过去我们常常理解为统一在教材上，其实既要统一在教材上，也要统一在对教材的把握上。如讲《听听那冷雨》，除了分析散文的写作特色、分析意象，还一定要讲透冷雨的"冷"，讲"前尘隔海，古屋不再"这句话中到底蕴含着作者什么样的情感，讲那种苦了不能说，哭都哭不出来，又苦又恨，浓得化不开的故国情怀。如果讲着讲着，老师的眼泪流下来了，把学生的情感带起来了，就是人文性的体现。

工具性与人文性统一，除了体现在教材的处理上，还体现在对教学对象的态度上。拿教学对象当工具，还是拿他们当人，是老师对统一性理解深浅的标志。现在语文课堂上普遍存在拿学生当工具、当演员、当老师表演帮手的现象。

第三，一定要从体裁入手讲课文。《听听那冷雨》是散文，《无衣》是诗，那就一定要讲出散文的特点、诗的特点，讲出它们的文学性。比如《无衣》，三段开头"岂曰无衣"，到后面同袍、同泽、同裳，从实到虚，从虚到实，虚虚实实，作者浓烈的情感浸透其中。教师一定要把这种情感讲出来、讲透彻，到底有衣还是无衣，学生自明。从体裁入手，不是只讲它是散文、是诗歌，还是说明文或别的什么，而应该依据不同体裁展开教学。

第四，一定要在重视体裁的同时讲清结构。什么是结构？就是字与字、词与词、层与层、句与句、段与段之间的关系。不把这些关系抠准、教会，语文老师就不能罢休，这是我们语文老师的功夫。《听听那冷雨》中，大量的句段是没有关系的，是作者发散性思维的体现，是浓烈情感的流淌，可以不做细致分析，但有些地方相互关联，就要拿出来分析。《无衣》这首诗中，句子和句子之间是有关系的，既有递进关系，也有因果关系，讲这节课的老师把这个关系讲透了，应该大赞。老师还要和学生强调说这是重点，一定要记下来。语文老师一定要像庖丁解牛一样，把课文结构讲清楚，之后让学生按这样的结构去练、去学。

第五，一定要准确把握文本的教学解读。这里有两个概念，一是文本解读，一是文本的教学解读。我们这里特别强调的是文本的教学解读。很多优秀的老师，他们的学问很深，对文本的解读也很深，但把教学解读理解为教师的个性解读，这是有问题的。文本的教学解读不是"一千个读者有一千个哈姆雷特"，也不是教师自己的个性解读，而是学生在这一学段应该知道、能够知道以及必须知道的内容。比如初一学生学《老王》，从文本中读出作者为什么"愧怍"，这就够了；高三学生学《老王》，就需要从时代、社会、文化等角度理解"愧怍"。

第六，一定要将文本解读与学生的生活实际相结合。学语文是为了用语文。我自己的口语交际课最大的不足，就是没有留出时间让学生讲自己的故事，讲身边的故事，而是拿出一张又一张卡片让学生讲故事，和幼儿园的大班教育类似。一年级学生刚刚从幼儿园升上来，对看图讲故事的内容已经很熟悉了。虽然我的课堂很热闹，但那并不是学生在课堂上有获得感的表现，而是他们已有知识的一种再呈现，是他们练过的功夫。可惜，我被学生的那种热情所打动，被学生带跑了。再比如讲《说说春天》，老师教给学生寻找春天的办法后，接着应该让学生说说我们现在生活的季节，由远及近。简简单单教语文的最好办法，就是与现实生活紧密结合。

第七，一定要检测，而且要经得住检测。现在语文课上普遍的问题是老师的话太多，学生练得太少，因此应该把更多时间放到对学习效果的检测上。老师自己出题可能不科学，但可以利用书后的练习题。我们说"考什么教什么"，是有一定道理的。我宁愿老师们选择考什么就教什么，也比糊里糊涂不知道教什么，想教什么就教什么强百倍。

第八，一定要提高自己。现在普遍存在老师对闷不作声的学生束手无策的情况，包括我自己的课也是如此。学生不配合，我们就埋怨，就唠叨，就怪学生。我认为，与其怪学生不配合，不如说老师自己江郎才尽；与其埋怨学生，不如老师努力提高自己，另辟蹊径，寻找如何把"闷"学生调动起来的方法。

简简单单教语文是一种教学理念，我们只有吃透、用准它，才能开始语文教学的破冰之旅。我希望所有的老师都努力改变自己，努力提高自己。教育的功能、本质不是教与育，而是唤醒，语文教育就是唤醒每一个学生心中本来就有的语文萌芽。中国的教育不缺钱，不缺现代化的设备，也不缺人才，最缺的是陶行知精神；语文教育不缺大师，也不缺资源，最缺的仍然是陶行知精神。陶行知先生说："千教万教，教人求真。千学万学，学做真人。"这也是真语文的核心思想。真语文就是为了让更多的语文老师学习这种求真务实的精神：教真语文、教实语文、教好语文。陶行知先生生前的愿望是培养一百万名农村教师，我愿以先生为榜样，培养一百万名遵循母语教育规律的真语文老师。如果每一位语文老师都能走陶行知先生之路，努力成为这一百万分之一，那就是对这个社会，对母语教育的最大贡献。

## 教什么与怎么教要并重

近年来，不断有关于中小学语文教材在选文方面出现问题的声音：一会儿说革命传统题材少了；一会儿说鲁迅作品少了；最新的说法是外国作品多了，甚至给教材编写者戴上了"卖国"的帽子，等等。这些意见可以统一理解为"教给学生什么"的问题。不错，教给学生什么，无疑是很重要的方向性的问题。对这一点，我们党和政府以及有关部门历来高度重视。我国有十分严格的教材审查制度，尽管这一制度从专家组成到公开透明等许多方面还需要改进完善，但毋庸置疑，这一制度自新中国成立以来都是十分严格的。换句话说，选哪些篇目、教什么内容和大概比例占多少，或有相对明确的规定，或业内约定俗成，不按照规矩办，很难通过审查委员会的审查。因此，总的来说，在现行指导原则下，我认为目前我国中小学语文教材选文上不存在方向性的、颠覆性的错误和问题。

这样说，是不是说教什么的问题就解决得很好呢？不是的，社会各界不断有这样或那样的意见，所反映出的问题值得教材编写者重视和思考。依我看，最该重视和思考的问题是，在各种版本的语文教材中，中华优秀传统文化的内容偏少、偏简，要求偏低。这固然由多方面原因所致，比如，长期以来有人认为，教传统文化是复古，与新文化精神相悖；也有人认为，中华优秀传统文化应该分科设立，而不应该放在语文教材中；更有甚者，伴随着近年来泛起的民族虚无主义思潮，认为一切都是外国的好，包括各种经验都要照搬国外，等等。

正是在习近平同志对把古代诗文从教材中拿走的现象进行了两次批评后，有关部门下发了通知，提出了要求。我看，在语文教材中贯彻并落实的措施和办法还要进一步明确、细化。以此为例，我想说的是，教材选哪些篇目，教什么内容，无疑是很重要的，却也有诸多需要改进的地方，欢迎社会各界提出建议，但不要轻易打板子、扣帽子，因为教材编写毕竟是专业性很强、各方面要求又很高的一项工作。

其实，在人们重视甚至有点过度重视教什么的时候，却忽视了另外一个同样重要的问题，那就是怎么教的问题。

还以怎么用好语文教材、教好语文课为例。近年来我听过许多小学、初中和高中的语文课，有些还是很优秀的老师所讲的课，其所用教材、所选篇目都是充满正能量的，这毫无问题，但效果并不好。问题出在哪里呢？问题出在教师在使用这些教材中的篇目教学时，脱离了语言文字本体的内容，既不讲或很少讲字、词、句、层、段、篇、语、修、逻、文，又不讲或很少讲这些课文崇高和美妙在何处，而是堆积起概念化的、空洞的、标语式的讲解，加上近年来学界和语文教育界泛滥的名词术语，同时不适当地配上"PPT"和音乐等，或声嘶力竭，或矫揉造作，活生生地将一篇充满正能量的课文讲成"四不像"，让学生对学语文产生反感。长此以往，人们把这些反感的情绪不适当地、片面地强加到教材的选文上，造成不管什么人上课，只要选好文章就一定能教好的错觉。

怎么教，即教法的问题，当下尤其应该引起重视。教师应该重视教法，各级教研部门和教育系统的领导都应该重视教法，教材编写者在编写教材的过程中也应该考虑到教法，因为这是提高教育质量的重要措施。我作为修订并通过审定的某版本的语文教材主编，在修订过程中，始终坚持"两手抓两手都要硬"的原则。一手抓教什么，即课文篇目选择，坚持将弘扬社会主义核心价值观融入教材编写中，充分顾及革命传统、鲁迅作品和国家领土意识等，尤其是增加中华优秀传统文化内容，努力做到比例适当且符合不同学龄段学生的认知特点。在篇目选择上，我坚持要求编辑们对所选篇目不得随意改动，尤其不得对名家名作任意删改，凡是选入教材中的篇目，若进行重要修改必须经编委会讨论通过，而不能简单地由编辑说了算。此外，我们还针对选文偏于陈旧、脱离学生生活实际的情况，尽最大可能将近年来出现的优秀篇目选入其中。比如把莫言获得诺贝尔文学奖时的演说以及屠呦呦获得诺贝尔医学奖的材料选进教材，以增加教材的时代性和新鲜感。另一手抓怎么教。在重视选什么的同时，我们在编教材的时候特别注意怎么教的问题，精心设计每一道练习题以引导教师怎么教，巧妙设计口语交际和写作话题以引发学生的学习兴趣，同时编写教学参考、学生参考和课外读本，以帮助教师更好地运用教材。我在编辑过程中也看过一些版本的语文教材，看得出来，编写者更加重视内容选择，而练习、口语交际、写作、综合性学习等设计得相对粗糙，这当然影响教师教学的科学性和有效性。

话说至此，我还是要重申：无论是各级领导，还是社会各界，大家重视选什么篇目进入语文教材，也就是教什么的问题是对的，也是必须坚持的方向性问题；但同时不可忽视的是，教师该怎么教、用什么方法教的问题，两者必须并重。如果只重视前者而不重视后者，那不仅有悖于我们选好、用好教材的初衷，甚至和我们的初衷背道而驰。

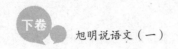

## 语文老师要有文体意识

我想特别强调一点：从教七年级开始，语文老师一定要有文体意识！

文体就是体裁，从古至今，所有写文章的人都是按照一定体裁来写的。对古今中外流传下来的所有经典作品，都可区分出其体裁。文体教学是中华优秀语文教育传统的一部分，只不过后来不知道为什么，老师们越来越不重视体裁了，在教学上也很少根据文章体裁进行设计，好像教任何文章都可以采用同一种方法。从体裁入手开展教学是语文老师的基本功。我们不能因为文体教学难就不谈文体，也不能因为体裁不太好区分就避而不谈。在教不同文体的课文时，教学方法应有所不同，教学侧重点也应有所不同。

教材中的课文，都有一定的体裁属性。比如《老王》是散文，《我的叔叔于勒》是小说，《再别康桥》是诗歌。语文出版社修订版教材一个最大的特点就是按照文体组元，小说和小说编排在一起，散文和散文编排在一起。当然，其中一些文章在体裁分类上可能会引起一些争议，但我以为分体裁比不分要好。

那么，怎样做才是具有文体意识？我觉得体现在以下三个方面：

第一，面对一篇文章，老师能否确定其文体，能否按照文体特点设计教学，是其有没有文体意识的标志。比如，《老王》是一篇散文，老师如果从头到尾都让学生分析老王的人物形象，那就是没有抓住散文的特征。"形散神不散"是散文最显著的文体特点。具体到《老王》这篇课文，它有两条线索，明写老王，暗写作者，文章就围绕这两条线索展开。老师应该把这些知识和方法教给学生。

第二，不同文体有不同的特点。对一些文体的特点，学界也有不同的看法，在这种情况下，老师该怎么办？是否可以因此无视课文的文体特点呢？我认为不是。一线老师可以不用太在意学界的争论。比如，我认为某一篇课文具有"形散神不散"的特征，按照散文来教，即使学界有不同看法，也并不影响最终的教学效果。

第三，除了讲文体特征外，还要结合文本分析文体特征是如何体现的。比如《老王》如何体现出"形散神不散"的特点？形是什么？人物的形象。神是什么？人物的品质。文章主线写谁？写老王。辅线写谁？写"我"。

老师如果能把这些内容非常明确地教给学生，这节课就成功了。

王荣生教授说，语文老师要"把小说当小说教，把诗歌当诗歌教，把散文当散文教"。这是一句"真实的废话"，但有多少老师能够做到呢？王教授的这句话，应该是语文老师的努力目标。大家一定要有文体意识，把语文课上成语文课。

## 文本解读七建议

语文老师最重要的能力就是文本解读能力，但长期以来，老师们在这方面做得很不够，还存在这样或那样不正确的认识。对此，我给大家提几条建议，希望帮助大家更好地在真语文理念下指导学生阅读。

第一，根据课文体裁确定教学方法。教学时首先要明确课文体裁，至少要明确是文学类体裁还是非文学类体裁。文学类体裁包括小说、戏剧、诗歌等，非文学类体裁包括说明文、议论文、记叙文等。其中记叙文既可以放在文学类，又可以放在非文学类。文学类体裁的课文一定要用文学的方法教，比如诗歌要朗诵，要有情感；小说要有人物、情节，等等。不少课堂对体裁特点重视不够。比如老师讲了一首古诗、一首现代诗，但对这两首诗的情感渲染和烘托做得不够，没有让学生很好地体会到诗歌的情感。语文版教材一个最重要的特点就是根据体裁组元，这种编写方法得到了学界的普遍认同。

第二，文本解读包括内容解读、方法解读、结构解读、语言解读等内容。现在一说文本解读，无论老师还是学生，都把重点放在解读主题、思想等上面。这些都是文本解读的内容，但不是全部。我建议老师们在文章的结构解读上下功夫，就像庖丁解牛一样，把文本的结构、骨架摸准。不同的文本结构是不同的，这就需要老师具有过硬的文本解读功夫。

第三，解读文本要遵循一定的顺序。对此，我概括出"解读文本八法"。一是文字解读；二是文句解读；三是文段解读；四是文题解读；五是文眼解读，即解读每篇文章的"眼"；六是文法解读；七是文思解读，即解读作者是怎样思考文章的；八是文化解读。其中，文化解读是最深入的，也是文本解读的最高要求。

第四，一定要把思想教育，或者说人文性融入文本解读当中，而不是单独拿出来讲。比如有老师讲《乡愁》，课后我问学生，诗人现在还有乡愁吗？学生回答没有了。为什么没有了？因为现在政策变了，大陆和台湾地区形成了一种良好的关系，两岸同胞往来更加自由，诗人回乡没有那么难，乡愁就淡了。这样一种对时代变迁的感受，就是这首诗歌的人文性所在。这种人文性是通过老师的解读自然融入教学中的，而不是生硬地"贴标签"。

第五，文本解读的理念只有一个，但方法是多元的。文本解读的理念就是真语文理念，但老师可以用不同的方法来解读文本。

第六，文本解读要处理好个性和共性的关系。"一千个读者眼中就有一千个哈姆雷特"，对于一篇文章，每个人都有不同的理解。老师在教学时，要注意个性解读和共性解读的统一。一是不能极端化解读，二是不能将老师的个人感悟强加给学生，三是对文本的解读不能超越学生的实际认识水平。

第七，一定要把文本解读的功夫下在课外。老师要有一桶水，才能给学生一滴水。因此一定要在平时多下功夫，要积累各种各样的素材作为文本解读的材料。

以上七条，是我对文本解读的几点建议。希望大家都能在真语文理念的指导下解读好文本，上好语文课。

## 小学写作教学十建议

小学语文老师如何指导学生写作，我提出十条建议，供大家参考。

第一，写作教学是语文教学的一个重要环节，是听说读写的核心内容之一。每一位语文老师都要重视培养和提高学生的写作能力。

第二，写作教学的基本要求是教学生说真话、写真文、诉真情。老师一定要引导学生在写作实践中抒发真情实感。凡是写假话、抒假情的文章，不管写作技巧多高、用词多美，也不能给高分。

第三，对小学生的写作指导主要有两种形式：一是随堂学写，即课堂上开展写句子、写段落、写话练习等；二是开设专门的写作课，学生集中进行写作练习。概括起来就是"随堂学写，随文学写；集中练习，具体指导"。建议在集中写作课上，老师的指导不要超过一堂课的三分之一，给学生充分的写作时间。我特别不赞成在写作课上集中讲写作知识。

第四，集中指导学生写作时，建议以非文学性体裁为宜。老师尽量不要在课堂上让学生集中练习写作诗歌、小说、散文等文学性体裁的文章，这与艺术创作规律背道而驰。小说、诗歌等的写作主要是随感而发，不是在一段限定时间里能创作出来的。

第五，无论用什么方法指导写作，都要坚持实践是检验真理的唯一标准。学生写出来的作文是检验老师教学方法对与错、正确与否的重要标准。真语文活动中，我在每节课后都现场检测，比如让学生写一篇小作文描述刚刚上过的课。学生的写作水平很好地检验了老师的教学方法是否有效。

第六，指导小学生写作文，一定要与学生的生活实际相结合。学语文是为了用语文。语用学的观点认为，词语只有在语境当中才能发挥出作用。现在的学生大多不爱写作文，根本原因就是老师总让学生写很大、很远，看不见、摸不着的事物。张赛琴老师的课之所以吸引孩子，就是因为她让学生写生活，写学生身边的人和事。

第七，语文老师不仅要教给学生写作方法，还要教学生用这些方法来写作。我不赞成一节课讲很多种写作方法，其结果是学生可能一种也学不会。我提倡一课一得、一课一练，学生不仅要会用这种写作方法，还要用得好。

第八，指导学生写作有许多具体的操作技巧，其中一个非常有效的方式就是创设情境。张赛琴老师和徐俊老师讲课，就运用了创设情境、开展体验活动的方法，激发学生写作兴趣。类似这样的办法还有很多，请老师们注意吸收、学习和总结。

第九，真语文特别强调听说读写同步推进。这个结合体现在两个方面，一是常规课上都要做到听说读写整体推进，由听及说，由读及写；二是在专门的写作课上也要注意把听说和读写有机结合起来。

第十，老师评价学生的作文时要具体指导、综合评价，包括评价字、词、句、段、文章结构、语言风格等。点评一定要具体，不应泛泛而谈。贾志敏老师讲课时，学生发言或者写作文时有一个词用错了，甚至有一个逗号用错了，他都会及时指出来。即使老师的评价只有一两句话，但只要说到了点子上，都比写一堆空泛的话要好。

总而言之，写作教学在语文教学中、在听说读写四环节中是综合性相对较强的部分，因此更需要语文老师的教学智慧。老师们要不断学习、思考，才能把这十条建议落到实处，才能提高指导学生写作的能力，让学生爱上写真作文、爱上真语文。

## 口语交际要从小学抓起

过去没有专门的口语交际课，它是 2001 年课程改革之后新增的一种课型，因此许多老师不习惯，也不喜欢上口语交际课。我到很多学校听课，问一到六年级甚至中学的学生是否上过口语交际课，回答基本都是没有上过。语文能力包括听、说、读、写四个方面，但现在学校教育大都把主要精力放在了后两项上，或者说只放在了"考"上。这是违反课程标准，也是违反语文教育规律的。其实，古人很重视"说"，"苏秦游说六国""晏子使楚"等故事都告诉人们语言的力量。因此，语文老师必须给学生上口语交际课。

口语交际课怎么上？我们之前提出了真语文课的"十二字标准"——依课标、持教材、重学情、可检测，这同样也是口语交际课的教学方向和标准。

《义务教育语文课程标准（2011 年版）》对口语交际的学段目标和内容都有明确的说明，并且有专门的教学建议，如"口语交际是听与说双方的互动过程。教学活动主要应在具体的交际情境中进行，不宜采用大量讲授口语交际原则、要领的方式。应努力选择贴近生活的话题，采用灵活的形式组织教学"。课程标准是语文老师教学的"法"，口语交际教学首先要严格遵循课标的要求，在教学内容、目标、方式的设计上循课标而行，不能随意施教。

现在不少版本的教材都编排有口语交际的内容，不管用哪个版本的教材，都要先把教材的要求、思路和重难点理解、消化了，再去讲课。以语文版修订教材为例具体来说，我们在修订过程中，坚持口语交际教学在语文教育中的主要地位和作用，并且注意与学生的实际生活相贴合，这不仅体现在每个单元后单列的口语交际内容、课后练习上，也体现在学生练习册上。比如一年级上册的《学习打电话》《说说喜欢的玩具》，目的是让学生有话说且爱说，并引导他们学会使用谦辞敬语，学会正确表达。教师教学以教材为依据，把教材的编写意图吃透、弄懂，才不至于偏离方向。

依课标、持教材都是硬性要求，是必须严格遵守的；重学情则需要教师灵活掌握，随机应变。比如我上课前了解到学生基础很好，并且在与他们聊天儿时确认了这一点，于是就根据这一学情调整了上课的内容——增加了一些谦辞敬语的知识，加大了一些问题的难度。否则，学生在这堂课上很难有新的收获。教学应该让学生在课堂上"跳一跳""够得着"，这需要教师对学情有精准的把握。教材每篇课文后都有练习题，我建议老师们在课堂上拿出五分钟，考查学生是否会做这些题。至少要有80%的学生会做，这是最基本的要求。如果上完一堂课，大部分学生连课后练习题都不会做，不管这堂课老师讲得多么好、教学理念多么先进，也是不合格的。教学，最后一定要落到实处，即学生有所得。

关于口语交际，我认为需要特别强调几个基本原则。第一，让学生从敢说到爱说，再到会说，循序渐进。先不要教技巧，鼓励他们先把嘴张开，爱上说话，对于一年级的孩子尤其如此。第二，要讲普通话。第三，听说一体，听是说的基础与条件，学会说从学会听开始。第四，说真心话，表真感情。第五，融入语文学习中，与专门学习相结合。第六，口语交际训练要符合生活实际。

现在的老师们大多不爱教口语交际，原因大抵有两方面：一是考试不考，二是口语交际确实难教。然而，就像一个人的某个器官一直不用，其功能就会退化一样，如果学生说的能力一直得不到训练，他们就会越来越不会说，越来越不敢说。因此，我反复强调，口语交际对学生语文素养的提升十分重要，应该从小学抓起。请大家记住，现在考试不考口语交际，但终有一天会考。我这两年一直在呼吁高考语文增加口语交际考试。在有生之年，我还会一直呼吁下去。

## 口语交际教学"八须"

关于口语交际教学，我说八个"必须"，供老师们参考。

第一，语文课必须要讲口语交际，而且必须从一年级开始讲。其中有许多原因，但最重要的一个原因就是《义务教育语文课程标准（2011 年版）》对口语交际提出了明确的要求。语文教学有五大课型，其中一个就是口语交际，因此每一位语文老师都要把口语交际与识字写字、阅读、写作、综合性学习放到同等重要的位置上。口语交际是人们生活中最基本、最重要的能力，不能没有。从某种角度来看，它甚至比阅读、写作能力还重要。人可以不阅读，也可以不写作，但如果不会说话，不会交际，就很难称为一个完整、健全的人。

第二，口语交际教学必须是两种形式——渗透式和专门式教学相结合，任何一种形式都不可偏废，也不可省略。所谓渗透式，是指每一堂语文课，无论是阅读、写作还是其他课型，都要将口语交际的内容渗透进去。同时，还要有专门训练学生口语交际的课，要按照教材和课标的要求，每学期至少拿出四到六个完整课时，专门上口语交际课。

第三，每个学生乃至每个中国人，都必须提高讲故事的能力。讲故事是一种非常重要的语文能力。习近平总书记上任以来，多次在国内外不同场合的讲话中反复叮嘱，要讲好中国故事。在刚刚举行的中国文联十大、作协九大开幕式上，习总书记发表重要讲话，明确地说"中国不乏生动的故事，关键要有讲好故事的能力"。长期以来，从小学到中学再到大学，语文教学中常常把讲故事当成一种可有可无的能力，缺乏系统训练，缺少概括性、知识性的讲解。这是非常错误的观念，必须要改。

第四，讲故事能力必须从小学开始培养，从一年级开始培养。近些年来，我给不同地区的公务员做过多场培训。不客气地说，我所接触到的这些公务员，无论何种行业，无论职位高低，大部分人都不具备讲故事的能力，甚至不知道什么叫故事语言。原因是什么呢？他们在小学、中学的时候，没有接受过这方面的训练，没有培养起讲故事的能力，成年以后想要再学习、再提高就很困难了。因此，学讲故事必须从孩子开始，必须从语文课上开始。

第五，语文课必须要教讲故事。尤其要注意的是，语文课上教讲故事，老师不能想怎么教就怎么教，想怎么说就怎么说，而是要有标准，并且是唯一的标准，那就是教育部颁布的《义务教育语文课程标准（2011 年版）》。比如我讲的一年级口语交际课《听故事·讲故事》，是第一学段的教学，课标对其有明确要求："听故事、看音像作品，能复述大意和自己感兴趣的情节""能较完整地讲述小故事，能简要讲述自己感兴趣的见闻"。尽管我这堂课存在很多问题，但最关键的方向是对的——让学生完整地讲故事。

第六，语文课上教讲故事必须"依教材"。我今天用的是语文版修订教材，其中对每堂课的教学内容有明确要求；老师要做的，就是把这些要求具体化。比如《听故事·讲故事》，教材中有三个要求。第一个是"认真听，边听边记：故事中有谁？他们在什么地方？发生了什么事"。第二个是"讲的时候要用普通话，注意把故事讲完整"。对于一年级学生，老师要告诉他们，说了时间、地点、人物，以及事件的经过、结果，就叫完整。第三个是"评一评：谁讲得好？好在哪里"。今天这堂课，就是完全按照教材要求进行的。

语文老师必须持教材来授课，我们的工作就是将教材的内容课程化、具体化。一个好的语文老师，其优秀之处不在于有高深的知识，而在于能把教材内容具体化，并在课堂上体现出来。

第七，语文课上教讲故事，必须依据学生在课堂上的接受程度和实际情况来决定教学内容，要把以学生为主真正体现在课堂上。讲《听故事·讲故事》一课，我本来准备了六张图片，但课上没有全部拿出来，就是考虑到学生的接受程度。另外，我本想让学生结合今天课堂上学到的表达方法，讲讲身边的故事；后来我看这个班的学生年纪太小，提高难度有些为难他们，就果断地舍掉了这一环节，只是把它作为一项课后作业布置下去。

我要给老师们提个醒：如果我们把磨了不知多少遍的课拿到台上再教一遍，那就是弄虚作假，会在学生幼小的心灵里埋下"假"的种子。我坚决反对这样的"假课"。我主张，不管什么样的孩子到台上来，我们都要真正利用这四十分钟给他们一点我们能给的东西。

第八，每堂课必须坚持"一课一得，一得一测"的原则。如果一堂课讲完，老师不知道该测什么、怎么测，我认为这就是方向不对，这堂课就不是合格的语文课。有人说，上语文课是一个反复的过程，因此有些课没有可测试的内容。我不同意。一堂课上有很多要反复强化的内容，这样的课，目的就是巩固知识。上这样的课，也要一课一得，且可检测。我今天讲的这堂课，重点是训练学生讲故事的能力，其中涉及的听说读写训练，都是

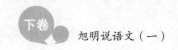

需要反复进行的。这堂课最重要的一点，就是让学生知道什么叫"把故事讲完整"，讲故事至少要讲出时间、地点、人物、事件的经过和结果。

# 我为什么重返讲台上语文课

2008 年我出任语文出版社社长。由于工作的关系，我开始重新接触中小学语文教育，特别是走进了学校和课堂，了解了语文教学的现状。应该说，中华人民共和国成立以来，我国语文教育取得了很大成就，比如推广普通话和简化汉字，提高全民族母语文化素养等；九年义务教育水平的整体提高，离开学校语文教育也是不可想象的；特别是截至 2015 年年底，全国普通话普及率已经达到 70% 以上……所有这些成绩的取得都与学校语文教育密不可分。然而，同样毋庸讳言，我国语文教育尤其是语文课堂教学存在着很多问题，社会、家长和学生都不满意。有调查表明，学校中语文课是最不受学生欢迎的一门课，而事实上从小学、中学到大学，语文课是占用课时最多、学生学习时间最长、各方面投入最多的一门课，效果为什么不尽如人意？原因很多，我认为，当前学校语文教育最大和最突出的问题是：没有按照语文教育规律教学，时时背离语和文的特点，背离教育部颁发的语文课程标准的基本要求，忽视语文课程工具性与人文性统一的特点。这既是学校语文教育存在的主要问题，也是学校语文教育水平不高的重要原因。基于此，在党的十八大精神指引下，2012 年年底，我们联合全国三十二所中小学校共同发起真语文大讨论，并发布了《聚龙宣言》。宣言明确语文老师要在本真语文的旗帜下，教真语文，教实语文，教好语文。

《聚龙宣言》的提出，是我对真语文理念的理性认识积累。几年来，我努力将这种理性认识通过几十场全国活动、几百堂教学研讨课和真语文大师的现场讲授付诸实践。

可以说，提出并实践真语文理念，尽自己最大努力影响语文课堂教学，从而动员更多老师解决存在的问题，是我眼下最大的愿望。经过几年的理论研究和推动，我自己也走上课堂，并把我的课堂当作真语文理念的实践模板之一。

# 教材编写者应该走上讲台

按照教育部的相关要求，从 2014 年开始，我参与并担任语文版修订教材的主编。在修订工作中，考虑到我国教材编写的实际，我特别强调对选文本着"三个不动"的原则，即重大重要题材的选文不动，涉及爱国、英雄人物和重要历史人物的选文不动，在历史上有重要影响的作者比如鲁迅等的选文不动。同时，我们把修订的重点放在练习题、口语交际、写作、综合性学习的题目设计和内容要求上来，将立德树人的根本要求融入教材修订中。本着这样的指导思想和原则，在语文教材的修订过程中，我深深感到，按照课程标准的要求将语文工具性与人文性的统一呈现在教材中多么重要，又多么不容易；我还深深体会到，一位编写者拥有课堂教学经验，对于课后练习设计等教材编写具体工作有很大的帮助。为此，我一方面努力挖掘自己曾经的教学工作经验，尽可能地开辟阵地、创造条件、鼓起勇气走上讲台，增加自己上讲台的新鲜感受，以便将其更好地反哺到语文教材修订工作中；另一方面，又动员语文出版社小学部主任、中学部主任和几位年轻编辑尽可能走上讲台。上过课的年轻编辑们一致认为，走上讲台的切身感受让他们对如何编好教材、服务一线有更深的理解。

我之所以也走上讲台，是为编写和修订教材服务，也为验证自己编写和修订的教材是否符合教学一线的需求。把这两个方面做好，才真正实现了为语文老师服务的目标。

同时，我想借此带动更多语文教育工作者，包括教师、教材编写者，特别是语文教育研究者走上讲台，接触实际。从当前的实际看，一些教材编写者脱离教学一线，或者根本不了解教学实际，设计的练习题和其他内容很难发挥出指导作用，这无疑加大了语文教学的难度。最近，社会各界十分关注语文教材篇目的选择。其实，稍稍了解教材编写业务的人都清楚，选文固然重要，如何设计练习和其他内容同样重要。换句话说，教什么重要，怎么教也同样重要。怎么教就体现在选文之外的教材内容中，包括练习、口语交际、写作和综合性学习的设计。遗憾的是，这些内容的设计还未得到广泛重视，也未被语文教学界所重视，这是我们应该努力改进的。我想，改进的重要措施和办法之一就是紧密联系教学实际，精心设计选文之外的其他内容，这无疑对教材编写者提出了更高要求。我作为一名教材编写者，愿意在这方面努力实践，增加自己对课堂教学的直观感受，提升多方面的素养，努力打造一套老师们喜欢用、用得上和用得好的语文教材。

## 我为什么重返讲台

阔别讲台三十年以后，我最近又重返讲台，给一年级学生上了一堂口语交际课《学习打电话》，给七年级学生上了一堂阅读课《老王》。以我的年龄、经历和资历，再回到讲台给孩子们上课，是想评高级教师职称吗？当然不是。是想获得大师的称号和其他社会声誉吗？当然也不是。而且，这还可能给自己带来麻烦，因为我毕竟离开讲台多年。

我为什么重返讲台，理由有很多，包括努力探索真语文理念的实践之路，让绝大多数一线教师可学、能学，有方向、重实效，为了把教材编写得更加符合教学实际，等等。以习近平同志为核心的党中央高度重视语言文字工作，多次强调要把社会主义核心价值观教育融入各级各类学校课程中，推广国家通用语言文字，努力培养爱党爱国的社会主义建设者和接班人。刘延东同志在纪念《国家通用语言文字法》实施十五周年暨国务院发布《关于推广普通话的指示》六十周年座谈会上的讲话中，再次强调语言文字事业在社会主义现代化建设中的地位和作用。她指出："扶贫首要扶智，扶智应先通语""强国必须强语，强语助力强国"。教育部副部长、国家语委主任杜占元同志要求全国语言文字工作者把学校教育当作重要阵地，在学校语言文字教育方面，多想些办法，努力创新。作为一名语言文字工作者，我努力践行各级领导提出的要求，努力不负使命，这是我走上讲台最大的精神动力。

2016年的里约奥运会，被国人关注的不仅仅是冠军，还有一位非冠军获得者傅园慧。我们从习惯以单一方式表达的运动员中发现了一个语言特别幽默、表情特别丰富、情感特别真实的女孩子，这其实不应该是个例，而应成为普遍。"傅氏表达"成为个案被全民热议，这从一个角度说明我们的语文教育亟须改变和提高。中华文明有五千多年的历史，从《诗经》开始算起也有两千多年，这联系着文明的纽带就是汉语言文字，就是我们的母语。在我们的历史上有多少文人墨客，又有多少智者，还有数不清的能言善辩者，这是文明，也是文化，更是国家软实力和硬实力的综合体现。今天我们要讲好中国故事，需要从娃娃抓起，从母语教育开始，从上好每一堂语文课开始。带着这样的情怀，带着自己多年来对学校语文教育的研究以及听了几百堂语文课的深切感受，也带着每一次真语文活动后许多语文老师的疑问、期待和求索，跟着真语文大师们的脚步，我重返了讲台。说实话，我深知重返讲台上课十分艰难，其效果究竟有多大，有许多未知数。感谢众多学校老师的支持、鼓励以及批评，这既使我温暖，又使我清醒。我将继续坚定地走下去，为我国学校语文教育事业"知行合一"做出贡献。

——"路漫漫其修远兮，吾将上下而求索！"

## 讲课是为了"抛砖引砖"

真语文理念并非我的发明创造，也并非什么了不得的理论，只是针对眼下存在的不足，我所强调的语文教育的一个方向性问题而已。多年来，特别是真语文活动开展以来，从小学到中学，有不少闻名全国的大师、名师加入并亲身示范，所到之处、所讲之课引发听课老师轰动，成为他们向往和争相模仿的目标。这些真语文大师通过语文教育实践，有力地诠释着真语文理念，这再次说明真语文理念有着深厚的实践基础；同时我也深深感到，这些大师们的弟子不少，但真正出师并能广泛成为绝大部分语文老师可行可效之人的却寥寥无几。原因可能有许多，但我想最主要的是，大师们的课大都带有明显的个性特征。大师们经过多年历练，从内容安排到环节设置，从授课语言到教学智慧都太高超了。我发现，对大师们的精品课，老师们更多的是赞叹和羡慕，有些甚至是有点盲目地简单模仿。这样不仅很难学到精要之处，而且如果方向没有调整过来，还会越学越糟。

几年来，我们通过真语文活动也发现或培养了十几位中青年老师，如王丽华、钱娟、焦丽辉、徐俊、欧鹏举、孟庆宇等，但还是没有解决大面积、多人次提高语文课堂教学质量的问题。换言之，普遍提高老师们的教学水平还是一个瓶颈。看来，用名师引路推广的办法很有局限性。为了引导老师首先解决方向性的问题，也为了给老师在"从地到天"的过程中搭建一个阶梯，我拿出了自己的示范课。打个比方，大师们讲课是为了"抛玉引玉"，而我讲课旨在"抛砖引砖"，所谓"砖"就是真真实实、可学可效的真语文课。每一位语文老师应先当这样的"砖"，再向大师们的"玉"的方向努力。毫无疑问，大部分语文老师都成为大师不仅不现实，而且不可能，而绝大多数老师像我这样实实在在地上语文课，则完全是现实和可能的。

## 我为什么教口语交际课和《老王》

在给一年级的孩子上课时，我选择了一堂口语交际课《学习打电话》，为什么呢？这要从几年来真语文活动的推广说起。我在这几年的真语文推广和研究中发现，我问到的几乎所有的学生都没有上过口语交际课，无论是一年级还是七年级。尽管语文课程标准中把口语交际列为语文教学五大板块之一，从小学到中学的各学段，课标对其既有学段要求，又有总的目标要求，但中小学校普遍未开设口语交际课。分析起来，原因可能有很多，比如口语交际不考试，又比如有的老师认为口语交际可以放到课文学习中，还有的专家认为口语交际就不该是课堂教学内容。然而，按照现行的课标要求，给学生专门上口语交际课恐怕是学校语文教育躲不过去的，况且口语交际无论对语文教育的内涵来说，还是对学生实际生活需要来说，都是必不可少的。长期以来，受各种因素尤其是传统文化的影响，我们对口语十分轻视，提高中小学生口语交际水平迫在眉睫。

我在一年级口语交际课《学习打电话》的教学设计中，按照教材的要求，引导学生读书，明确打电话的要求，并努力让学生在实践中学打电话、爱打电话。我将几种打电话的方式渗透其中，从问候到求助，最后到祝福，还有突发情况的电话求助等。在教学中，我还力图将立德树人的要求融入语文教学中，比如一位同学没来上课，其他同学要关心，将关心他人的品质渗透进去；再比如，引导学生用打电话的方式为爷爷奶奶、爸爸妈妈送去祝福，将尊老的美德渗入其中，等等。特别值得一提的是，我面对的是一年级的孩子，在他们基本掌握了祝福话语后，我戴上爸爸的面具要求他们用别人没说过的话祝福"爸爸"，引导学生用自己的话表达，学生热情很高，有说祝爸爸长命百岁的，有说祝爸爸减肥成功的，等等。现场气氛热烈，引得听课老师开怀大笑，这再次说明每一个学生都有表达的诉求，关键是老师如何启发、引导、调动和不失时机地传授知识。

之所以选择口语交际课《学习打电话》做示范课，还因为在这几年的真语文活动中，我发现很少有小学老师讲口语交际课。我讲完后，现场听课的钱娟等老师表示，他们也要讲口语交际课，我特别高兴。

我的七年级示范课为何选《老王》？老师们普遍觉得作家杨绛的《老王》一课难教，学生不容易把握，选择《老王》就是力图实现我一直倡导的深文浅教、长文短教的理念。我一向认为，真正的语文老师不应过分在乎文本、强调文本内容，而应无论面对什么样的文本，都能够根据学生的实际情况和教材要求给出一个或几个知识点，让学生一课一得。

按照教材要求，我把《老王》当作复杂的以记人为主的记叙文来讲，这实际上就降低了教学难度。我从题目入手，说明"老王"是一个词组，旨在将语文知识渗透进教学过程中。教学中，我让学生把速读和精读结合起来，旨在训练学生学习两种不同的阅读方式。速读时，我让学生标出自然段落和故事、人物的结局；精读时，我把课文后边的练习题目分解成三个问题，让学生边读、边思、边答。在分析问题时，我让学生从结构入手，把课文分成两大部分，将记人和感受相结合，为今后学习记叙和议论的表达方式奠定基础。在分析课文时，我按照课后练习要求，牢牢抓住五个关键句和最后一段，让学生把五个关键句的含义批注在课文中，最后重点分析了"愧怍"的含义，还将中华优秀传统美德，即知识分子的自省精神渗透其中，旨在对学生进行润物无声的思想教育。

## 【链接·微谈】

• 2016-8-7 13:43

＃真语文＃里约奥运开幕日，全国真语文活动天津站进行时，巧了。在天津站我第一次登上小学语文讲台，为一年级孩子们讲口语交际课《学习打电话》。为什么？一是口语交际特别重要又少有人讲，二是引导老师用好教材，三是让学生在实践中学语文，四是告诉老师们如何将思想道德教育融入语文课。课上完了，自己给自己打六十分吧。这堂课孩子们学会了用电话方式问候、求助和祝福："祝爸爸减肥成功""祝妈妈越来越漂亮""祝爷爷福如东海长流水"……一个个有个性的祝福让人高兴；"妈妈昏迷怎么办""迷失方向怎么办"，一个个求助电话让人对生活化语文充满向往。真语文，真好！

• 2016-9-24 10:36

#真语文#阔别讲台几十年再重返讲台，与其说源于热爱，不如说源于不满：不满学校语文教育的现状。给刚刚升入二年级的孩子们讲教材上的口语交际课《学习打电话》，没有想到，上了一年语文课的学生们竟没有上过口语交际课。我先告诉孩子们语文的"语"字就是"说话"的意思，然后让他们读教材，看书上是如何要求的，接着实践，用电话问候、咨询、求助和祝福，学生们可活跃了，抢着说，我提高了难度：不许重复其他同学说过的话，这一下举手的人少了，但表达水平高了，更重要的是孩子们有了一点说不同的话的意识。最后，我设计了一个骗局，让一个孩子开门把钱给我，三两下，孩子真要把门打开，全班孩子们齐呼"不要开""不要开"，我顺势总结：孩子们，打电话还要防受骗哪！一堂课下来，孩子们读教材、用教材，提高了口语交际水平，真好。

• 2016-9-25 08:42

#真语文#老王讲《老王》，巧合。给刚刚上初中的七年级孩子讲杨绛先生的《老王》，是挑战。我秉持的观点是：全国的语文老师，无论你是什么流派、名头多大，也无论你个人见解多深刻独到，你的课都必须依课标、持教材、重学情、可检测，上真语文课。据此，我把重点放在题材与体裁上，重点放在结构分析上。考虑到学生刚刚入中学的实际，我降低难度和要求，以略读和精读相结合的方式，通过"课文哪些段落是记叙老王，哪些段落是写个人感受的"，通过"哪几件事写老王是一个什么样的人""'我'对老王没做错什么，'我'为什么愧怍"几个主要问题，引导学生读文本解疑惑。课堂一环扣一环，让孩子们既感到有熟悉的记叙文的影子，又让他们苦苦琢磨"愧怍"，我顺势点拨并融入中华反省文化的渗透，学生们若有所思，学有所得，实现了我的教学目标。检测结果如何呢？我的同事还在阅卷中。孩子们，记住那个老王，也记住这个老王啊！

• 2016-10-28 07:55

#真语文#为刚刚升入七年级的孩子们讲《乡愁》：从"秋"字引入，从体裁、结构和表现手法解读，将内容理解融于表现形式之中，从训练学生语文能力和提高学生语文素养着力，实现了我定下的学校语文课应实现"依课标、持教材、重学情、可检测"的目标，真的讲了一堂真语文课。

四节诗什么关系？语文课必须通过字、词、句、段的分析引导学生理解内容。孩子们很快知道从时间上说是顺接关系。我接着问：从空间上看又是什么关系？以邮票和船票连接的"这头""那头"和第三节以坟墓寄托的对母亲的哀思层层深入，什么样的愁比母亲之死还让人愁？引出第四节对不能见大陆母亲之愁。我问学生：从空间上看，四节诗是什么关系？学生很自然答出是递进关系，我再简介作者和创作的时代背景，引导学生好好学习，为实现祖国统一而奋斗，将思想教育融入语文学习之中。最后，让学生理解并运用本诗中用邮票、船票、坟墓和海峡这样的具体事物表达抽象情感的方法，我当堂以《秋》为题写了几句诗表达对孩子们的想念，几个孩子也试着说了"如落叶""如枫树"之类，可惜，该下课了。看着他们冥思苦想的样子，我乐哉：让学生爱学语文、善用语文，余生，死磕于斯！

可爱的孩子们，围着我要签名，还要电话号码，太可爱了！

• 2016-12-11 12:38

#真语文#这几天没了微博微信，没了"明思""明态度""明说教育"，我干什么去了？这几天到泉州举办全国真语文活动去了。由于有年终总结加之语文版教材培训等内容，容量好大、压力好大、意义好大，因此，好累，少有的累。按照一年级下册语文教材的要求，我上了《听故事·讲故事》。孩子们太好了，面对教材设计的大象救青蛙的故事，听得认真，讲得有创意。我重点告诉孩子们如何将故事讲完整，他们争先恐后学着讲，以至于我把事先预设的让孩子们讲讲身边的故事这一重要环节都忘记了，被孩子们牵着走了很远。这成为这堂课的遗憾，下次要改。

# 第八章　真语文理念指导下的考试评价

【观点摘要】

○不仅仅在高考,而且在各地的中考以及各类考试中提高语文的比重,降低其他相关学科的权重,我是很赞同的。起码从某个角度说明语文学科的重要性。

○在语文中考和高考中,一定要增加听力考试,不能一张卷子一支笔定终身,这是目前语文考试的严重缺陷。很多人以为语文考试不需要考听力,实际上则不然,我们完全可以借鉴英语的考试模式。

○近几年高考作文题目,除少数外,大部分依然如故,堆积陈旧甚至无聊无趣的材料,离火热的现实生活没有更近,而是更远了。那好,我们就换个角度,高考作文离现实远,能不能离思想近些呢?

## 不主张高考改革简单增加语文分值

**记者:** 王社长您好,首先感谢您接受搜狐教育的专访。近期各地都在酝酿新的高考改革方案。尤其是北京卷语文分数提升,英语分数降低。那么,对于这轮从英语入手的高考改革,您是如何看待的呢?

**王旭明:** 北京市高考改革的方案尽管还在征求意见的过程中,但我还是很高兴看到我们的高考在改革,应该说北京市的高考改革终于迈出了这一步,我个人是很支持这一步的。尽管我们还有很多步要走,尽管还需要不断改进和完善,但是这一步迈出来了,要比没有迈出好。

那么，迈出这一步有几个核心内容，其中一个是降低英语的分值和权重，增加语文的分值和权重。首先我非常赞同降低英语的分值和权重，那么是不是应该增加到语文上头来？我个人认为，当前我们国家语文教学的现状很不理想，还存在很多问题。因此我个人不太主张简单地把降低的英语分数增加到语文上头来，我希望语文教学改革，包括教材，包括教师，包括语文教学的评价。这个改革需要一个过程，在这还没有完成的情况下，目前降低了英语的分数，拿出来给谁呢？我个人有一个主张，应该给国学。

我特别希望我们从小学一年级开始，甚至学前班开始进行中华民族优秀传统文化的灌输。降低的英语分数增加到这上头来，我是很赞同的。《诗经》《论语》《三字经》《弟子规》《世说新语》等经典现成地摆着，还有那么多寓言、那么多传说，优秀的中华文化的宝库太丰富了，选出来一些让学生记，让学生背就好了。

记者：也就是说其实更应该加强国学教育。

王旭明：对，不能简单说语文，因为现在语文和国学还不是一个概念。

记者：业界也有人说语文分值提升有可能反映我们对母语教育的重视，您觉得这种方式能否真的成为加强母语教育的举措？

王旭明：我倒是认为分值增加到国学内容上来，是提高母语教育的一个非常有效，而且非常必要的措施。如果简单地把分值增加到语文上来，恐怕还不能达到同样的效果。就像我刚刚跟您说的，现在语文教学、语文考试、语文教材、语文老师都存在很多问题。在存在这么多问题的情况下，把不合理的分数拿来给不合理的学科，等于一个不合理转到另外一个不合理，其结果必然还是不合理。因此我建议转到国学上，由不合理转到合理上来，那一定是合理的。

记者：其实在我们进行高考改革的同时，日本也做了一个改革，但是他们的改革正好和我们相反，他们强化了英语教育，把小学的英语教育提前到了小学三年级和四年级，对于这一情况您是如何看待的？

王旭明：日本所谓的强化是提前到小学三年级，对吧？但是你知道我们提前到什么地方？可不是三年级，是学前班。孩子刚进幼儿园，甚至一出生就开始学"ABC"。即使我们减下来了，从四年级开始，跟日本一样这是一个方面。另一方面，我觉得日本的语言和汉语的语言体系不一样，

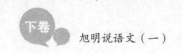

要考虑两种语言特点。第三个方面，我觉得我们国家五千年的文化，历史这么悠久，宝藏这么丰富，日本恐怕难以企及。

（《王旭明：中国教育存在最大问题是提高质量问题》，
搜狐教育，2010年1月31日）

## 语文考试应听说读写并重

记者：我们知道我国的高考政策有一些调整，其中之一就是语文科目的难度要比以前提高很多，其他科目的难度相应地有所降低。面对这样的政策调整，您认为未来语文教学改革将会向哪里去？

王旭明：您很敏感，捕捉到了高考这个话题。不仅仅在高考，还在各地的中考以及各类考试中提高语文的比重，降低其他相关学科的比重，我是很赞同的。这起码从某个角度说明语文学科的重要性。我一直有一个观点，在学校的所有学科当中，或者是在考试的所有科目当中，语文学科是最重要的。对于每一个中国人来说，学习好语文是必须的。对于其他学科，你学好了，更好；学得不好，没关系。但是作为一个中国人，必须学好中国话，必须学好语文。

当然，现在语文还存在着很多问题，有很多不尽如人意的地方需要改进。这些地方，包括教材的问题、教学的问题、教师的问题，也包括考试的问题，等等。

您说高考或者其他类的考试语文的比重增多，我认为除了在笔试之外，还应该增加听力测试。比如我说一段话，你听懂了没有，是否明白我这段话说的是什么，要增加这样的练习；还要增加说话的检测，比如我让你表达，等等，通过不同形式的"说"，来检测你的语文能力。简而言之，不能用一张笔试的卷子来检测学生的语文水平，一定要听说读写全面结合。

（《王旭明："假语文"消失之时，就是"真语文"退出之日》，
新华网黑龙江频道，2015年4月20日）

## 语文考试应增加听力测试

记者：目前国内初中、高中的语文教学鲜有开设口语交际课程的，这

与国家制定的教学大纲的要求是背道而驰的，对此您怎么看？

王旭明：对此，我觉得非常痛心。语文教育必须增加口语内容。口语对于一个人的成长起着非常重要的作用，口语是书面语的基础，发展一个人的口语能力，就是培养一个人的基本语文素养。此外，全社会的语文能力都有待提高。比如造成当下医患、官民、警民关系紧张，与我们说话水平不高有关。

记者：真语文的课堂为何把口语交际提到如此重要的地位？您的初衷是什么？

王旭明：在语文教学当中，识字、阅读、写作、口语交际一个都不能少，而目前为了应付考试，我们的语文课堂少了口语交际这一重要的抓手。在我看来，口语教学是语文教育不可或缺的内容，也是培养语文素养不可或缺的内容。不重视口语交际的语文课，就是违背语文教育规律的语文课，就是"假语文课"。

记者：您在做教育部新闻发言人时，是否有发言被误读的时候，这和口语交际水平有关吗？

王旭明：我在做新闻发言人的时候，有网民抨击我"中国的教育是成功的"的观点。我当时的完整说法是，判定中国改革是否成功的标准，是中国的绝大部分人是否从中受益了。如果是绝大部分人受益的话，就是成功了，如果绝大部分人没有受益的话，那就是失败了。我从义务教育的普及率以及高等教育毛入学率的增加来判定，在当时的历史阶段，中国的教育改革是成功的。再次回想此事，我的感受是，作为一个语文老师，责任重大，因为要培养有语文素养的学生和公民。有理性、有逻辑地分析一个人、一件事和一段话的能力很重要。

记者：在实际的教学当中，该如何按照课程大纲的要求提高口语交际能力呢？

王旭明：我呼吁，在语文中考和高考中，一定要增加听力考试，不能一张卷子一支笔定终身，这是目前语文考试的严重缺陷。很多人以为语文不需要听力，实则不然，我们完全可以借鉴英语的考试模式。我还呼吁，从现在开始，无论是大学的培养，还是各地对老师的业务培训，都应当增加

口语的内容。

（《王旭明：中高考语文考试应增加口语测试》，
中青在线，2016 年 4 月 6 日）

记者：您曾说过一些颇具争议的话，比如"语文课本一半内容不该学"。现在您还坚持这样的观点吗？

王旭明：这些是在一时激愤之余概而论之的话，究竟有没有这么多，我并没有一篇一篇来统计。我想表达的是，修改语文教材的工作已经非常迫切了。我翻阅了很多不同版本的教材，发现语文教材的选文、练习、口语交际和写作的设计等，都存在很多问题。以语文出版社的语文教材为例，从小学到中学，新版的教材至少改动了 60％的内容。古诗文比重增加了，这不只是量的增加，还包括古今融合。练习的改革幅度也很大，我要求题目一定要明确，还要有拓展内容。其实除了教材，考试也要改，语文不能光考笔头，一张试卷写完就结束了。我认为要增加听力和口语的测试，英语都考听力，为什么语文不考？说不过去。

（《王旭明：语文课堂"假语文"泛滥成灾 老师要鼓励学生说真话写真文》，
《江南都市报》2016 年 4 月 1 日）

## 高考作文，能否离思想再近些
### ——评 2012 年高考作文

2012 年高考语文考试已经结束，各地作文题目仍在热议之中，除少数"砖家"大而全的不着边际的评述外，绝大部分不错。这至少说明人们对现实是清醒的，对未来抱有希望，是好事。

2009 年高考结束后，我写了博文《高考作文，能否离现实再近些？》，呼吁命题者站得更高些，角度更新些，其命题与现实斑斓多彩的生活、日新月异的变化接近些，再接近些。近几年的高考作文题目，除少数外，大部分依然在堆积陈旧甚至无聊无趣的材料，离火热的现实生活没有更近，而是更远了。那好，我们就换个角度，高考作文离现实远，能不能离思想近些呢？

什么是思想？思想就是人的所思所想，是一个正常人的思维过程。我说过这样的话：作文乃写文也，文乃形也，魂在思想，思想乃分析判断推理结论之过程也。新颁布的语文课程标准明确指出，语文教学就是要引导学生丰富语言积累，培养情感，发展思维。语文课程丰富的人文内涵对学生精神世界的影响是广泛而深刻的，学生对语文材料的感受和理解又往往是多元的。我以为这段话含蓄而深刻地囊括了语文的思想性，关键是如何理解。著名的语文教育专家孙绍振先生和语文名师韩军都将训练、考查学生的思维能力作为语文教学的根本和灵魂，我以为是非常准确的。因此，我说任何引发学生深刻思想的作文题目和素材都是好的，反之，弱化甚至负化学生思想的作文题目和素材皆为劣。

以今年高考材料作文为例。大家知道材料作文是作文教学的重要形式，也是开拓文路、启发智慧和挖掘思想的重要形式。今年的材料作文中，我最喜欢湖北卷，讨论的是科技的利与弊，书信可不可以被代替。寥寥数语表现出题目设计者站在时代前沿对未来的思考。当下人最缺思想，从作文开始锻炼、考查、评价学生思想，好！材料作文引发学生深刻思想已很难，再有点情趣就更难了。不得不说，上海人在作文题目的设计上再次表现出海派的聪明，玩儿出小资情调，妙！题目大意是人在成长中会有灵光闪现，但它被丢弃，日后在其他天才身上重现。对此，当然可以见仁见智，只要言之有理，思维符合逻辑。这题目有味道，其味道在于思想可深可浅。或前沿，或身边，且是开放性的、多元化的，有着活跃和丰富的思想内涵，可考查学生的思想力。

思想性差的作文题目大多主题鲜明、单一，学生思维角度受限且指向性强。如北京卷的高考作文，虽材料来源于真实的新闻报道，但内涵过浅，没有任何思辨性。题目讲的是铁路巡视员老计的故事。"老计一个人工作在大山深处，负责巡视铁路，防止落石、滑坡、倒树危及行车安全，每天要独自行走二十多公里。每当列车经过，老计都会庄重地向疾驰而过的列车举手敬礼。此时，列车也鸣响汽笛，汽笛声在深山中久久回响……大山深处的独自巡视，庄重的敬礼，久久回响的汽笛……这一个个场景带给你怎样的感受和思考？"应该说材料本身很好，但不适合当作高考作文题，不利于高三学生的思维锻炼。作文不只是考查学生写文章的水平，还要考查考生的思想和思维过程。根据这个素材，我想了半天，恐怕只有、也只能有肯定这位巡路员这样一个维度，也就是歌颂其高尚的品德和无私奉献精神，主题指向性很明显，考生容易写出主题突出的空洞文章，不易思辨。这既限制了学生的思维，又看不出高三学生应有的思辨能力。这样的作文题目给小学生或初一初二的学生做课堂练习合适，但用于高考作文明显分量不够。

值得注意的是，不少无病呻吟式的作文设计，空泛、浅薄且让人发笑。比如《你可选择生活的时代》，有网友说是让学生"玩穿越"，称"感谢你提供一个机会让我们回避现实"。汤因比期待穿越到公元一世纪的中国新疆，那时候的生活是否真的如我们想象中的优雅，不得而知。而今天的中国正在走向小康社会，面临诚信缺失等一系列危机，现在的学生无法回避。贵州、云南等八省区的挑秧苗材料太低智了，让学生点出放下顾虑的主题，这是高考吗？还有一个音乐家衣着朴素登台的材料，音乐家表演可素可华，无关深刻，更无关思想。何必装？浙江卷考的是《坐在路边鼓掌的人》，题目本身虽好，但我感觉太遗憾了。尽管时间紧，尽管卷子可能已印刷完，但临时改并非完全不可能。吴斌不是我们传统意义上的英雄，是个值得分析和思考的真正大写的人，他的平凡快乐、知足常乐、对父母的孝道和在关键时刻的镇定，等等，都值得分析。如我拟题，即为"我看吴斌"或"吴斌现象面面观"，答案要点为吴斌的职业精神、心理素质、淡定气质、幸福快乐、家庭责任观。多好啊！可惜，可惜了！

近年作文题目思想内涵之苍白、之浅薄、之无力，恰恰是当下语文教学和学校教育的真实折射和写照。试想，刚刚考完，某中学校长就奖励培养出状元的老师，让这样的校长培养学生的思想，简直是天方夜谭！在我听过的许多语文课中，我以为教师最缺乏的就是思想。说思想可能太文了，说得俗一点就是动脑子，不少老师张口就给学生结论，分析课文信马由缰，主题提炼不着调，如此教学，能培养出有思想的新一代才怪！

由于各种原因，要求高考作文离现实更近些可能还达不到，那离思想更近些总是可以的。如果也不行，语文就只剩下情感和字词句段了，而离开现实和思想的情感以及字词句段有何意义？看来，深化教学改革，深化语文教学改革迫在眉睫，再次呼吁！

# 期待高考作文回归和坚持现实题材
## ——评 2013 年高考作文

有记者问：今年高考作文题如何？我答：如同这连绵的夏雨，忧郁极了。一是题材远离现实生活，二是立意拘泥空间狭窄，三是思想浅薄之至，四是抑制学生思考、想象和多方面语文能力的展示及发挥。总的印象：勉强给六十分吧。唉！高考作文，让我拿什么拯救你？

在今年高考作文题的一片苍茫中，我看到的一束光亮是上海卷。上海卷题目沿袭去年的思辨风格，让学生从重要与更重要的比较论证中提出观点，有思想性，也给出思考路径，不错，这题目可以打八十分以上。大家知道，许多发达国家的考试作文题都是富有哲理、锻炼思想的，中国语文教育应跟上世界潮流。

该给八十分以上的还有四川卷。也许是几年内遭受汶川、芦山特大地震灾害的缘故，这个地区的人民学会了坚强，作文出题人也更有智慧，知道人的生活应该是平衡的而不是疯狂的，要达到精神与物质的平衡、GDP与文明的平衡、冲动与抑制的平衡。

其实，作为一名语言文字工作者，我更关心全民语言文字能力和水平的提高。我的这一理念与高考作文的宗旨并不完全重合，因为高考毕竟是选拔性考试，胜出与淘汰是其永恒的原则，据此，高考的题目偏、怪、难也就可以理解了。我所不解的是，命题者能不能站得更高些，角度更新些，其命题能不能与现实斑斓多彩的生活、日新月异的变化接近些，再接近些。

对于高考题目的设计和要求，素来众说纷纭，尤其是语文试卷中的作文题目和要求。这有点像恋爱中的人们，甲男夸奖乙女美妙，丙男却可以把乙女说得一无是处。当然也有相对性的标准，我以为这个相对性的标准在高考作文题目的设计和要求上尤为重要。因为这个标准不仅仅是对当年考生成绩的考查，而且对来年乃至今后若干年考生语文方向的引导和提升，都起着风向标的作用。而我，无论是作为一个语文工作者，还是作为一个教育工作者，乃至作为一个关注人类进步、社会前进的人，都坚定地以为，必须通过高考这样的"指挥棒"引导更多青年学子关心现实、思考现实、改变现实，有一种充满热情的、拥抱现实的人文精神和情怀。

这就是我评判作文题目的最重要的标准。在现实生活中，我深深感受到，伴随着我们社会的变迁，在我们社会巨大的转型期，存在一种很不好、也很可怕的倾向，就是远离现实、粉饰现实，在火热的现实生活中麻木不仁或束手无策，甚至逃避现实。有良知的人们在现实生活中可以感受到这一点，放眼望去，许许多多舞台文艺作品，反映现实并给人以启迪的也是寥若晨星。

有感于此，2009年高考时，我写了一篇博文《高考作文能否离现实更近些》，并为之呼喊着，祈盼着。2010年高考时，我疲惫而无奈的脸上露出了些许微笑，写了《一席关注现实的盛宴》。2011年我试写北京卷高考作文《包揽金牌可否再升华一层》；2012年，我在微博上呼吁设立"语文节"。年年有高考，先考语文高；可见其重要，会写会说好。在我看来，五类人更要学好语文：一是语文工作者包括教师、记者、编辑等，二是各级各类官员，三是各级各类所谓发言人，四是翻译，五是为人父母者。

看了一年又一年语文高考作文题，我更加坚信：当下孩子没啥问题，反而是老师有问题，老师没问题的话，那就是命题者有些问题，因为高考是指挥棒啊！高考出题再这样年复一年，不毁掉中国语文教育才怪！语文教育的唯一出路，就是回归语文的本来面目，找到出发原点，教真真实实的语文，考真真实实的生活！

说到底，我坚持我之前的看法，我们应该在高考中出这样的作文题目，如果考生时时关注火热的生活并不断地进行深入思考，那在参加高考时，作文就有把握拿到高分。反之，只埋头书海，读死书、死读书，"两耳不闻窗外事，一心只读圣贤书"，对周围发生的一切不闻不问，也不思不想者，在高考作文上一定会吃亏。这才是高考正面的、积极的"指挥棒作用"。

期待明年高考作文题对优秀现实题材的回归和坚持！

## 【链接·微谈】

• 2013-6-8　08:51

杨振宁、范曾与莫言那次漫谈纯属三位有水平的人一次失水平的闲扯，把一个失水准的闲扯片段拿来当考题更失水准。假如我是北京出题人，应该这样命题：2012年北京一场六十年罕见的暴雨致七十多人死亡，这样的事可以避免吗？如果不幸发生，领导该怎么办？答题要点：只要论点明确、论证过程完整即六十分，不给标准的统一论点；语言流畅，语文综合知识运用得当且书写工整加三十分；特优文加十分。

• 2013-6-7 23:06

我真奇怪，新颁布的语文课标明明写着语文要提高思想文化修养，促进精神成长，特别是要引导学生热爱生活、关注社会；高中语文课标更是明确要求培养学生独立思考、质疑探究的习惯，增强思维的严密性、深刻性和批判性。瞧，说得多好！这题出得咋这么差呢？

• 2013-6-7 19:27

北京卷真是老顽童：夷人爱迪生穿越至天朝，乃见一异物，人手持之，点点戳戳间，或傻笑或痴呆或疯癫，餐前必照之，餐后必阅之。爱氏不解，急求问，众曰手机也，可微博可微信。爱氏亦操之，多见已加密，遂苦研破解，以其神灵之脑超人之智，得解再登录，惊见：您已销号。爱氏悲，再卒。

• 2013-6-7 18:53

贵州甘肃等五省区考生啊，难为你们了！你们所答全国大纲卷的作文题是一个典型的伪命题。关于人际关系的命题，若深刻来论应由关系家们论，若浅薄来论根本就不值得论，是伪论。你们当中若有智者受各种制约恐难深刻，若无智者也可一、二、三如法炮制混个高分，但切莫认真。

• 2013-6-8 00:00

我假想自己拿到这些题目：上海卷、四川卷很深刻，我不怕；全国卷、北京卷太弱智，我也不怕。怕就怕云山雾罩、不知所云型：天津卷，我晕；湖北卷，我晕；湖南卷，我晕；安徽卷，我晕，我晕，我晕！向这些地区答得好的考生学习，我服了你们了，我怎么就不知道如何下笔？

**【链接·下水文】**

## 重要与更重要
### ——模拟2013年高考作文上海卷

一件事或一个人重要与否，从来都是相对的，世界上从来不存在绝对的重要。我的重要观是：判定一件事重要与否要根据自身的情况和不同的时间、地点、场合以及多种因素，判定的重要的事不要为其他所谓更重要的事所动，要一往无前。

对于一个学生来说，学习就是最重要的；对于一个身患癌症的学生来说，治病就是最重要的；对于一个身患癌症却又被治愈的人来说，学习且随时防止癌症复发就是重要的。对于一个步入婚龄的人来说，结婚就是最重要的；对于一个存在身体缺陷却仍要结婚的人来说，降低自身要求完成婚姻大事就是最重要的；对于一个存在身体缺陷、却在某一方面特别优秀的人来说，以优秀为资本绝不降低条件，也许是最重要的。上边的例子说明，重要与更重要都要根据人的自身情况而定，这是人生哲学，也是辩证地看待重要与更重要的一个维度。上面的例子还说明，每一个人在生活中都会遇到许许多多的事情，如何判定哪个更重要并据此顽强地拼下去，这是一个人一辈子能不能做成几件事的重要标志。对于许多考生来说，今天的高考就是最重要的事情。从学习到婚姻再到今天的高考，你可能都觉得俗气，那我就从大一点的方面来说吧。

我曾经做过教育部新闻发言人的工作。这个工作无论对于我还是对于许多人来说，都是一项全新的工作。但是，我从2003年那样一场由于不透明、不公开造成的民族灾难中，深深感觉到公开和发言的重要。因此，我把学习发言和努力当好发言人作为那一时期无与伦比的重中之重的工作。

赵启正老师给我上第一堂课时说的话最有分量："观点是政府的，语言是自己的。"太震撼了，我牢牢记在心间并努力实践。我知道，照本宣科和朗读文件是最容易的，但对于公开是不重要的。我以为，用自己的话说政府的事是最困难却最重要的。因此，不管多难，我也去做我认为最重要的事。比如我说"大学生养猪媒体不必哗然"，这是典型的用自己的语言阐释国家政策的例子。

这些都是几年前的事情了，现在回过头来想，觉得十分有意义。

那些日子里，不断有朋友劝我，比说得好更重要的是别说错，比说得有人听更重要的是别让领导觉得你出头，等等。我不这样看。我以为，对于我自身成长来说，攻克一个谁都不爱说、谁都不愿意把话说好的难关就是我最重要的事。沿着我自己的这一个思路走下去，把自己认为最重要的事努力做好，并做出点成绩，一切释然。

其实，每一个推动人类进步的重大举措、每一个激发人类灵感的火花，它们的产生都是因为人们从自己或集体认为的更重要的事情出发，并且坚定不移地走下去，最终取得了成功。从这个意义上说，自认为的重要也许就是更重要，自认为的重要就是比所谓更重要还重要的东西。咬紧牙关，实现自己的更重要，也许就是人类文明发展、进步的更重要！

## 过一个平衡的生活
### ——模拟2013年高考作文四川卷

过一个平衡的生活，好思想、好观点、好题目！

什么是平衡的生活？我认为，精神高尚和物质充足的生活就是平衡的生活。所谓精神高尚包括精神追求品位不俗、各种雅趣以及不断探索人类精神的未知领域；所谓物质充足就是一个人不因吃穿等基本生活保障缺失而发愁，能在当地过上体面和有尊严的日子。如此精神高尚与物质充足的生活就是我所追求的生活，也可以说就是平衡的生活。平衡的生活当然不仅仅指这一个层面，它还可以包括许许多多不同的层面。比如人的进食与健康的平衡、自然美与修饰美的平衡、挣钱与还钱的平衡、教育孩子上宽与严的平衡、饮食上口味与营养的平衡、择偶上相貌与素质的平衡，等等。平衡的生活观是人生哲学，是世界观，也是成长的真谛，还是科学发展观、和谐社会的要义。从某种程度上讲，一个人与一个社会越成熟，平衡能力就越强，反之就越弱。

当下社会一个值得注意的问题是，我们在前进的过程中往往失去对平衡的把握，追其一端而忽视另一端。比如，为了经济高速发展而失去良好环境和人民的幸福感；无止境地追求物欲，以至于恶性膨胀，钱越多越好，房子越多越好，车子越豪华越好，官越大越好；等等。如果说这些是显而易见的不平衡，还有一些则是不那么容易被人们看到的。比如在城市发展上重视大宾馆、大饭店、大剧场和大马路，而忽视小宾馆、小饭店、小剧场和小马路，甚至书店都讲究一个比一个大，城市中几乎没有了小书店。在教育上重视大学、大人，轻视小学、小人儿（孩子）；重视尊老而忽视爱幼；等等。在社会发展上重视大人物（大官），轻视小人物（群众），重视大会议和大文件，轻视小会议和小决定，等等。所有这些都是失去平衡的表现。如果一个人失去平衡，大不了就是不健康或畸形成长而已；一个社会失去平衡则危及众生，小而言之是社会得了病，大而言之则是毁坏党的执政基础和政府公信力，毁了江山基业，不平衡造成的危害可不能小看哪！

四川近几年发生了两次危害极大的地震，一次是汶川，一次是芦山。这两次大地震造成几十万人伤亡，当然不能简单地把灾难发生的原因归咎为不平衡，但能说灾难的发生与发展的失衡一点关系都没有吗？为什么在本来就是地震带的地区还要扩张建设？还要建设新城？四川省会成都有一句传遍天下的美言"走进慢成都，享受幸福感"，世世代代的人们因此流连忘返于成都这座美丽的慢城市。当然，我们也不能因此说慢就是平衡，但你能说慢与平衡一点关系都没有吗？可以肯定地说：人与自然要和谐，不滥挖滥采就是平衡；快节奏的生活与适当的放松调整、飞奔与慢跑相结合就是平衡。

平衡是哲学，更是人生。平衡的社会最美，平衡的人生最棒！让我们努力建设平衡的社会，努力追求平衡的人生！

## 爱迪生回到 21 世纪对手机怎么看
### ——模拟 2013 年高考作文北京卷

爱迪生回到 21 世纪对手机怎么看？谁出的搞笑题目，老爱拿我开涮？怎么着，以为我死了就不会说什么了？好，今天我就跟你们玩儿个穿越，告诉你们我对手机怎么看。

假如我回到 21 世纪，我会嘲笑死你们。一个小小手机算什么呀，还是我死了一百多年以后出现的，有什么可炫耀的呀？我这一辈子有超过两千项的发明，大约一千一百项专利，这个数目至今没有人超越。我发明白炽灯、留声机、电影放映机和复印机等，下一步就是在电话的基础上搞无线发射和接收，就是手机。哼，如果我活着，我会提前一百年让你们用上手机，提前让你们进入现代化，提前让你们进入比现代化还现代化的无污染、无噪音、无副作用的"三无时代"。哼！哼！哼！

假如我回到 21 世纪看手机，我还会发明比手机更棒的许多东西，手机化的系列产品。比如，结束纸质出版的历史，将所有内容数字化，浓缩在手机上。我最喜欢你们当中的一个人，他是乔布斯，他昨天已经拜访我了。他说他有一个遗愿，就是把全世界学生从被沉重的书包压弯的脊柱中解救出来，将所有学习内容放到电子板内存放，一板在手，学习不愁。我哈哈大笑曰：早说呀，这天下只有咱哥儿俩能做这事儿。来吧，咱在这边先搞起来！

假如我回到 21 世纪，我会重新规划所有设计和发明，让每一项发明不仅是技术，而且要充满人文色彩和人性关怀，把所有发明和技术都插上思想和情感的翅膀。就说手机吧，一定要在技术上让手机更好、更便捷、更个人化，坏人接不通、打不了。如果你想用手机诈骗什么的，通过关卡让你出不去、进不来，手机在手愁更愁。手机的人文性还表现在为智障、失明、手残以及各种听觉障碍者设计不同功能和款式上，以此满足更多人的需求。

假如我回到 21 世纪，其实不管我对手机怎么看，可能也获得不了诺贝尔奖。奖励只对那些垂垂老者有魅力，对我和乔布斯这样的人来说没有什么影响力。有人一辈子得过一次诺贝尔奖，就沾沾自喜、飘飘然起来，殊不知，这恰恰说明自己的浅薄。诺贝尔奖真的没有什么了不起，我自己不用说啦，活在当代的乔布斯也没有得上奖啊——

假如我回到 21 世纪，我会坚持我的许多观点，坚持实事求是的精神，比如"天才是百分之一的灵感加上百分之九十九的汗水，当然，没有那百分之一的灵感，世界上所有的汗水加在一起也只不过是汗水而已！"这就是一个未获奖、但获得一千多项专利的人的自白：我勤奋，我有灵感，我成功，我不装。虽然我的学历不高，小学也只上了几年，还几乎一辈子都失聪，老师说我笨，但我顽强、自省、刻苦，因此，我不是活了八十多岁，是一百多岁，你们睡觉的时候，我基本上都是清醒着的，哈哈哈哈！

假如我回到 21 世纪，我看见了手机，也看出了科学之力量，更看出了人生。我知道你们不喜欢我回来，我若真回来，会吓死你们当中许多人，比如混饭吃的专家、学者、教授，尤其是得了一次诺贝尔奖就忘记自己姓什么的那些人，莫言先生除外，我好喜欢他的书哟。不跟你们闲扯了，听，我的手机响了，那边有人找我。拜拜，拜拜，祝你们好运！

睁开眼，四目望去，爱迪生先生走了，乔布斯也去了，只剩下我们，一群不知生死的东西，"不知生，焉知死，不知生，焉知死……"

# 高考作文全民热是好事
## ——评 2014 年高考作文

历年高考作文题目都会成为社会热门话题。各方专家点评、各路人马试写、各色人等议论，好不热闹。有人说这是把教育圈内的话题变成全民情绪化的狂欢，在我看来，高考作文全民热是件好事。

首先，高考作文全民热说明大家对语文的重视和关心超过了其他学科，这就对了。我一向认为，作为一个中国人，必须学好语文，语文的唯一性无可替代，因此全民关注理所应当。其次，作文是语文教育听说读写能力的综合体现，语文的字词句段篇、语修逻文，无疑都体现在作文上。关心语文理当从关心作文入手。对作文题目的点评、议论和写"下水文"都体现了语文素养。最后，作文还是对学生多方面能力考查的集中体现。学生的创新精神、质疑精神、批判精神和对社会现实生活、自身生活的关注，在作文中都会有集中的反映。

社会对高考作文的关注，往往看高考作文是否贴近社会现实和学生生活。考查学生对社会现实的关注程度，应是高考作文题的主旋律。今年北京作文题让考生谈谈对北京"老规矩"重新受到重视的看法，紧扣社会现实；微作文其中一题是"谈谈你对学语文的看法"，也贴近学生的生活实际。安徽作文题要求学生就演员改剧本一事发表见解，虽然题目专业了点儿，但高中学生生活面要宽些，对此也应有所知。一位哲人说，教育即生活，如是，语文就应是生活的生活。

社会对高考作文的关注，还包括高考作文题目是否具有哲理性，是否有高于常人之处。上海的作文题是关于穿越沙漠的自由与不自由方面的话题，这与法国高考的哲学题目类似，考查学生的思辨能力，应是未来作文题的方向。一个时期以来，作文往往要求写景、叙事和抒情，淡化了思维训练，这不仅与高考要考查学生思维能力的潮流不合，而且与训练学生智力和逻辑思辨能力的要求不合。从这个意义上说，上海的作文题开启了风气之先。

高考作文全民热，对教育系统提出了更高的要求。《国家中长期语言文字事业改革和发展规划纲要（2012—2020年）》将提升国民语言应用能力作为今后语言文字工作的重要方向。据此，我在2012年年底提出并开展了"真语文"活动。其实质就是按照语文规律和特点教语文，强调回归传统，找回本真。语文课一定要培养学生自然健康的表达习惯，自由个性的心理品质，独立创造的人格特征；语文课要让学生具备一定的逻辑思维能力，让学生热爱祖国文化，继承中华优秀文化传统。

然而，无论是语文教材和教师，还是语文教学和评价，目前与社会公众的要求还有相当距离，深化语文教育改革势在必行。仅仅以今年高考作文为例，一些地方的试题或无病呻吟，或做作、矫情、故意刁难，还有故意在题干意义上"转来扭去"让学生看不明白等现象。所有这些虽然表现在作文题目上，折射出来的却是当下学校语文教育的缺憾，尤其是出题者对语文认识的浅薄。

无论是批评赞扬，还是点评试写，一年一度的高考作文全民热都是好事。它可以促使我们更接近语文教育的本体，也更接近汉语语言之魅力！

## 【链接·微谈】

• 2014-6-6　16:42

高考来了，建议考生今晚听听周杰伦的《双截棍》，跟着一起"哼哼哈嘿"，反复几次放松放松。考砸了不要紧，唱唱《蜗牛》："我要一步一步往上爬，等待阳光……总有一天我有属于我的天。"录取了得意但别忘形，唱一曲《千里之外》："琴声何来，生死难猜，用一生去等待。"总之，不管怎样，励志的杰伦都在身旁。

• 2014-6-7　15:06

大赞、狂赞北京高考作文题：重提北京老规矩引发你哪些思考？一是题材好，紧扣社会现实。这是我多年坚持的"高考作文不能离社会现实越来越远"的具体体现，尤其是在参加世界语言大会过程中引发一点礼仪风波后，更让我觉得此题目好。二是体裁好，要求考生写议论文，强化思维

考查。三是题目表述好。

• 2014-6-7　17:36

北京的小作文也好。一是适应了当下，尤其是网络时代人们说话简短的需要。二是三个题目中有一个让学生说说对语文的看法，既结合社会现实生活，又结合学生实际生活，这题目实在高！三是三个题目让学生自由选择其一的形式好，避免学生作文无病呻吟。

• 2014-6-8　16:58

北京高考作文题首次引入诗歌这种文学体裁，虽然仅有十分，虽然仅是微写作，但这是标志，是风向，更是一个常识的回归：诗歌回来了，回到试卷中了。"写一段抒情文字（可写诗歌）纪念自己的十八岁"，这一题目打破了"诗歌除外"的禁忌，解放了学生自由的心灵。

• 2014-6-7　15:47

安徽作文题要求学生就演员改剧本一事发表见解，好，与北京考题有异曲同工之妙。虽然题目与学生实际生活离得稍远，也稍显专业了点，但作为高中生，对这类事情也应有所知，所谓生活面要宽些。一位哲人说过："教育即生活。"语文更应该是生活的生活。

• 2014-6-7　18:50

不得不佩服上海人的聪明，简直可以等同于智慧。上海卷作文题目是根据"你可以选择穿越沙漠的道路和方式，所以你是自由的；你必须穿越这片沙漠，所以你又是不自由的"这段话写文。显然，这是让学生论述自由与不自由的关系。这是真正的高考作文，类似法国大考哲学题，太锻炼学生思辨能力了，它应是今后高考作文命题的方向。

• 2014-6-9　08:52

天津高考作文题有意思，说的是如果将来发明智慧芯片，天文地理文学文化无所不包，这引发你怎样的联想或思考。题目准确且巧妙，引发考生的联想，不错。我以为，不在题干上蒙绕学生，不在内容上为难学生，不在题型上束缚学生，让学生实实在在想作文、写作文，就是好作文题。

• 2014-6-7　15:19

湖北卷（山上的风景）、山东卷（不同人看到不同风景）是最没有"风景"的作文，不仅无病呻吟，而且让考生做此呻吟状，悲乎！我以为，这样的题目让小学六年级学生做可能还不错，怎么能考高中学生呢？由此折射出当下学校语文教育之缺憾：教学知识层次不明显，深深浅浅。

• 2014-6-7 22:22

不得不承认自己衰老、木讷和迟滞，江苏作文题目：有人说，没有什么是不朽的，只有青春是不朽的；也有人说，年轻人不相信有朝一日会老去。这种想法是天真的，我们自欺欺人地认为会有像自然一样不朽的信念。我没看懂，至少在题目表述上太绕了。幸好，我不是江苏考生！

• 2014-6-7 23:47

全国卷Ⅰ（两个人过独木桥）和全国卷Ⅱ（谈喂食动物感想）真是异曲同工却不妙。我不赞同这样有几分细碎、几分矫情和几分为难人的作文题目，也不想琢磨这样的题目该怎么写——无趣、无奇、无法。我不知道，作为分别适用于几省高考、又起风向标作用的全国卷，作文题目为何如此幼稚？

• 2014-6-9 09:28

我看今年高考作文题最好的是北京卷、上海卷、四川卷和辽宁卷，在题干上太绕圈子、似是而非的有江苏卷、重庆卷、广西卷和浙江卷，最像写表扬稿的是湖南卷，最低幼化的是全国卷Ⅱ、湖北卷和山东卷，最让我不知如何下笔的是全国卷Ⅰ，最让我觉得有话想说的是北京卷。

## 【链接·下水文】

## 老规矩永远不老
### ——模拟2014年北京高考作文试题之一

老北京的确有许多老规矩，比如出门回家要跟长辈打招呼、吃菜不许满盘子乱挑、见生人打招呼用"请""您""对不起""稍候"等谦辞敬语。随着时代的前进，这些规矩的年龄越来越大，越来越老。它们会不会死，还有存在的必要吗？

我认为，它们不会死，有存在的必要，而且在新时代具有特殊意义。

首先，北京老规矩是中华五千年文明的一部分，是中华民族优秀的文化传统之一。北京老规矩多为谦辞敬语的使用，也有一些是行为约束。无论是说话，还是行为，都是中国人言行举止的形态，也是人类文明的外在形态之一，怎么能不要呢？其次，北京老规矩并非如有些人所说是对人性的压抑，对自由的束缚。从我们知道的一些老规矩来看，绝大部分老规矩仅仅是对社交场合言行的约束，不包括对某些特定场合，比如男女私密空间或兄弟姐妹之间的要求。总的说，老规矩属于社交礼仪范畴，并不涉及太多私人空间。难道人与人之间的来往不应该有必要的礼仪吗？最后，老规矩历经千百年来无数人的锤炼，经过几十代人的传承而未被淘汰，足以说明其生命力顽强，为什么要在我们这一代消失呢？

老规矩未有被淡忘之势，而且今天又被重新提起。不说历史原因，就看我们周边的现实吧，这些足以说明老规矩有多么宝贵，足以说明人们多希望它回来。

以我自己近年来的经历看，我就经常遇到陌生人硬生生的发问和冷冰冰的咨询，甚至连起码的问候语、道歉以及谦恭之态都没有。最近在参加世界语言大会期间，我就被不礼貌的语言对待，这还不要紧，善意地提醒对方后，我竟被更不礼貌的语言（发话者包括一些大人）包围，这可怎么得了哇！我并不是让这些孩子用北京老规矩待我，而是学会使用起码的谦辞、敬语。比如"你好"（当然说"您好"更好）、"对不起""请稍候"和"谢谢"等。更可怕的是，这样一件本来无关紧要、提个醒儿而已的事情，却招来一所大学个别老师和学生莫名其妙的攻击，有说我们如何辛苦，有说南方人不懂北京话里的"您"，有说无录像无真相，甚至有人冷嘲热讽地说还是请你回北京讲老规矩去吧。更有甚者，说出各种谩骂侮辱之言对我进行人身攻击，太可怕了！

老规矩始自老北京，但其内涵和精髓是文明修养礼貌待人，这一点应当是作为文明古国和礼仪之邦的中国以及每一个中国人的必备素养。换言之，老规矩应当发扬光大，应当成为更多人的规矩。俗话说，无规矩何以成方圆？十三亿人生活在同一块土地上，怎么能没有一点规矩呢？如若无规矩，岂不乱成一片，回到原始社会了吗？！

老规矩不老，也不会老。在新的时代，老规矩还会被注入新的血液，焕发出新的青春光彩。

## 老北京逛新城
### ——模拟2014年北京高考作文试题之二

已经两百多岁的老北京突然活了，他老人家兴头不减，想要逛逛新城。

一下车，几个年轻人便让老北京吓了一跳："你是哪儿来的？""是要参观新城吗？"老人一愣，急忙点头。还没定过神来又被吓了第二跳："这是参观者的名单，你自己勾出来吧！"老人站到旁边勾出了自己的名字。他还未将花名册递给年轻人，其中一个年轻人的话着实让老人吓了第三跳："旁边等着，还有两个没来呢！"心中满是不悦的老北京站到旁边，跟年轻人说："姑娘啊，你怎么这样说话呢？"姑娘瞪大眼睛做出惊讶状："你知道我们有多累？已经十八小时没合眼了，就为了接你们这些参观者，别挑毛病了……"老人被这一连串的话噎得不知说啥好。

让老北京吓了四跳、五跳乃至更多跳的还远远不止这些呢。老人沿街而行，高楼林立，"鸟巢""鸟蛋""鸟嘴""大裤衩儿"等建筑让他老人家大开眼界。可是，老北京发现无数男女竟无一人对他点头微笑或说声"吃了吗，您哪"。年轻人不管在何处只顾低头看手机，一群老头儿老太太跳广场舞，但相互间都像不认识似的。中午时分，老北京进了当地一家有名的小吃店。人已坐满，老人挤在一个圆桌旁，和数位食客共餐。

只听左边这位吧唧嘴儿，右边这位哆嗦腿儿，还时不时拿出餐巾纸猛擤鼻涕；对面小孩儿则一边敲打空碗碟，一边扒拉着菜，父母在旁则不以为然，一声不吭。这时，服务员上来给大家倒免费茶，老北京恰恰是最后一位。服务员给老北京倒完茶后，壶嘴儿正对着老北京"啪"地一撂，这一举动着实吓了他一大跳。因为，在老北京的规矩里，壶嘴对人可是大不敬啊！

吃罢，老北京走出店门，见一告示说正举办全球语言论坛。他觉得好奇，就前去听之。论坛上你一言我一语好不热闹，老北京也凑上来，把自己下车"三跳"的经历说了出来，想提醒大家别忘记谦辞敬语。没想到，不少年轻人指责他："我们是南方人，不会说'您'！""你是从哪儿来的，太远古了吧？""我知道你过去的丑事儿，离了五次婚吧？"等等，给老北京好一顿斥责和羞辱。情急之下，他把自己刚才的经历告诉了记者们。

让老北京一万个也没有想到的是，记者在采访新城负责人时，其中一位负责人竟然说，我们没有邀请老北京到本新城参观。他老人家高兴可来，不高兴可去，别那么多老规矩，现代人不吃这一套。其余负责人一律做沉默状。最不能让老北京接受的是，旁边有一位年轻人问道："你多大岁数了？老糊涂了吧？"老北京说："两百岁！"年轻人哈哈大笑，说："你应该去掉两个零，是两岁，是'二'！"

老北京在愤怒中飘然离去。他无论如何也不能明白的是，什么是"二"，这些老规矩怎么就成了"二"呢？不过，他坚信人们在经历了浮躁喧哗和糊涂混沌后，还会怀念老规矩，会想它们。老规矩会回来的……

# 希望高考作文突出选拔性
## ——评 2015 年高考作文

今年高考作文一如以往让我无法乐观，我觉得从作文题目来看，折射出我国学校语文教育当下存在的问题，最主要的就是脱离学生生活实际，脱离社会实际，脱离语文，没有达到学语文是为了应用这样一个主要的目的。

从作文题目看，学校语文教育这些问题都暴露无遗，比如全国卷让我非常失望。全国卷Ⅰ题目是给违反交规的夫妻写一封信，我认为这是一种假想的情况，因为毫无疑问，大义灭亲是我们的道德守则，但是不是因为违反交规在车上打电话，就要采取报警这样比较极端的形式，我认为值得商榷。在这样短的时间内，把这样一个非常复杂的现象摆在学生面前，我觉得这对于考生来讲是不公平的，因为生活当中这样的事情并不多见。

另外全国卷Ⅱ，"三个人谁最有风采"，我觉得有问题。如果是反差比较大的三种情况，可以考查学生的心理倾向，还有各方面的能力；但是题目提出的这三种情况区分度很小，基本上是互容的关系，因此让学生发挥的空间很小。

我觉得比较好的试题，还是上海卷和北京卷，我非常感兴趣。我觉得北京卷一如去年，紧密联系社会生活实际和学生生活实际。大家知道今年是抗日战争胜利七十周年，同时又是国际反法西斯战争胜利七十周年，在这样的一个时间，让学生写"假如我与心中的英雄生活一天"，就有很多发挥的空间。

另外"深入灵魂的热爱"显然是偏重于议论的，"假如我与心中的英雄生活一天"是偏重于记叙的，无论是偏重议论，还是偏重记叙，这两篇文章，我认为都可以考查学生对社会生活的观察和思考。

而上海卷的"心中的坚硬和柔软"，无疑是一个思辨的题目。跟去年的题目相比，上海卷继承了多年来的特点，即突出学生思辨能力的考查。坚硬和柔软是看似矛盾的一组关系，而在矛盾的关系当中，通过学生的论述可以达到一种统一，这是一种比较深刻的思考。

总之，必须承认，高考是选拔性考试，不是水平考试。在语文教育上，我认为应该选拔出更有批判精神，更有创新精神，更有思考力，更有多方面综合潜质的人才，而上海卷和北京卷高考作文，应该说在这方面有侧重。我希望今后的高考作文题目能更突出选拔性特点。

## 【链接·下水文】

### 深入灵魂的热爱
#### ——模拟 2015 年北京高考作文之一

没有肌肤之亲

也没有华美的穿戴

没有灯红酒绿

也没有绚丽的光彩

真正的爱

当然是刻骨铭心

当然是灵魂栖息之所在

一对夫妻

风霜雨打几十载

丈夫成功把植物人的妻子唤醒

一位母亲

破了全家所有的钱财

陪伴孤独症的儿子到老至死

刻入灵魂的爱

就是这样一代传了一代

还有俄罗斯著名艺术家老柴

与梅克夫人交往十几年

手都没握却彼此心心相印

还有诺贝尔奖得主纳什

最近遇到意外之灾

让人难忘的还是他与夫人波澜起伏的相爱

刻入灵魂的情怀

就是这样一直流传到现在

我们爱人爱己爱社会爱

一切我之所爱

一言以蔽之曰热爱

只有将这热爱雕塑于行

只有将这热爱融于脑海

热爱才会实实在在

热爱才会与心相连

不必将爱山寨

也不必将爱堵塞

深入到灵魂

真正的热爱之门就会向你洞开

## 假如我与心中的英雄生活一天
### ——模拟 2015 年北京高考作文之二

　　我心中的英雄有很多，朱自清先生就是其中一位。虽然他不是战场上的英雄，也不会开枪打炮，一介书生，力不如人，但他是英雄，是我心中真正的英雄。

清晨，我走进先生的书房，那里到处都摆放着书，几乎没有下脚的地方。先生已岁至期颐，他目光慈悲、谦和，安静地听我诉说。

我先请朱先生给我解一个大疑惑："您写了那么多平淡朴素、清新秀丽的作品，但在好友李公朴、闻一多先后遇害后，您不躲不藏，勇敢地出席李、闻二人的追悼会，并在会上讲述闻一多的生平事迹，您哪儿来的这么大力量和勇气？您哪里来的力量，在身患重病的情况下，不仅参加反饥饿、反内战的斗争，还嘱告家人不买美国的救济粮？"先生轻轻地说："没有什么，没有什么，这些都是一个中国人的本分哪！"先生的声音是那样平静，没有一丝慷慨激昂。

一上午的时光，我陪着先生。我们并不常说话，各自读书、练书法。

午睡过后，与先生书房再见，我又请教了一个问题。我说："我刚当老师时，上的第一堂课就是教您的散文《春》。当时我被那优美的文字和澎湃的激情打动，但就是不知如何给学生讲。后来读了您的散文集和其他许多作品，逐步对您的语言风格和精神境界有所了解，特别是了解您的事迹后，更能体会您对春天的盼望之情。当时我就想，您，一个优雅的文人，何以有如此澎湃的情感呢？"朱先生说："我的文章就是追求一个'真'字，以真挚的感情，写自己的所见所闻、所思所感，求得逼真的艺术效果。教学生读散文、写散文，无他，讲真话、抒真情、写实景尔。"

先生的话让我感慨。这世上，写真作文，不容易；做真人，更不容易。此时再想想先生的《背影》，其中内疚、忏悔和怀念复杂交织的情感，唯一个"真"字才能概括。

聆听先生教诲，不觉已是傍晚。我和先生徜徉在清华大学的校园里，先生对我说："旭明啊，文章是一篇篇写出来的，文字是一个个锤炼出来的，还有最重要的，是保持一个读书人的尊严，要有骨气！"接着，他给我讲了他名字的来由，其典出《楚辞·卜居》中的一句"宁廉洁正直以自清乎"，意思是廉洁正直使自己保持清白。朱先生说，选"自清"作为自己的名字，其意是勉励自己在困境中不丧志，不同流合污，保持清白。

一天时光，匆匆而过，朱先生飘然而去，但在我心中，却定格为永恒。有人说，和平年代没有英雄，我不同意。在和平年代，我们仍然仰慕战场

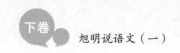

上的英雄，也需要有民族气节的英雄，在春风雨露中，在平淡的生活里……

## 坚硬与柔软

### ——模拟2015年上海高考作文

我理解的坚硬是自己认定的理想、目标和某些理念。从这个意义上说，坚硬与坚强、坚定和坚持有相似之处。我理解的柔软是心灵深处那被情感浸泡的许多难以言说的东西，轻轻触碰，便可形成哽咽和泪水，在行为上表现出某种妥协、退让和理解。坚硬与柔软，表面上看是矛盾、对立的，很难统一，但在现实生活中又是一致、统一和完整的。

我是一个老北京，每当看到北京人来人往、环境恶劣和交通不便时，我就坚定地想，如果限制外地人进京或者将更多的外地人迁出去该有多好。可是，每当看到来自外地的姑娘小伙儿、大爷大妈们穿着朴素的服装，干着"不体面"的活儿时，我的心就柔软起来：这些外地人多不容易呀！有一次，我去医院看望瘫痪在床的老友，他身边无一亲人，只有两个外地小伙儿伺候在旁。他们端屎接尿并为病人擦洗身体，还一口口给老友喂饭。这些护工从事着繁重的工作，每月却只能挣三四千元钱。每每此时，我的心就柔软起来：希望给这些外地人腾出更多空间，希望给他们更好的待遇，让他们得到更好的发展。

眼前模糊了，是复杂情感的泪水，是心底最软一部分的触碰。

我一直坚定地认为，每个人活在世上就要做好死的准备，因为死亡随时随地都有可能降临。所有人都要有死的风险意识，这种意识是文明程度的标志，是科学的人生观。但当我听到"东方之星"上四百多位老人刹那间被长江吞没，其中许多老人经历的是他们人生的第一次远行时，我还是忍不住掉下了眼泪。我在想，假如我的父母、我的亲属、我的朋友在船上，我会多么悲痛啊，简直要用"崩溃"来形容。

这就是我之坚硬与柔软，看起来是那么矛盾，但在一件件具体的事情面前，又是那样自然统一。你可能觉得很好笑，其实一点也不。我们仔细想想，正是在这样的统一中，一个人不再是冷冰冰的一个人，不再是只懂理念、只会教条生活的一个人，而是活生生的、有血有肉的一个人。

我以为，如果说坚硬是理性、是思考的话，柔软就是感性、是情感。

席勒说过这样的名言：思考是我无限的国度，语言是我有翅的道具。套用他的名言，我想说，坚硬是我内心的理性，柔软则是我有翅的道具。我愿在这坚硬与柔软之间飞翔、再飞翔，体验美好的人生，实现伟大的理想。

# 2016年高考我认同并喜欢的三个作文题

今年高考结束了，我很赞同一种观点，即考生多不容易呀，考试还没有结束时，大人们少些说三道四，让孩子们集中精力考试，比什么都强。因此，从今年开始，高考期间我沉默。现在考完了，我说说作文题吧，闲说而已。

今年高考作文题，我认同并喜欢三个。其一是全国卷Ⅱ"语文素养提升大家谈"。考题要求学生从自己学习语文的体会出发，针对课内有效学习、课外大量阅读、社会生活实践这三条途径阐述自己觉得哪种更好。喜欢的原因是，这个题目紧扣学生语文生活实际，而且针对当前我国语文教育的实际情况，很有现实意义。据我了解，不少学生从一年级到十二年级，学语文的时间最多，却都不喜欢上语文课。这是为什么？我建议，将来试卷解密后，有关部门和语文教育工作者看看这些考生的作文，进行比较分析和研究。这对改进我国语文教育，也许会有所帮助。

我认同并喜欢的作文题目之二是北京卷"'老腔'何以令人震撼"。这个作文题要求学生从陕西老腔的魅力说开去，进行阐述和论证，既有文化含量，又有现实意义，特别是在著名作家陈忠实先生刚刚去世之际，其中饱含了醇厚的文学味道。同样，建议试卷解密后，有关部门和文化工作者对考生的答卷进行比较分析和研究，看看当代中学生对传统文化是如何思考的，也许对我们制定相关政策和措施有帮助。

我认同并喜欢的作文题目之三是上海卷"评价他人的生活"。上海的作文题一如既往，沿着思辨的方向引导学生，今年在思辨的基础上又多了一层与现实的黏合，比往年更好了。从题目可以看出，出题者对当代社会，特别是网络世界百花齐放、百家争鸣的现状是有所了解的，而且非常想听一听学生对这种现象持何种看法。应当说，当下对人对事众说纷纭、莫衷一是的情况很普遍，但实事求是地说，有分析、有见地、客观理性的评论实在不多，网上的污言秽语更不值得一说了，即使不是污言秽语，也多缺乏理性和思考。从这个角度说，上海的题目的确比往年又深了一层：既强调思考，又关注现实，好！

我认同并喜欢的这三个作文题有一个共同的特点，就是要求学生用议论文的文体进行说理，这我尤其喜欢。对于当下高中生乃至许多成年人来说，进行如何说理的教育和说理方法的学习，已经是迫在眉睫的事情了。君不见，网络上一不高兴就张口乱骂、互骂的现象多严重；不会说理、不会论证、不会说服别人的现象多普遍。由此可以看出，对高中生进行议论说理的训练多重要！因此，当下提高人们的文化素养，从提高人们的说理水平，尤其是从提高高中生的说理水平开始，是完全正确的。

近几年来，我连续评论了高考作文题，呼吁高考作文要与社会生活紧密结合，要与学生思想实际紧密结合，要与提高学生说理水平紧密结合。今年终于见到了这样几个好的作文题，心甚喜之。由于喜欢，不由得"下水"一试，博大家一笑吧。

## 【链接·下水文】

### "老腔"何以令人震撼
#### ——模拟2016年高考北京卷作文题

记得几年前在首都剧场，第一次看北京人艺演出的话剧《白鹿原》，当剧中几位陕西本色老艺人演奏"老腔"时，我惊讶不已，心灵震撼；后来歌手谭维维在一个选秀电视节目中，用"老腔"伴奏并演唱，几位老艺人加上她的演绎，同样令现场观众震撼，谭维维也夺得了那场节目的冠军；今年央视春晚，"老腔"再次亮相，我看这是今年春晚最棒的一个节目，也是最亮丽的一道风景。"老腔"何以有如此强大的艺术震撼力呢？

一是真情。"老腔"的曲调以及演奏者、演唱者都来自民间，生于厚土之中，没有华丽的包装，也没有过多曲式变化和复杂的音调，可以说是带着民间文化的质朴走上舞台。当然，这真情又是丰富多彩的，既有质朴的底色，也有粗犷奔放的表演，还有看似不拘一格，实则细细雕琢的引吭高歌。在这质朴的丰富中，我们感受到了一股无法言说的真情流露。

二是新鲜。在当下万花筒般的社会生态中，我们早已习惯五颜六色、灯光耀眼；也早已习惯嗲声嗲气、撒娇卖萌，还有歇斯底里，"挤"出来的苦大仇深，等等。我们习惯了各种"选秀""耍"明星，甚至"耍"到了"星二代"，习惯了假唱、假演。在这"乱花渐欲迷人眼"的舞台和影视屏幕上，突然冒出这么几个土得掉渣儿的人和这么一曲土得掉渣儿的调，自然让人别开生面、眼界大开。

三是故事。"老腔"不仅仅是单纯的一支曲、一个调，还是根据著名作家陈忠实先生《白鹿原》改编的话剧中的引子和插曲。凡是看过《白鹿原》小说和话剧的人，无不为其惊心动魄的场面、纵横捭阖的历史画卷、栩栩如生的人物形象，以及鲜活生动的语言所打动。曲折的故事情节尤其扣人心弦，配上这样的曲子，自然魅力四射，可谓"老腔"与故事交相辉映，完美融合。

"老腔"何以令人震撼，远不止这几条。不管再说多少，有一点恐怕是毫无疑问的，那就是："老腔"让人震撼，说明根植于本土的、诞生于民族的、原汁原味的文化宝藏具有巨大的生命力和发展的艺术空间。

中国有五千多年的文明史，在这几千年绵延不绝的文化长廊中，诞生了无数思想和艺术，值得我们认真总结和发扬光大，值得每一个中国人自豪。现在社会上总有一些人，动辄说西方、言必谈国外，其实很多理论明明先贤早有记述。现在流行的西方"翻转课堂"，我看孔子早有实践和论述，《论语》讲得很透彻，有些人却非要贴上什么"斯基"、什么模式的标签，似乎月亮都是人家的圆。我以为，"老腔"的震撼也应该让这些崇洋媚外、迷信西方的人震撼了。

愿"老腔"不仅仅震撼一时，我们还应当从更深处和更广阔的层面上去思考老腔何以震撼，由此弘扬、发展和创新中华优秀传统文化，那也许是"老腔"震撼我们之后的震撼吧！

## 论该不该评价他人的生活
### ——模拟2016年高考上海卷作文题

该不该评价他人的生活，这要从两方面说，不能一概而论。

一方面，作为生活在现代社会中、具有现代意识的人，不应该随便干涉、议论和评价他人的行为，只要这种行为无伤大雅，无害他人和社会。这里有一个重要概念，就是隐私权。对公民隐私的保护是文明社会的标准之一。从这个角度来讲，的确不应该随意评价他人，对他人指指点点。中国古代和民间都有许多这样语录式的诫语，值得我们深思，如"静坐常思己过，闲谈莫论人非"等。民间也把随便议论别人的人称为"长舌妇""是非精"等，用来贬斥这样的行为。可见，在中华优秀传统文化中，早有关于不应随意议论他人是非的教育。

不能不说，当下社会与现代文明社会相比还有一定差距。例如，社会上总有一些人特别爱打探别人的隐私，胡乱评价别人的个体行为和生活方式；更有所谓"狗仔队"，对有了一点名声的人四处跟踪，干涉甚至直接影响别人的生活，等等。我认为，这些都是狭隘愚昧和现代意识薄弱的表现。这样的行为之所以还有一定"市场"，说明提高我们的法制建设和公民文明素养之路还很长，也说明教育责任重大，对公民进行现代意识教育十分必要。

另一方面，对于影响公众和社会利益的个体行为则必须评价，形式包括曝光、批评、批判，等等。比如，在地铁里大吃鸡爪并乱扔一地的行为，在剧场、影院或图书馆喧哗的行为，公开殴打儿童、妇女的行为，以及其他违法行为，等等。

这些看似都是个体行为，但严重破坏了公众利益，影响了公众的正常生活。对这样的行为，如果不说不评、冷眼旁观，说轻了是事不关己高高挂起，说重了就是纵容作恶，如此发展下去，社会没了是非标杆，没了公德监督，还怎么进步？因此，需要更多的人评价部分人的这类行为，才能达到惩恶扬善、激浊扬清的目的。

值得一说的是，在评价别人的时候，特别需要学会怎样评价、怎么讲理，而不仅仅是嘲笑和讽刺，更不是谩骂和侮辱。评价他人，尤其需要提高说理水平。从当下的情况看，提高人们的说理水平，比如，怎样确定论点，怎样围绕论点寻找论据并合理展开论证，怎么反驳他人观点等，这些都需要学习和提高。

必须指出，无论是两方面的哪一个方面，我们都反对用诋毁人格和侮辱谩骂的方式去评价他人，也不赞同用缺乏逻辑、缺乏论证的非理性评价代替客观的、理性的评价，应该积极倡导心平气和、以理服人的评价方式。

综上所述，该不该评价他人的生活，也该，也不该。不该，说的是不应该干涉他人的私生活；该，说的是应该评价分析、批判那些影响公共利益的个人行为。一个现代化的文明社会，一定就产生在这该与不该之间。

## 提高课堂有效学习时不我待
### ——模拟 2016 年高考全国卷 II 作文

语文教育是提高国民素质的重要手段和途径，也是国民素质的题中之义。据我了解，全世界很多国家都很重视本民族的母语教育，把它当作提高国民素质的重要手段。毫无疑问，提高学生的语文水平主要有三种途径：课上学习、课外阅读和社会实践。在这三种学习方式中，我认为，在语文课上学习语文、提高学生语文素养应当是最主要的学习方式。

之所以说课上学习是最主要的学习方式，一是因为学生一天的时光中，最主要和最美好的时间是在白天，而白天大部分都是在学校度过的。换言之，一个人最主要的生命时光是白天，而学生白天主要是在学校，课堂学习的重要性不言而喻。二是学校教育相对于其他教育形式来说，由于有老师指导、有教材为例、有考试为尺，学习的过程和结果又都有评测，效果自然更好。三是相对来说，课内学习更成系统，从一年级到十二年级，阶梯式发展，层级式推进，符合认知规律，有利于学生能力的提高。

除此之外，当然还有第四、第五，比如学生从一年级到十二年级，学语文的时间最长，安排的课时最多，老师的作业也不少，等等。一句话，学校语文教育对提升学生语文素养的作用，的确不可替代、无法替代。

我上了十几年语文课，感到最大的问题是语文课上老师讲得多，我们练得少；老师讲的废话多，我们要知道的内容少；老师为考试而设计的内容多，为提高我们语文综合素养的内容少。因此，语文课堂学习效率不高。换句话说，提高语文课堂教与学的效率在当下尤其重要。比如，我们在学《乡愁》时，老师用大量时间讲母爱，可我们的问题是，诗中"一湾浅浅的海峡"比"一方矮矮的坟墓"的"愁"还愁，为什么？再比如，学《出师表》，我们特别想知道，最后一句话"今当远离，临表涕零，不知所言"是什么意思，为什么临别对皇帝还有这样浓烈的情感？还有，学白居易的《琵琶行（并序）》，"满座重闻皆掩泣"，为什么是"座中泣下谁最多？江州司马青衫湿"？类似的问题有很多。我们想知道的，老师不讲；我们已经明白的，老师絮絮叨叨。这怎么能提升我们的学习水平呢？还有，语文课本上明明有口语交际的教学要求和内容，但我们从一年级到十二年级，基本没有上过口语交际课。问老师"为什么"，老师说，这不是考试内容。记得有一次，老师给我们安排了一堂口语交际课，是为了让来学校参观的老师听的，由上海一所大学一位姓周的老师讲的。哇，好新鲜哦！从语气、语调、神态，到交际时如何倾听对方说话，特别有收获。这样的语文课，为什么不能多一点呢？

我也知道老师们有苦处，考试的内容还教不过来呢；我也知道，管考试的人也有苦处，如口语交际这样的课怎么考呢？但不管怎么说，一个人的语文素养至少应该包括听、说、读、写能力，而这个能力主要应当在学校、在课堂上通过有效的学习来实现。

因此，我呼吁，各级领导重视语文课堂教学改革，既让老师们知道教什么，又告诉他们怎么教，让学生从中受益，切实提高语文水平。

我还时常想念那天那位姓周的老师给我们上的那堂口语交际课，我希望上更多那样的语文课。

# 2017年高考我喜欢的三道作文题

2017年高考第一科仍然是语文，最热门的话题仍然是作文，对此我感到很高兴。道理很简单：语文是每一个中国人必须学好的学科，作文尤其重要。看了今年的作文题目，我有喜有忧。忧就不说了，年年说，再说也没什么意思了，那就说说喜吧。今年的高考作文试题中，我最喜欢的有三道。

第一道我喜欢的作文题来自全国卷Ⅰ。这道题要求考生从若干个来华留学生较为关注的"中国关键词"中选择两三个，"来呈现你所认识的中国"。这些词包括一带一路、共享单车、京剧、空气污染、广场舞、高铁、移动支付等。这个题目之所以好，一是因为它与我多年来始终呼吁的，语文教育和高考作文题要关注社会现实和学生身边生活这一理念高度一致；二是因为它给学生提供了足够的思考、想象空间以及个体偏好选择权，锻炼了学生的联想和整体布局思维，这也与我近年来所强调的作文题要锻炼学生思维的观点完全一致；三是从语文训练角度说，这样的题目训练学生由词到句、由句到段、由段成篇，既检测了构思和立意能力，又检测了字、词、句、段表达等语文基本能力。因此，这个题出得真是好，特别巧妙！只要学生关注现实生活，又受过一定的语文训练，写起来就不会感到无从下手，甚至还能激起写作欲望呢！

第二道我喜欢的作文题来自全国卷Ⅱ，这道题要求考生从六个经典名句中自选两三句，自拟题目作文。这个题目最突出的特点和最让人称道的地方，是将中华优秀传统文化的学习和继承真正融入语文学习中，而且是水乳交融、化为一体。大家知道，近年来，中华优秀传统文化的学习氛围已经或正在当代中国社会形成。在习近平总书记的多次明确指示和强力推动下，中华优秀传统文化知识的学习和弘扬已经从过去的不敢提及、羞于启齿到现在的公开宣传、全民重视。毫无疑问，对于优秀传统文化的学习和继承，背诵、默写是第一步，也是很重要的一步，但这一步还只是积累，学生对古诗文还无法达到理解和运用的程度。《中国诗词大会》后，社会上掀起了背古诗、学古文的热潮，我曾撰文指出，这是良好的开端，是重要的第一步，但更重要和更关键的是如何理解和运用中华优秀传统文化，使之成为在校师生和每一个中国人的自觉行为。在这方面，这道作文题实现了我的愿望，迈出了特别可喜的一步。题目给出的六个句子中，有古诗词经典，也有古文名句，还有近现代名人名言。能否把它们有机组合起来，既检测了学生的语文表达能力，又检测了学生对优秀传统文化的理解和运用能力，而后者更为重要。这道题之高妙，出乎我意料。我注意到，在今年高考的所有作文题中，与中华优秀传统文化衔接得如此紧密、如此天衣无缝的，唯有此题。在学习和继承中华优秀传统文化背诵有余、运用不足的当下，这道题的出现尤为可贵。

我喜欢的第三道作文题来自上海卷。上海卷的作文题目是"预测"，相比其他作文题目，它的要求非常简单，一是自拟题目，二是不少于八百字。这看似简单的要求，其实并不简单。

　　我很惊讶，在我所听过的语文课、见过的语文老师中，上海的老师和他们的课并未让我感到有什么特别之处，但上海的高考作文题却连年让我拍案叫绝，真想知道是何方高人在指导和谋划。"深刻"是上海近几年作文试题的一大特点。深刻地观察社会、深刻地思考人生和深刻地观照自己，这是语文学习的重要方面，也恰恰是当下语文教育中缺失的一面。就拿今年的作文题来说，该题在考查学生对人生、社会和自己未来的思考和判断上，可谓紧扣现实之缺，发人深省。看一看当下，不少人习惯于对现实社会的满足或针砭，而不习惯于对历史的反思，更不习惯于对未来的展望（包括忧虑）。人类思考未来的能力是一种哲学思辨能力，也是有一定修养和接受过良好教育的人应该具备的能力。我们决不能沉溺于历史、满足于现实，而不去思考未来。从这点上说，上海卷考的是语文，也是智慧，更是一个高中学生应当具备的反思、关注与展望、预测能力。

　　也许是寄予过高厚望，北京卷、浙江卷的题目并没有我期待得那么好。值得注意的是，我喜欢的三道作文题，其中两道来自全国卷，不得不大赞。由此我想，考虑到中国国情，更多省市、自治区由自主命题回归到全国统一命题，当是挺好的选择。

　　三道作文题之所以好，其共同点都是在考查学生语文素养的基础上，关注现实、思考人生。从语文课程标准的要求来说，就是真正将语文的工具性与人文性完美统一起来。当然，有这样的理念与能否将其在语文教学、教材和考试中体现出来，不是一回事。不管怎么说，遇到好的作文题，考生们幸甚；反之，考生们不幸。据此，向这些出了好题目的团队致敬！

**【链接·下水文】**

## 机遇与挑战并存的中国
### ——模拟 2017 年高考全国卷 I 作文题

　　来自全球不同国家的青年朋友们，你们好！按照本次国际会议主办方的要求，我来介绍我眼中的中国，供你们参考。我演讲的题目是"机遇与挑战并存的中国"。

　　我想先给各位讲一个我所认识的老人的故事。这位老人八十多岁，是我的老街坊。我们关系很好。老人退休前是某大学教授，有两个在海外发展的儿子，家境很好。平常我见到老人出行，基本都是打出租车。有一天，我忽然发现一辆高档的奥迪轿车开进我们小区，缓缓停在我住的那栋楼前，老先生从车内走出，特别开心。我好奇地走上前，想看个究竟。只见老先生一边拿出手机用移动支付软件付车钱，一面跟司机道谢，同时还不忘把自己没喝完的、司机所提供的矿泉水带走。我对老先生说："您真够时尚，还知道坐网约车，会移动支付！"老人家拍着我的肩膀说："你可别小看我，每天早晨，我还骑着共享单车去买早点呢！方便得很！"我不无担忧地说："您可要注意安全哪！"老先生乐呵呵地告诉我："没问题，这两种交通工具对我来说比拐杖还重要。"说话间，我们走到了老先生家门口，老先生的夫人把家门打开迎候他，看我在与老先生聊天儿，也把我让进屋。老两口儿平素就很好客，我也是他家常客，他们的儿女不在身旁，我就陪二老唠唠家常，做些力所能及的事。老太太长老先生三岁，特别喜欢和我聊天儿。这不，见了我就又唠叨起来："这老头子就是不听劝，这么大岁数还骑自行车，不安全不说，现在这空气污染多厉害呀，我都能不出门就不出门。"老先生接过话荏儿说："空气污染怕什么？反正也活了八十多岁了，我偏不信这个邪！""雾霾都快把人害死了，你还出去！"看着老两口儿快要争论起来，我连忙劝道："大爷，您还真得听大妈一句话，天好再出去，遇到雾霾您就在屋子里待着吧！"

　　朋友们，发生在我身边的两位老人的故事，就是今天中国社会生活的真实折射和写照。今天的中国享受着改革开放和信息化浪潮带来的巨大红利，以及现代技术的便利；但与此同时，人们也被空气污染、食品安全等问题所困扰。

　　看着时常出现的雾霾迷漫，听着时常出现的某个品牌食品有毒或不合格的报道，人们忧心忡忡。今天的中国就是这样，巨大的成绩和明显的问题并存，正所谓机遇与挑战并存。如果你用一只眼睛看中国，就可能只看到老先生的现代性或老太太的牢骚和不满。换言之，用一只眼看中国，你只能看到移动支付、共享单车等构成的一幅现代化图景，或空气污染、食品安全之类的许多不如意；用一双眼睛看中国，你会看到一个完整而清晰的中国，一个古老而现代的中国，一个成绩与不足并存的中国，这才是真正的中国。

来自全球各国的青年朋友们，请迈开你们的双脚，用好你们的双眼，深入中国的每一个角落，看今天的中国、思今天的中国、说今天的中国吧，中国欢迎你们！

# 当君子，努力锤炼人生
## ——模拟 2017 年高考全国卷 II 作文题

君子是中国古代社会对品行高尚的人的美称。关于什么是君子，怎样的行为才是君子所为，古书上并没有一个准确的概念和定义。据说，《论语》中有一百零七处说到君子，并且内容和标准不尽相同。可见，君子在中国古代典籍中，是一个模糊的、不十分明晰的概念，但所有拥有美好品德的人都可以被称为"君子"，这一点恐怕是没错的。

在我所知的对君子的论述中，我最喜欢的并不是《论语》中的说法，虽然《论语》是儒家思想之集大成者，又是中华优秀传统文化经典。我心目中君子的形象，来自比《论语》更早的古书——《周易》中的描述："天行健，君子以自强不息。"它的下一句是："地势坤，君子以厚德载物。"上一句的大概意思是，君子要努力发奋，刚毅坚强，不能被一时的懒惰和困惑所动摇。下一句的大概意思是，如果你是君子，心胸要像大地一样宽广，包容任何东西。我之所以最喜欢这两句，是因为它强调了人性中最重要的两个层面，一个是坚毅，一个是包容。

在我们的成长道路上，总会有各种各样的诱惑，也会遇到各种各样的困难，摇摆和困惑是阻碍我们前行的最大绊脚石。回想我自己的成长，常常因为意志力不够坚定和情感脆弱，失去了不断奋斗、继续前进的勇气；徘徊和犹豫，挤占了我人生的许多宝贵时光。莎士比亚笔下的人物哈姆莱特有句名言"存在还是毁灭"，对我影响很大。迟疑和犹豫毁了故事中王子的前程，其实也毁了现实中的很多人。在现实生活中，我们总是在跟各种各样的人、各种各样的思想打交道，如果缺乏包容心，我们的内心就会被困住，甚至纠缠于小人之见。我自认为自己是心胸宽广之人，即使这样，在生活里、工作中，特别是从网络上听到各种不同的声音时，有些尽管是善意的批评，还是会心有不快；尤其是听到不善意的批判、攻击时，更是怒火中烧。最后能够平复我心境的，一是我特别喜欢的一首诗歌，二就是《周易》中的名言——"天行健，君子以自强不息；地势坤，君子以厚德载物"。

古人就不说了，现当代作家中，我最敬佩的人、也是我心目中君子的榜样首推鲁迅。鲁迅先生在那样黑暗的年代中，以笔做刀枪，用深邃的思想之光引领大众、唤醒社会。鲁迅先生说出了许多令我们当代人都汗颜我们说不出来的话，比如"必须敢于正视，这才可望敢想、敢说、敢做、敢当"。正视什么？广而言之，就是正视不足和毛病；具体来说，就是正视黑暗的社会现实。只有正视社会、正视自身，黑暗才有可能变成光明，毛病和不足才有可能得到改正。

我认为，敢想、敢说、敢做、敢当正是当代社会君子之风的四要素，也是"天行健，君子以自强不息"的具体诠释。鲁迅先生用他自己的生命，为我们树起一座当代君子的丰碑。无论历史如何变迁，无论时代如何向前，君子之风都应始终伴随我们，在这样的进程中，我们的品性得到历练，人生也因此得以升华。

## 预　　测
### ——模拟2017年高考上海卷作文题

我从上小学开始，就有一个毛病。当然，毛病这个词是爸妈说的，老师则很肯定我这个"毛病"，老师说："这是一个很好的思维习惯。"爸妈嘴里的"毛病"，老师口中的思维习惯是什么呢？这就是预测。

我很喜欢预测，如预测人类的明天、社会的未来，想象地球毁灭以后人类该怎么办，等等。当然这是大的方面，还有许多是小的、生活中离不开的方面。比如用什么可以取代人类的食品？看着每顿饭，人们一大盘子、一大碗地吃，我就想如果有一种东西既营养丰富，又能保证人的身体健康，何必这样大吃大喝呢？还有，我从小就不喜欢做作业，尤其是反复性的练习。我那时就相信，人们一定会发明一种取代作业的机器，学生的双手和头脑不再为作业束缚，而是去快乐地享受自己的生活，那该多好哇！我还曾预测，书包有一天一定会被简易而实惠的仪器取代，铅笔一定会被可重复使用、不用再削和磨的东西取代，等等。

特别高兴的是，我的一些预测有的后来还真成了现实。比如电脑的普及、营养食品的研发等，当然更多的还未成现实，也难以预测，但我仍然愿意在更多的方面、更广的领域，用更深的触角去预测。

我预测，人类的未来一定会更加美好。比如随着机器人和人工智能的研发，许多繁重甚至危险的劳动，如蜘蛛人等都将被取代，甚至更多的无人驾驶飞机和汽车都将成为现实。现在每天死于交通事故的人不计其数，一个主要原因是人类自身的操作有许多不确定性，即使我们靠许多人为的手段，仍然不能解决交通事故不断发生的问题。若想让更多的生命安全舒适地在地球上生存，未来一定会有大量的机器人和人工智能取代人类的活动。如果真是那样，人类干什么去呢？人类会挖掘更多自身存在的潜能，比如想象力、思考力和创造力，充分享受作为高智商动物所应该享受的许多美好的事物。我预测，将来读纸质书的人会越来越少，因为纸质出版会毁掉多少树木哇！

我预测未来的十年、二十年，一定有更便于人们阅读的工具和介质产生，从而取代纸质出版。因此，现在我每当听到有多少册书本、多少份报纸发行时，我的心都为之一颤，那意味着多少木材被砍伐，多少污染会产生啊！总之，我预测人类科学技术的进步，一定会取代我们曾经认为的许多美好的习惯，从更高层次和更多方面释放人类的天性。

当然，我也有忧虑。朝核危机、叙利亚战乱、流窜各地的恐怖组织以及他们的诸多暴力行动，不仅导致人类互相残杀，而且会加速地球污染，甚至毁灭。我还预测，人类如果继续这样无节制地消费地球资源，不加控制地繁殖，同样会加速地球的毁灭。特别是今天我坐在这个考场里，看到考场外戒备森严的景象，看到考生和家长忧心忡忡的表情，这一切已经重复了四十年，四十年的高考都是这样的。我预测下一个四十年，随着中国社会的改革和发展，未来的高考不会再这样紧张、再这样严峻、再这样靠一次考试决定一个人的命运和未来。不，未来的高考一定不是这样……

古人云，知我者谓我心忧，不知我者谓我何求。无论对未来的预测是喜还是忧，都是我对人类命运的终极关怀，也是我对人类未来的美好期望。我期待有更多的人跟我一起预测，一起关注人类的明天。在预测中创造美好世界，在预测中实现美好未来。